大学生
心理健康教育与训练

主　编　胡　妍　冉小平
副主编　张平平　刘诗雨
洪云涛　夏棕正
李　玲　桂　林

西南交通大学出版社
·成　都·

图书在版编目（CIP）数据

大学生心理健康教育与训练 / 胡妍，冉小平主编
. —成都：西南交通大学出版社，2023.8（2025.1 重印）
ISBN 978-7-5643-9446-2

Ⅰ. ①大… Ⅱ. ①胡… ②冉… Ⅲ. ①大学生 - 心理健康 - 健康教育 - 高等职业教育 - 教材 Ⅳ. ①G444

中国国家版本馆 CIP 数据核字（2023）第 150740 号

Daxuesheng Xinli Jiankang Jiaoyu yu Xunlian

大学生心理健康教育与训练

主编 胡 妍 冉小平

责任编辑 梁 红
封面设计 GT 工作室
出版发行 西南交通大学出版社（四川省成都市二环路北一段 111 号 西南交通大学创新大厦 21 楼）
发行部电话 028-87600564 028-87600533
邮政编码 610031
网址 http://www.xnjdcbs.com
印刷 四川煤田地质制图印务有限责任公司
成品尺寸 185 mm × 260 mm
印张 17.5
字数 362 千
版次 2023 年 8 月第 1 版
印次 2025 年 1 月第 3 次
书号 ISBN 978-7-5643-9446-2
定价 46.00 元

课件咨询电话：028-81435775
图书如有印装质量问题 本社负责退换

前　言

随着社会的飞速发展，人们的生活节奏日益加快，竞争越来越激烈，迫使人们必须不断地调整自己的心态，去适应社会的高速发展。良好的心理素质显得越来越重要，它是个体成长成才的基本条件。大学生处在人生的第二次“断乳期”，他们具有自我发展和定义的空间，脱离了高中老师束缚式的管理，来到相对自由自主的大学，他们在生理上已经成熟，但心理上正处于从不成熟向成熟过渡的阶段，会面临很多人生发展的新问题。这一时期是大学生世界观、人生观、价值观形成的关键期，但社会上的一些新观念、中西文化的碰撞以及许多变化都会让他们感到迷茫，难以适应。“90后”“00后”大学生是伴随着改革开放的进一步深化、计划经济转入市场经济、中国加入世界贸易组织的大背景下成长起来的新一代，他们在价值取向、思想观念、人生态度、行为方式等方面都具有鲜明的时代特征，快速发展的社会给他们带来了新的挑战和冲击，同时也给高校心理健康教育提出了新的要求。目前，很多在校大学生都存在不同程度的心理问题，心理健康已经影响到大学生的健康成长。大学生心理发展的特点和时代的需要对大学生心理健康教育提出了新的要求，拥有健康的心理和良好的心理素质是大学生健康成长的需要，更是新时代人才发展的需要。

本书写作的主要目的是根据高职大学生的心理特点，有针对性地讲授心理健康的基本知识和维护心理健康的基本技能和技巧，帮助学生树立心理健康意识，学习心理自助与互助的方法，更好地了解自己，认识与识别心理异常现象，学会调整自己的心理状态与情绪，正确地面对人格发展以及大学生活中的人际关系、恋爱、学习与成才、未来的择业与就业等问题，以达到提高大学生的心理素质，促进其心理健康发展与人格健全的目的。

本书融入了思政元素，制定了具体有效的学习目标和思政目标；从“问题聚焦”入手，提出需要解决的问题；通过“心理热身”中贴近学生日常生活的案例或故事，激发学生的好奇心和学习积极性；通过“心理讲堂”，拓宽学生的知识面。为了帮助学生总结和促进学生反思、领悟，本书还设置了“课堂活动”板块。为了满足学生心理自助和互助的需要，书中加入了心理测验，帮助学生更好地认识自我。除此之外，本书还介绍了相关阅读书目和影片资料，以期促进学生课外自学能力的提升。本书相对淡化理论知识，突出教材的实用性，强化学生主体意识，突出助人自助的理念，力求提高大学生的参与性和教学的趣味性，发挥大学生心理健康教育的教育性和发展性功能，重视大学生心理健康素质的培养，促进大学生的自我成长和教师教学效果的提升。

全书分为10个项目，主题涉及：心理健康基本知识、情绪管理、人际交往、健全自我意识的塑造、压力管理与挫折应对、健康恋爱及性心理、健康网络心理、学习与时间管理、择业心理与生涯规划、生命教育与心理危机应对。本书由胡妍、冉小平任主编，张平平，刘诗雨，洪云涛，夏棕正，李玲，桂林任副主编。参与本书编写的都是多年从事大学生心理健康教育和学生心理咨询的一线教师，具有丰富的教学和心理咨询经验。大学生心理健康教育问题十分复杂，加之编写者水平有限，书中难免会有疏漏和不足之处，我们真诚地希望广大的大学生朋友和专家学者提出宝贵的意见和建议，以便我们进一步完善。在本书的编写过程中，我们参考和借鉴了一些大学生心理健康教育领域的论著、教材中的相关资料，在此谨向原作者表示衷心的感谢！

编　者

2023年5月

目　录

模块一

心理基础篇

项目一

健康从“心”开始——心理健康概述

学习目标

1．了解健康和心理健康的概念及内涵。

2．了解大学生心理健康标准。

3．了解心理咨询的特点和工作对象。

4．了解大学生常见的精神障碍。

5．了解精神异常的初步判断技巧。

思政目标

1．培养大学生积极健康的心态。

2．帮助大学生树立身心健康的生活理念和态度。

问题聚焦

1．没病就等于健康吗?

2．据卫生部统计，精神疾病在我国疾病总负担排名中居首位，已超过心脑血管、呼吸系统等方面的疾患。你了解精神疾病吗?

3．关于抑郁症、强迫症、焦虑症等，你了解多少?

心理热身

2022年国民抑郁症蓝皮书[①]

中国精神卫生调查显示，我国成人抑郁障碍终生患病率为6.8%，其中抑郁症为3.4%，目前我国有近5000万国民饱受抑郁症的困扰。新冠疫情后，精神心理障碍问题愈发突出，严重损害着民众的身心健康。

近日，人民日报健康客户端、健康时报、好心情心理医疗和心理健康数字服务平台、灵北中国共同发布《2022国民抑郁症蓝皮书》。蓝皮书通过用户调研、文献研究、专家评定分析等方法，汇聚分析大量数据，聚焦国民抑郁症现状，呼吁国民重视心理健康，探讨新兴诊疗模式。

---

① 2022 国民抑郁症蓝皮书：94% 的患者接受线上问诊 [N]. 北京晚报，2022-8-3.

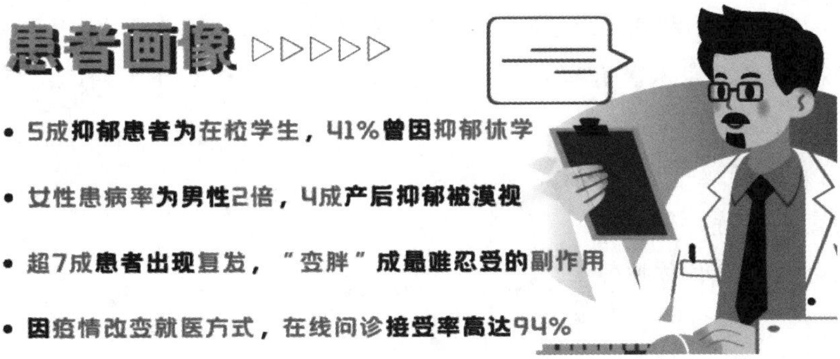

图1.1　患者画像

分别有86%和68%的患者认为：引发抑郁症的主要原因是情绪压力和家庭亲子关系；其次是亲密关系和职业发展，分别占45%和35%（见图1.2）。

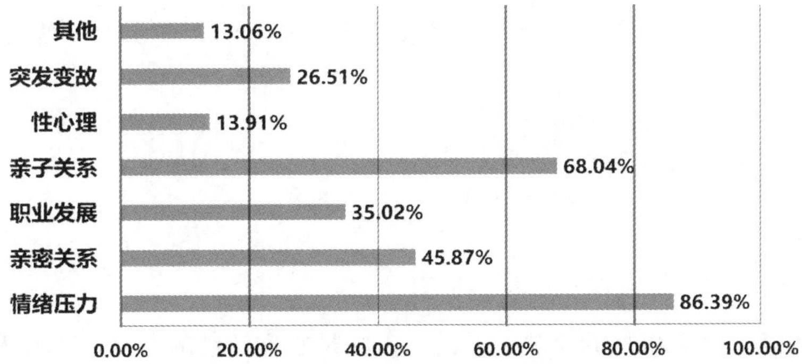

图1.2　导致抑郁的原因

很多时候，人们会把负面情绪埋在心里，不仅无法化解，反而有陷入抑郁的风险。事实上，这些情绪需要被正视和表达，我们要意识到：负面情绪的存在本来就是正常且普遍的。

蓝皮书调查数据显示，我国18岁以下抑郁症患者占总人数的30.28%（见图1.3），50%的抑郁症患者为在校学生，41%的患者曾因抑郁休学。

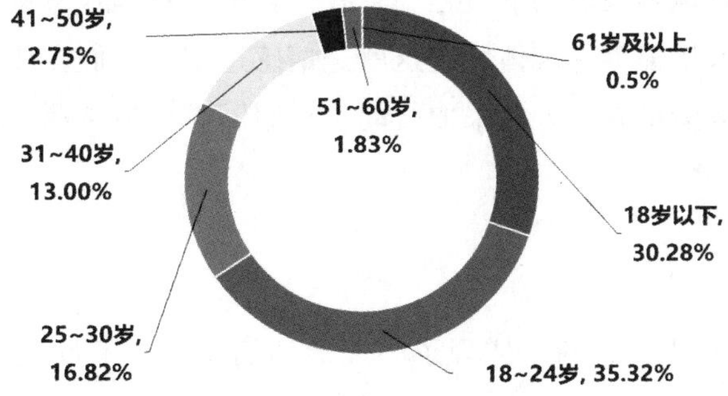

图1.3　抑郁症发病群体年龄

由图1.3可知，抑郁症发病群体呈年轻化趋势，青少年抑郁症患病率已达15%~20%，接近于成人。有研究认为，成年期抑郁症在青少年时期已发病。社会亟须重视青少年心理健康。

请思考以下问题：

1. 你怎么看待抑郁症？
2. 大学生如何预防抑郁症？

心理讲堂

当我们身体生病了，毫无疑问，会吃药、看医生，大家把这当成很正常的事情。但是当我们心理“生病”了，往往得不到这么好的待遇，有的人会死扛，不就医、不求助，大部分人会认为这些是性格问题、人品问题，甚至有的人认为是道德问题，根本没有把一些异常状况和心理健康联系起来。现在我们一起来看一看什么是心理健康、大学生心理健康的标准、大学生的心理发展任务以及影响大学生心理健康的因素。

任务一 健康与心理健康

一、心理及心理学的含义

心理是人脑对客观事物的反映。因此，人脑是心理活动的器官，离开人脑这一物质基础，任何心理现象都不会发生。

心理学是研究人的心理现象的科学。心理现象包括心理过程和个性心理两个方面。

（一）心理过程

心理过程包括认知过程、情感过程和意志过程。认知过程指的是当客观事物来临时，我们的大脑利用感觉、知觉、记忆、思维和想象对这些外在信息进行加工，进而转换成内在的心理活动的过程。也就是说，我们的大脑是如何认识客观事物的，这就是我们的认知过程。在认识客观事物的过程中，我们自然会对客观事物产生一定的态度，如喜欢或厌恶、热爱或憎恨等主观体验，这就是情感过程。人们在认识客观世界后，还会有计划、有目的地改造世界。人们采取行动，克服困难，最终达成目标的过程就是意志过程。

（二）个性心理

心理过程是人们所共有的，体现了心理活动的共性，但反映在每一个具体的人身上，会表现出不同的特点，具有比较稳定的心理特征，这种心理特征被称为“个性心理”，简称“个性”。

个性心理由个性心理倾向性和个性心理特征两个方面组成，它体现了人与人之间的差异。个性心理倾向性主要包括需要、动机、兴趣、信念、价值观等，是驱使个体进行心理活动的潜在动力。个性心理特征包括气质、性格、能力等，是个性心理的特征结构。人与人之间的差异性主要体现在这三个方面，它比较稳定地反映一个人与其他人不同的特质。

人的心理的认知过程、情感过程、意志过程不是彼此孤立的，而是心理活动的三个不同方面，这三个方面要统一、协调。心理过程和个性心理也不是截然分开的，而是密切相联的。心理学的主要任务就是探明心理现象的发生、发展规律，进而预测和控制人类的心理活动。它们之间的关系可以用图1.4来表示。

- 心理现象
  - 心理过程
    - 认知过程：感觉、知觉、记忆、思维和想象
    - 情感过程：态度和情绪
    - 意志过程：目的和行为
  - 个性心理
    - 个性心理倾向性：需要、动机、兴趣、信念、价值观等
    - 个性心理特征：气质、性格、能力等

图1.4 心理现象

二、现代健康观

（一）健康的概念

健康是人类永恒的追求，健康是人生首要的财富。正如古希腊哲学家赫拉克利特所说的：“如果没有健康，智慧就难以表现，文化就无从施展，力量就不能战斗，财富就变成废物，知识也无法利用。”阿拉伯谚语：“有了健康就有了希望，有了希望就有了一切。”那么到底什么是健康呢？我们自己的健康状况如何呢？

长期以来，人们常把“健康”看作“没有疾病”，把“有疾病”看成“不健康”，仅从生物医学的观点出发，认为人体器官系统发育良好，功能正常，体格健壮就是健康，“无病即健康”“无缺陷即健康”。但是随着社会的发展和生活水平的提高，人们的健康观也在不断发生变化，对健康的理解趋向于“整体健康观”，即健康是由心理尺度、医学尺度和社会尺度来评价的，健康的概念已从传统的生物医学模式走向生物—心理—社会模式，这是健康概念的第一次转向。

1948年，世界卫生组织（WHO）对健康下了这样的定义：“健康乃是一种生理、心理和社会适应都日臻完满的状态，而不仅仅是没有疾病和虚弱的状态。”突出了健康

概念的多元化。

1989年，世界卫生组织进一步把健康规定为“躯体健康、生理健康、社会适应良好”。此定义强调了人的生理与心理、自然性与社会性的不可分割性。

1990年，世界卫生组织在对健康定义的阐述的基础上增加了“道德健康”。所谓道德健康，即健康还包含着道德标准，符合其所处社会认可的行为规范和价值标准，道德水平发展到较高阶段。这就进一步将健康的焦点转向道德健康，使健康的内涵由对生命的关注指向精神成长，标志着健康概念的第二次转向。

2000年，世界卫生组织又提出“合理膳食、戒烟、心理健康、克服压力、体育锻炼”的促进健康的新准则，将健康的概念进一步细化。世界卫生组织关于健康概念的不断完善，体现了现代社会对健康较为全面的认识。在此基础上，我们可以总结出衡量健康的四个层面的内容。

（1）躯体情况。包括身体发育是否良好，是否有生理疾病或缺陷等，这是健康概念的基础。

（2）心理发展状态。包括是否有心理疾病，是否有持续的、积极的心理状态等。

（3）社会适应程度。包括掌握多少生活知识和技能，是否有正确的生活目标，能否遵守社会生活规则、顺利融入社会群体、承担社会角色、适应社会生活等。

（4）道德文明水平。包括道德认知水平和道德行为状况等，道德健康的最高标准是无私奉献，最低标准是不损害他人。

拓展阅读

亚健康[①]

20世纪80年代中期苏联学者N.布赫曼教授最先提出，人体除健康状态和疾病状态外，还存在一种非健康、非疾病的中间状态。这一发现随后被世界许多国家学者的研究所证实，并称这一状态为“中介状态”“病前状态”“亚疾病状态”“半健康状态”“灰色状态”“临床状态”等，世界卫生组织称其为“第三状态”，我国学者将其称为“亚健康状态”。亚健康状态是人体介于健康与疾病之间的一种状态，是人们身心、情感处于健康与疾病之间的低质量状态，虽然无临床症状或临床症状不明显，但已存在潜在的病理信息。世界卫生组织认为，亚健康状态是介于健康状态和疾病状态之间的一种临界状态，是指机体在内外环境不良刺激下引起心理、生理发生异常变化，但尚未达到明显病理性反应的程度。从生理角度来讲，就是人体各器官功能稳定性失调但尚未引起器质性损伤。

---

① 三九养生堂，www.39yst.com.

国内有学者认为，亚健康状态主要表现为自主神经功能紊乱和机体各器官功能性障碍，出现精神、胃肠道、心血管和肌肉四大方面的症状。对此，人们提出如下具体的心理和生理的表现。

①身体疲劳乏力、易累，肌无力，体力活动后全身不适，体力难以恢复。

②体质虚弱，免疫功能低下，易感冒，感到咽喉不适，出现口腔黏膜溃疡等。

③胃肠机能紊乱，食欲不振。

④关节痛，肌肉痛，头痛，淋巴结肿痛，胸闷，心悸，气短。

⑤失眠或嗜睡。

⑥健忘，头脑不清醒，记忆力下降。

⑦精神不振，情绪低落，对事物缺乏兴趣，郁郁寡欢，常常感到孤独无助。

⑧烦躁，情绪不稳定，紧张，易怒，焦虑等。

⑨对环境适应能力和反应能力减退，人际关系不协调，家庭关系不和谐。

⑩眼睛易疲劳，视力模糊。

（二）健康的表现形式

随着社会的进步和医学科学的发展，人们对健康含义的理解也越来越深刻。近年来，世界卫生组织提出了健康的11种表现形式。

（1）精力充沛，能从容不迫地应对日常生活和工作的压力而不感到过分紧张。

（2）处事乐观，态度积极，乐于承担责任，不挑剔。

（3）善于休息，睡眠良好。

（4）应变能力强，能适应环境的各种变化。

（5）能够抵抗一般性感冒和传染病。

（6）体重正常，身材均匀，站立时头、肩、臂位置协调。

（7）眼睛明亮，反应敏锐，眼肌轻松，眼睑不发炎。

（8）牙齿清洁，无空洞，无痛感，齿龈颜色正常，不出血。

（9）头发有光泽，无头屑。

（10）肌肉、皮肤有弹性，走路轻松有力。

（11）即使身体病了内心也会坚强，保持好心情，对生活充满希望。

三、心理健康

（一）心理健康的概念

心理健康是相对于生理健康而言的。《心理学百科全书》中有关“心理健康”的解释是，心理健康也叫“心理卫生”，其含义主要包括两个方面，一是指心理健康的状态，即没有心理疾病，心理功能良好，能以正常稳定的心理状态和积极有效的心理活动，面对现实的、发展变化着的自然环境、社会环境和自身内在的心理环境，具有良好的调控能力、适应能力，保持切实有效的功能状态。二是指维护心理的健康状态，即有目的、有意识、积极自觉地按照个体不同年龄阶段身心发展的规律和特点，遵循相应的原则，有针对性地采取各种有效的方法和措施，营造良好的家庭环境、学校环境和社会环境，通过各种形式的宣传、教育和训练，以求预防心理疾病，提升心理素质，维护和促进心理活动的良好的功能状态。

实际上，现代社会对心理健康的标准还没有一个公认的尺度，而且对它的评价还受很多因素，如种族、社会、文化、宗教信仰等的影响。古希腊哲学家苏格拉底认为，正常状态与人的自我认识有关，即没有一个完全正常的人，因自我认识永远不能完备，人格永远是在发展之中。而且，生活中的挫折本无休止，心理无时不在寻找某种平衡，就如同体操运动员在平衡木上的动作一样，心理上的完美，也就在于动中取得平衡，在平衡中求动。

第三届国际心理卫生大会认为：“心理健康是指在身体、智能以及情感上与他人的心理健康不相矛盾的范围内，将个人心境发展成最佳状态。”

1948年，世界卫生组织明确规定：“健康不仅是身体没有疾病，而且应当重视心理健康，只有身心健康，体魄健全，才是完整的健康。”

《简明不列颠百科全书》中将心理健康定义为：“心理健康是指个体心理在本身和环境条件许可范围内所能达到的最佳功能状态，而不是指绝对的十全十美。”

我国郭念锋教授认为：“心理健康是指人的心理，即知、情、意活动的内在关系协调，心理的内容与客观世界保持统一，并能促使人体内、外环境的平衡，促使个体与社会环境相适应的状态，并由此不断发展健全的人格，提高生活质量，保持旺盛的精力和愉快的情绪。”

因此，我们认为，心理健康可以从广义和狭义上进行理解。从广义上讲，心理健康是指一种高效而满意的、持续的心理状态；从狭义上讲，心理健康是指人的基本心理活动的过程内容完整、协调一致，即认知、情感、意志、行为、人格完整和协调，能适应社会，与社会保持同步。这样，心理健康就寻求到了一种平衡，从而达到了心理上的完美。

因此，健康是生理健康与心理健康的统一，二者相互联系、密不可分。

（二）生理健康与心理健康的关系

生理疾病会影响到人的心理健康，容易使人烦躁不安、情绪低落，而长期抑郁也易导致身体不适。因此，健全的心理有赖于健康的身体，健康的身体离不开健全的心理，二者是相互依赖、相互促进的。

拓展阅读

杯弓蛇影

古时一位叫应郴的县令请主簿（办理文书事务的官员）杜宣饮酒。酒席设在厅堂里，北墙上悬挂着一张红色的弓，由于光线折射，酒杯中映入了弓的影子。杜宣看了，以为是一条蛇在酒杯中蠕动，顿时冷汗涔涔。但县令是他的上司，又是特地请他来饮酒的，他不敢不饮，所以硬着头皮喝了几口。仆人再斟时，他借故推却，起身告辞走了。

回到家里，杜宣越来越疑心刚才饮下的是有蛇的酒，又感到随酒入口的蛇在肚中蠕动，觉得胸腹部疼痛异常、难以忍受，吃饭、喝水都非常困难。家里人赶紧请大夫来诊治。但他服了许多药，病情还是不见好转。

过了几天，应郴有事到杜宣家中，问他怎么会闹病的。杜宣便讲了那天饮酒时酒杯中有蛇的事。应郴安慰了他几句，就回家了。他坐在厅堂里反复回忆和思考，弄不明白杜宣酒杯里怎么会有蛇。突然，北墙上的那张红色的弓引起了他的注意。他立即坐在那天杜宣坐的位置上，取来一杯酒，也放在原来的位置上。结果他发现，酒杯中有弓的影子，不细细观察，确实像是一条蛇在蠕动。应郴马上命人用马车把杜宣接来，让他坐在原位上，叫他仔细观察酒杯里的影子，并说："你说的杯中的蛇，不过是墙上那张弓的倒影罢了，没有其他什么怪东西。现在你可以放心了！"杜宣弄清原委后，疑虑立即消失，很快就痊愈了。

分析：心病还需心药医。应郴明白杜宣是心理出现问题，所以用心理暗示的方法，对症下药，使得病人"豁然意解，沉疴顿愈"。《杯弓蛇影》的故事很好地说明了心理健康是怎样影响生理健康的。

俗话说，喜伤心、怒伤肝、忧伤肺、思伤脾、恐伤肾、惊伤胆。由心理因素导致的躯体疾病叫作"心因性疾病"，又称"心身疾病"，比较常见的有高血压、冠心病、消化性溃疡等。研究发现，心理压力和疾病之间存在着直接的因果关系。受心理因素影响的疾病种类很多，包括疱疹、普通感冒、肠胃疾病、高血压，甚至癌症。22%的癌症与性格、心境、情绪有关。身体健康是心理健康的基础和载体，心理健康又是身体健康的条件和保证。一个健康的人，既要有健康的身体，又要有健康的心理，好比"人"字的一撇一捺，二者缺一不可。在日常生活中，一方面要注意合理饮食和锻炼身体；另一方面，要陶冶情操，开阔心胸，避免长时间处在紧张的情绪状态。如果感到自己持续不快时，要及时进行心理调适，必要时可到心理门诊或心理咨询中心接受帮助。

习近平总书记强调：要把人民健康放在优先发展的战略地位。没有全民健康，就没有全面小康。习近平总书记把全民健康上升到了国家战略的高度，让我们认识到，全民健康对于一个民族生存和发展的重要意义。新时代的大学生肩负着实现中华民族伟大复兴的重要使命，健康的体魄和健康的心理比以往任何时候都显得更为重要。

（三）心理健康的标准

随着时代的发展和科技的进步，人们的个体经历或经验不同，对心理健康也有着不同的理解，对心理健康标准的判定也不尽相同。

关于心理健康的标准，世界卫生组织认为主要包括以下四个方面：

①身体、智力、情绪十分协调。

②适应环境，能彼此谦让。

③有幸福感。

④在工作和职业中，能充分发挥自己的能力，过高效率的生活。

美国心理学家马斯洛和米特尔曼在20世纪50年代提出了心理健康的10条标准：

①充分的安全感。

②充分了解自己。

③生活的目标切合实际。

④与现实环境保持接触。

⑤能保持人格的完整与和谐。

⑥具有从经验中学习的能力。

⑦能保持良好的人际关系。

⑧适度的情绪表达与控制。

⑨在不违背社会规范的条件下，对个人的基本需要做恰当的满足。

⑩在不违背团体的要求下，能做有限度的个性发挥。

我国学者王希永认为，心理健康有6条标准：

①智力正常，思维方式正确，能辩证地看待社会，看待自己，看待一切事物。

②具有高尚的情感体验，能控制自己的情绪。

③正确对待困难和挫折，不苛求环境，不推卸责任，有战胜困难的信心、勇气和毅力，有创新意识和开拓精神。

④需要是合理的，动机是可行的，有理想、有追求、有社会责任感，精神生活充实。

⑤具有自觉的社会公德，具有社会所赞许的道德品质，能恰当地处理好人际关系。

⑥经常处于内心平衡的满足状态，出现心理不平衡时，自己可以及时地进行调整。

虽然不同的学者从不同的角度提出了有关心理健康的不同标准，但基本认为心理健康是一种能够表现出良好个性和良好人际关系的心理特质结构，它是在正常发展的智能基础上形成的。另外，需要指出的是，对于心理健康的标准，我们只能把它视作一个人们努力追求的理想目标，不能将这些标准当作至理来苛责自己，当然也不能忽视这些标准从而忽略了自己真正存在的心理健康隐患。我们应将这些标准当作辅助性的工具，保持心理健康。

拓展阅读

心理健康专业人士会依靠综合的标准来看一个人心理是否健康，在做出判断时，主要考虑以下四个方面的因素：

（1）个人痛苦水平。

（2）丧失功能行为的领域和影响大小。

（3）对自身的伤害性，是否使痛苦或死亡的风险增加。

（4）个人行为的社会可接受性，即是否违反社会规范。①

（四）心理健康的理解

心理健康的评判标准是一个值得长期探索的问题。随着社会的不断发展，人们对心理健康的评判标准也会发生变化。因此，我们不能简单、机械地对号入座，更重要的是，要正确理解心理健康的标准。

1. 心理健康的状态具有相对性

心理不健康是指一种持续不良的状态，偶尔出现一些不健康的心理和行为并不等于心理不健康，更不等于患有心理疾病。人的心理健康与人所处的时代、环境、年龄、文化背景等因素有关，所以，不能仅仅以一种行为或者一个偶然的事件来判断他人或自己的心理是否健康。

2. 心理健康的状态具有连续性

心理健康与心理不健康不是对立的，而是一种连续或者交叉的状态。从良好的心理健康状态到严重的心理疾病之间有一个渐进的连续过程。在许多情况下，异常心理与正常心理、变态心理和常态心理之间没有绝对的界限，只有程度的差别。不同的人在遭受精神打击的时候，由于心理活动强度、心理活动的耐受力和自我康复能力不同，会产生的心理问题及其程度也不同。一个人的心理是正常的还是异常的，是相对而言的，不是绝对的。我们要判断一个人心理是否健康，必须要考虑这个人所处的年代、文化背景、年龄、情境等各方面的因素。

四、大学生心理健康标准

大学生是社会中较为特殊的一个群体，国内外学者对大学生心理健康标准的界定依然没有定论。但结合我国大学生群体的生理、心理特点以及社会对其角色的特定要求等实际情况，通常采用大学生心理健康的七条标准。

1. 能保持对学习有较浓厚的兴趣和求知欲

一般来说，学生的主要任务就是学习，所以对学习的兴趣及求知欲就显得特别重

---

① 夏翠翠．高职大学生心理健康教育[M]．北京：人民邮电出版社，2017．

要。心理健康的大学生对学习应有正确的态度，求知欲强，有浓厚的学习兴趣。有较高的学习效率，能够自觉克服学习中遇到的各种困难，并从学习中体验到快乐与满足。

2. 能保持正确的自我意识，接纳自我

正确的自我意识是大学生心理健康的重要条件，能正确了解自己、接纳自己，做到自尊、自强、自爱、自制，摆正自己的位置，勇敢地面对挫折和困难。正视现实，积极进取。根据自己的个性特点和能力状况设置合理的人生目标，接纳自我、发展自我。

3. 能协调与管理情绪，保持良好的心境

一个心理健康的大学生，在多数情况下都应保持稳定的情绪和良好的心境，应富有朝气和活力，对生活充满希望，对未来充满憧憬；善于调控自己的情绪，既能克制又能合理宣泄自己的情绪，情绪的表达既符合社会的要求又符合自身的需要；在困难和挫折面前，能保持积极、乐观的心态等。

4. 能保持完整统一的人格品质

人格品质完整是指个体的所想、所说、所做都是协调统一的，人格结构的各要素，如气质、能力、性格、理想、信念等方面能平衡发展，保持完整统一，具有积极的人生态度与价值观。

5. 能保持和谐的人际关系，乐于交往

和谐的人际关系是心理健康十分重要的条件。大学生要乐于与人交往：交往动机端正，不卑不亢，关心和帮助他人，交往中保持完整独立的人格；能够客观公正地评价别人，评判事件；取人之长，补己之短。

6. 能保持良好的环境适应能力

心理健康的大学生对周围的事物和环境有正确的认识和评价，能够正确地认识和正视现实，善于将自己融入不同的环境，积极地适应环境，积极投入生活，善于在生活中感受到乐趣。当发现自己的需要、愿望没有实现的可能或者实现较困难时，能迅速进行自我调节，力求与社会环境协调一致。

7. 心理行为符合大学生的年龄特征

人类的生命发展具有不同的阶段，每个阶段都有相对应的心理行为表现。大学生思维敏捷、精力充沛，在行为上表现为勤学好问、积极探索、勇于挑战，如果长期萎靡不振、喜怒无常，那么有可能出现了心理问题，因为其心理行为不符合大学生的年龄特征。

五、大学生的心理发展任务

上了大学，你的成长目标是什么？在大学里要怎么成长，究竟大学生有哪些心理发展任务？

1．**分离个体化理论**

很多发展心理学家认为分离个体化是青少年阶段的一个主要发展任务。心理学家强调青少年必须摆脱对家庭的依赖，脱离父母的影响，并作为成人世界中一个独立的个体发展。

分离个体化理论认为，分离个体化是一个内在的、主观的过程，是个体在心理上与父母分离，并建立自己作为独立的个体形象的过程。这种身体和心理上的分离是一种必要的发展任务，能帮助青少年在家庭外建立亲密的关系。

良好分离个体化的人能与他人合作，考虑他人的利益，在处于压力时能保持冷静；他们对各种各样的观点持开放的态度，尊重他人，为自己负责，能意识到自己对他人的依赖，能保持平静并理智地处理冲突、批评和拒绝，他们的思维不受情感的影响，他们的行为是出于慎重选择的结果，是建立在对事实认真的评估基础上的；在一个分化水平高的家庭中，成员不需要不断地从他人那里寻求爱、赞许和感激。良好分离的家庭成员能够在表达他们的个体化的同时彼此保持亲密的联系。大学生正处于与父母分离个体化的阶段，这个时候逐渐形成独立的“我”，有自己的观点，逐渐脱离父母和他人的影响。

2．**哈维格斯特的观点**

发展心理学家哈维格斯特就青年期的发展课题进行了系统的论述，他认为青年期主要有以下心理发展任务。

（1）青年期的同龄团体。

A．学习与同龄男女之间新的熟练的交往方式。

B．学习作为男性或女性的社会任务及角色。

（2）独立性的发展。

A．认识自己的身体构造，有效地使用自己的身体。

B．从精神上独立于父母或其他人。

C．具有经济独立的自信。

D．选择职业及为其做准备。

E．做结婚及家庭生活的准备。

F．发展作为社会一员所必须具备的知识和态度。

（3）人生观的发展。

A．追求并完成负有社会性责任的行动。

B．学习作为行动指针的价值观和伦理体系。

哈维格斯特的观点和分离个体化理论的核心观点一致，认为青年期要发展独立性和正确的人生观，以及建立同龄团体，他较为详细地叙述了具体的发展任务。

课堂活动

设定成长目标[1]

根据大学生的心理发展任务为自己设定三个在大学阶段主要的成长目标，完成表1.1的内容。

表1.1 成长目标

成长目标	完成情况	阻力	如何打破阻力实现成长目标

六、影响大学生心理健康的主要因素

影响大学生心理健康的主要因素有两个方面：一是遗传，二是环境。遗传决定人的潜能，环境决定这种潜能是否能发挥出来，以及发挥到什么程度。

1. 遗传

遗传和环境对一个人发展的影响一直是心理学家们争论的焦点。精神疾病是否遗传？回答是肯定的。一些对于双生子精神分裂症的研究表明，同卵双生子的平均相关是0.48，异卵双生子的平均相关只有0.17。另外，父母患有精神分裂症会增加子女患精神分裂症的风险。这些研究强有力地证明了精神分裂症受遗传影响。

一些研究证明了遗传对酗酒、抑郁症、多动症及双向情感障碍和其他一些神经症的作用。也许你的亲戚中有人患这些病症，但请放心，这并不意味着你将来一定会患这些病。研究表明，父母一人有精神分裂症的孩子中，只有9%的人曾经出现过精神分裂症的症状。

据北京医科大学精神卫生研究所和上海精神卫生中心近年的遗传流行病学研究表明：重性精神疾病患者，如精神分裂症、双向情感障碍等与遗传的关系十分密切，一些轻的精神疾病与遗传的关联度较小。

遗传并非决定心理健康的唯一因素，另一个重要因素是环境。

2. 环境

心理学家进行了一些分开的同卵双生子研究，奥斯卡·斯德尔和杰克·尤菲本是一对同卵双生子。奥斯卡由他的母亲在纳粹统治的欧洲抚养，他在第二次世界大战期间参加了“希特勒青年团”运动，现在被聘为一个德国工厂的管理人。杰克则是一位商店老板，被一个犹太人抚养长大，然后来到了令人厌恶的纳粹区。长大后的杰克是一个政

---

① 夏翠翠．高职大学生心理健康教育［M］．北京：人民邮电出版社，2017．

治自由主义者，而奥斯卡则是一个极端的保守主义者。奥斯卡和杰克具有共同的遗传基因，但由于他们成长的环境不同，他们的发展也有较大的差异。这充分说明了环境对人发展的影响。环境对大学生的影响主要来自家庭、社会和学校。

（1）家庭环境。

环境因素中对大学生心理健康影响最大的就是家庭环境。家庭环境对人的影响主要包含三个方面：家庭的自然结构、家庭中的人际关系和家庭的教养方式。

有研究表明，寄居家庭的大学生相较于其他家庭的大学生，与人交往时更加敏感；单亲家庭的大学生抑郁程度更高，心理障碍较严重，更容易产生敏感和自卑心理，同时，他们的独立性更强。父母关系不良、经常吵架甚至相互敌视、家庭气氛紧张、与父母关系较差或很少与父母联系的大学生更容易产生抑郁情绪。家庭教养方式从不同方面直接或间接地影响着大学生的心理健康水平，否定的、消极的、拒绝的教养方式对大学生的心理健康起到了一定的负面影响；而肯定的、积极的教养方式则对大学生的个性特征、社会交往、自我评价起到了积极的作用。

（2）社会环境。

近年来，我国社会经济快速发展，在经济建设取得历史性成就的同时，社会环境也发生了很大改变，变得越来越复杂，一些不良的思想观念乘虚而入，例如拜金主义、享乐主义和极端个人主义思想对大学生产生了严重的负面影响。社会发展和变化之快，对大学生来说也是一大压力，为了适应社会的发展，大学生不仅要成绩好，还要提高自身的各种能力，具备较高的综合素养。

（3）学校环境。

大学是人生的重要时期，是青年在生理和心理上走向成熟和定型的重要阶段。学校教育在提供给学生知识的同时，教师也通过自己的言谈举止，让学生学习到做人的道理。学校、班集体、宿舍是大学生生活的小社会，学校的文化氛围对大学生有着很大的影响。

七、正常心理与异常心理

通常情况下，我们把一个人的心理状态分为正常和异常两种情况。

1. 正常心理

正常心理分为心理健康和心理不健康两种状态。心理不健康包括一般心理问题、严重心理问题和神经症性心理问题（见表1.2）。

（1）一般心理问题是指在近期发生的、内容尚未泛化的、反应不太强烈的情绪问题，常能找到相应的原因，思维符合逻辑，不严重破坏社会功能的心理不健康状态。

（2）严重心理问题是由相对强烈的现实因素激发的，初始情绪反应剧烈，持续时间长久（2个月内），内容充分泛化（类似、相关的刺激也能引起症状反应），已导致社会功能轻度受损，有时伴有某一方面的人格缺陷。

（3）神经症性心理问题（可疑神经症）是介于严重心理问题和神经症之间的状态。内心冲突开始变形（与现实情况和道德无关），持续时间较长（3个月内），泛化严重（无关、不类似的刺激开始引起症状反应），已导致社会功能中度受损。

表1.2　心理健康状态分析

应激反应	一般心理问题	严重心理问题	神经症性心理问题
刺激性质	现实因素（一般）	强烈现实因素	现实、非现实因素
持续时间	持续1~2个月	持续2个月内	3个月内
反应强度	理智控制，不失常态，效率下降	初反应强烈，后逐渐减弱，但难以解脱	非常强烈
是否泛化	尚未泛化	内容充分泛化	内容严重泛化

2. 异常心理

异常心理通常指影响人的正常学习、工作和生活的异常或病态的心理与行为表现，主要包括人格障碍、神经症、性变态以及各类精神障碍等。

大学生的心理问题大都属于正常心理范围之内，若及时加以调节便能很快地恢复心理平衡，愉快地进行大学生活。

课堂活动

对照马斯洛和王希永的心理健康标准，你认为自己心理健康吗？

任务二　心理咨询

课堂案例

失眠的安安

最近一个多月，安安每天晚上都辗转反侧，怎么也睡不着，每天只能睡1~2个小时，第二天经常头晕头痛。他很担心睡眠不好会影响第二天上课，也担心睡眠不好会影响他的身体健康，就拼命地想要睡着。他为了睡着想了很多办法，比如深呼吸，想让自己放松，但发现放松不了；他开始数羊，从1数到5000，但还是发现自己怎么也睡不着，越想睡着反而越睡不着，更焦虑了，导致上课也没有精神，整个人精神不振。

是什么导致安安失眠？他究竟怎么了？他需不需要去做心理咨询？

一、心理咨询的定义

心理咨询是心理咨询师协助来访者解决各类心理问题的过程。即心理咨询师运用心理学的原理和方法，帮助来访者发现自身的问题和根源，从而挖掘来访者本身潜在的能力，来改变原有的认知结构和行为模式，以提高其对生活的适应性和调节周围环境的能力。

拓展阅读

对心理咨询的误解

误解1：心理咨询就是聊天，不如找朋友。

咨询不是简单的聊天，而是有技术含量的“聊天”，咨询师的任务不是说服你，而是帮助你。

误解2：心理咨询就是浪费时间，没用。

所谓磨刀不误砍柴工，有时候打破了心结，做事效率会高很多。

误解3：心理脆弱的人才会去进行心理咨询。

求助是强者的行为，成功人士往往都懂得求助。

误解4：有问题扛一扛就过去了，不用去心理咨询。

不能小看心理健康问题，不要等到问题严重了才去解决它。

误解5：去找心理咨询师的人都是不正常的人。

心理咨询的大部分对象是正常人，是那些希望获得更多成长，或在某方面表现得更好的人。

误解6：一个人有心理问题就完了，要躲他远远的。

关注他人的心理健康就是为建设和谐生存环境做贡献，对他人伸出援助之手，表示接纳和尊重，有助于建立良好的人际关系。

二、心理咨询的特点

从对心理咨询的界定来看，心理咨询既不是“授人以鱼”，也不是“授人以渔”，更像是咨询师和来访者一起探索捕鱼的方式，即助人自助。心理咨询具有以下特点。

1. 助人自助

心理咨询师会在咨询过程中运用心理咨询的原理和方法来帮助来访者解决他的心理困扰，这个过程并不是心理咨询师直接解决问题，而是“助人自助”的过程，目的是让来访者自己找到解决问题的方法。

2. 互动性

心理咨询不像通常看病，医生提问题，病人回答，然后医生根据病人的回答开处方，病人按方抓药。很多人对心理咨询有这样的误解，进了咨询室后先对咨询师讲一堆的问题和症状，讲完后就等着咨询师“开处方”。其实，心理咨询师和来访者的交谈并非这样的一问一答的过程，而是互动的。咨询师会提问，但这种提问不是为了“开处方”，而是为了促进来访者自身的探索和思考，就像“知心姐姐”并没有告诉来访者该怎么做，而是通过提问引发来访者反思。

3. 心理性

心理咨询具有心理性，即它解决的是心理问题，而一些非心理的问题则不属于心理咨询的范畴。心理咨询不能直接让你取得成绩，也不能让离开你的爱人回来，更不能治疗癌症，但是它可以帮助你探索获得好成绩的方法，正确面对失恋和病痛。

拓展阅读

心理咨询的基本要求[①]

心理咨询要严格按照心理咨询的原则进行才会有良好的效果，心理咨询的原则包括：

- 保密原则。
- 在心理咨询室进行咨询。
- 不给认识的人咨询。
- 心理咨询期间不进行咨询外的接触。
- 一般不出诊。
- 不收受礼物。
- 咨询期间和咨询结束后一定时间内不能有双重关系。
- 不给来访者电话号码。

违背上述原则，心理咨询师会有双重身份，会因现实因素和潜意识因素的双重影响，失去对问题的判断能力和驾驭整个治疗过程的能力，最终影响咨询效果。

课堂活动

有心理咨询要求的人都是心理有病的人吗？你认为哪些人需要做心理咨询？

三、心理咨询的工作对象

心理咨询的主要对象可分为两大类：一是正常人，即遇到了与心理有关的现实问题并请求帮助的人，或者是希望在某一方面做得更好的人；二是有心理问题，但是并非精神异常的人。

心理咨询最一般、最主要的对象，是健康人群，或者是存在心理问题的亚健康人

---

① 夏翠翠．高职大学生心理健康教育 [M]．北京：人民邮电出版社，2017．

群，而不是人们常误会的“病态人群”。病态人群，如精神分裂症、抑郁症等患者是精神科医生的工作对象。

人的心理健康并不是黑白分明的，在健康与不健康之间有很长的“灰色地带”。大部分人的心理健康水平处于灰色地带，只有少部分人有严重的精神问题，如图1.5所示。

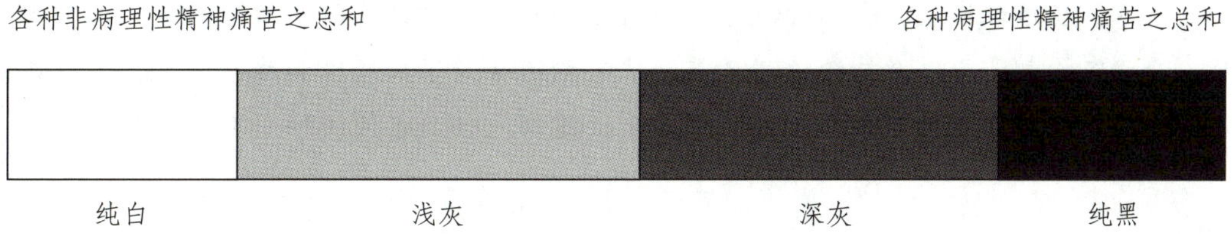

图1.5 心理健康的不同地带

处在不同地带的人所需要的心理服务是不同的，如表1.3所示。

表1.3 不同地带的人所需心理服务

心理地带	纯白	浅灰	深灰	纯黑
心理表现	健康人格、自信心强、适应力强	因生活、人际关系压力而产生心理冲突	变态人格、人格异常、人格障碍	精神障碍患者
所需服务	无	心理咨询	心理治疗	精神科治疗和心理治疗

健康人面对诸如婚姻家庭、择业、亲子关系、子女教育、人际关系、学习、恋爱、性心理、自我发展、情绪管理、压力应对等问题，他们会期待做出理想的选择，顺利地度过人生的各个阶段，求得内心平衡以及自身能力的最大发挥，寻求良好的生活质量。这时他们就可以寻求心理咨询的帮助。

个体碰到的问题通常分为两种：发展性问题和障碍性问题。

发展性问题，就是在某一发展阶段遇到的问题，如果不能顺利完成这个发展阶段的任务，就可能会出现问题，这些问题是常人都可能会遇到的。每个人都需要适应发展阶段的任务，增进身心健康，提高生活质量，实现自我价值。如生涯规划、恋爱关系、新生入学适应、人际关系等都属于发展性问题。

障碍性问题，是人们在生活、学习、工作及各种人际关系中出现的困难和烦恼，心理难以适应，导致较严重的心理障碍问题。

心理咨询主要解决的是发展性问题。心理咨询帮助来访者了解自己处在什么样的发展阶段，需要发展哪些心理品质，以及怎样发展这些心理品质，以便顺利地发展自己。重点在帮助来访者更好地认识自己和社会，增强社会适应能力，充分开发潜能，促进自身的全面发展。

拓展阅读

来访者须知[①]

开放和坦诚很重要。在心理咨询过程中，来访者要做到：开放和坦诚，愿意讲自己的问题，坦诚地表达自己的观点。如果觉得咨询对自己没有帮助，应该怎么办？一走了之？不，应该坦诚地向咨询师表达，商讨适合自己的方式。除了短程咨询，通常情况下，心理咨询都需要一个持续过程，第一次咨询通常是了解情况和建立联系，不要在进行一次咨询之后觉得对自己没有帮助就停止，建议见一个咨询师2～3次后再做决定。

我可以信任心理咨询师吗？
——心理咨询中的保密原则

很多进行心理咨询的人都有一个强烈的需求——保密。只有保密才能让来访者觉得安全，才能很轻松地向咨询师吐露自己的心声，保密原则是心理咨询中最重要的一个原则。有很多大学生在进行心理咨询前或者进行心理咨询的过程中都会有这样的担心：心理咨询师会为我保密吗？我的问题会不会被辅导员知道？答案是：一个合格的职业心理咨询师会遵守保密原则。一般在进行心理咨询前都会签类似于“来访者须知”的保密协议，来访者的问题不会被别人知道，但是这个保密原则有两个例外，一是有可能伤害他人的情况；二是有可能伤害自己的情况。在这两种情况下心理咨询师可以打破保密原则。

四、心理咨询应遵循的原则

1. 保密原则

咨询人员应对来访者的有关资料保密，不得对外公开来访者的姓名、个人情况等；尊重来访者的个人隐私权，不能在咨询室以外的其他地方随意谈论来访者的问题。如因工作需要不得不引用咨询事例时，应对材料进行适当处理，不得公开来访者的真实姓名、单位或住址。保密性原则是心理咨询工作中最重要的原则，有人甚至称其为心理咨询的“生命原则”。面对来访者的隐私，咨询师有义务替咨询者保密，也必须遵守保密性原则。咨询师要对这些内容和隐私予以接纳和保护，不必进行评价、不应进行干预、不能随意传播，更不能因为好奇过度地询问。

这种保密也有例外的情况。比如，求助者对自己造成伤害，或者对他人造成危害，甚至危及生命时，心理咨询师就不能再固守所谓的保密原则了，而应该及时向有关人员和有关部门进行举报。

---

① 夏翠翠．高职大学生心理健康教育［M］．北京：人民邮电出版社，2017．

2. 自愿原则

来访者自愿原则是指到心理咨询室求助的来访者必须是完全自愿，这是确立咨访关系的先决条件。没有咨询愿望和要求的人，心理咨询师不会去主动找他（她），并为其进行心理咨询。只有自己感到心理不适，为此而烦恼并愿意找咨询师诉说烦恼，以寻求咨询师的心理援助，才能够解决问题。心理咨询室的大门永远向任何人敞开。也有人将这一原则称为“来者不拒、去者不追”的原则。值得一提的是，在现实的咨询中，心理咨询师要认真对待被迫来接受心理咨询的来访者和替别人来咨询的来访者。

3. 价值中立原则

价值中立原则是指在咨询的过程中，心理咨询师要尊重来访者的价值观，不要以自己的价值观念为准则，对来访者的行为准则任意进行价值判断。心理咨询师不能以任何方式向来访者强行灌输某一价值观念，或强迫来访者接受自己的观点。心理咨询师应站在客观的立场上，不以道德的标准，不被私人关系扰乱，对来访者进行无条件的积极关注，尽心帮助每位来访者走出心灵的雨季。

4. 时间限定原则

心理咨询必须遵守一定的时间限制。咨询时间一般为每次50～60分钟（初次受理时咨询时间可以适当延长），原则上不能随意延长咨询时间。

5. 感情限定原则

咨访关系的确立和咨询工作顺利开展的关键是咨询者和来访者的有效沟通。但这也是有限度的。对于来访者的要求，即便是好意的，在终止咨询之前也应该予以拒绝。咨访双方接触过密，不仅容易使来访者过于了解咨询师的内心世界和私生活，阻碍来访者的自我表现，也容易使咨询师失去客观判断的能力。

6. 重大决定延期原则

心理咨询期间，如果来访者情绪过于不稳和动摇，原则上应规劝其不要轻易做出诸如退学、转学、调换工作和离婚等重大决定。在咨询结束后，来访者在情绪稳定时做出的决定，往往不容易后悔或反悔的概率较小。就此应在咨询开始前予以告知。

拓展阅读

心理咨询师无所不能？[①]

许多来访者将心理咨询神化，以为把自己的问题抛给心理咨询师，咨询师就会为自己开出“良方”。似乎咨询师无所不会、无所不能，就像一个“开锁匠”，什么样的心结都能一下打开。所以，来访者常常来咨询一两次，没有达到希望的“豁然开朗”的心境，就大失所望，再也不来了。实际上，心理咨询是一个连续的、艰难的改变过程。心

① 成光琳，李玲玲．大学生心理健康教育[M]．2版．北京：高等教育出版社，2020．

理问题常与来访者的个性及生活经历有关，大部分求助心理咨询的人，都是带着经年累月形成的心理问题走进心理咨询室的，就像一座冰山，积封已久，没有强烈的求助、改变的动机，没有恒久的决心与之抗衡，是难以冰消雪融的。要解决这样的问题，需要一个长时间的过程让来访者认识自己、接纳自己。这需要几个月的时间，甚至是几年的时间。所以，来访者需要有打“持久战”的心理准备。

心理咨询等同于找医生看病？①

一些来访者把心理咨询师当作“救世主”，将自己的所有心理包袱都丢给咨询师，以为咨询师应该有能耐把它们一一解开，而自己无须思考、无须努力、无须承担责任。多年来，传统的生物医学模式就是：给病人看病、诊断、开药、治疗，一切由医生说了算，要求病人绝对服从、配合。因此，来访者自然而然地把这种旧的医学模式带进心理咨询，认为心理咨询师会帮助找不到工作的人找到工作、帮助失恋的人重获爱情、帮助移情别恋的人回心转意、帮助父母寻找离家出走的孩子。这样的期待恐怕是要落空的。在心理咨询中，心理咨询师只能起到分析、引导、启发、支持，促进来访者改变和人格发展的作用。心理咨询师无权把自己的价值观和愿望强加给来访者，更不能替来访者去改变或做决定。一个优秀的咨询师是不会代替来访者去直接解决问题的。来访者需认识到，世界上没有“救世主”，真正能拯救你的人，只有你自己。只有改变自己、战胜自己，最终才能超越自我，达到理想目标。倘若把自己完全交给咨询师，消极被动、推卸责任，只会一无所获。

五、大学生心理咨询的常见问题

大学生已进入青春期中晚期，正处于生理发育的基本成熟和部分心理发展相对滞后的特殊时期，世界观、人生观、价值观逐渐形成，心理状态还不稳定，容易受到外界的影响而产生各种心理问题。大学生在心理咨询中常见的主要问题如下。

1. 人际关系问题

人际关系问题是大学生心理咨询中最常见的问题。从中学到大学，大学生面临着一种全新的人际关系。大学生的人际交往更为复杂、更为广泛、独立性更强、更具社会性。处理好人际关系需要一定的技巧，这不是每个大学生都能处理好的。一旦在这一过程中受挫，就可能因自我否定而陷入苦闷与焦虑，或因企图对抗而陷入困境，并由此产生心理问题。

2. 压力问题

压力问题是大学生面临的第二大问题。现在大学生就业竞争越来越激烈，很多学生从大一就开始思考自己未来的发展问题，学习压力越来越大。在面临压力的时候，有

---

① 成光琳，李玲玲．大学生心理健康教育 [M]．2 版．北京：高等教育出版社，2020．

的同学不懂得如何求助和减压，反而用一些增加压力的方式来解决问题，使压力越来越大。

3．自我问题

自我问题主要包括自我怀疑和对自我的迷茫。如有的学生很自卑，一旦遇到挫折或者遭到别人拒绝，就容易产生心理危机。有的大学生对未来很迷茫，有一种存在危机，找不到人生的意义，不知道人活着究竟为了什么。

4．情感问题

大学生正处于青春期的中晚期，生理上趋于成熟，心智上有了一定的发展，对爱情生活有所追求和向往。大学生谈恋爱比较常见，但是有很多大学生存在情感困惑，会遇到单相思、感情纠葛和失恋等心理挫折。特别是失恋，如果处理得不好，会受到极大伤害，造成心理失调，甚至精神崩溃，在短时期内出现极端的行为，如报复或轻生等。

5．学业问题

大学的学习特点和高中明显不同，如学习环境、学习内容、学习方法、学习评价等都不同，还面临着英语和计算机等级考试，以及各类职业资格考试的压力。许多同学进入大学后不适应大学的学习，学习目标不明确，方法不适应，所学专业与自己的兴趣相抵触；有部分学生成绩下滑严重，不能很好地面对学习上的挫折，容易产生心理问题。

6．生涯与就业问题

目前，国家在择业和就业中引入了双向选择的竞争机制，所有面临毕业的大学生都得接受社会的选择。就业岗位要求和标准日益提高，相当数量的大学生缺乏足够而必要的就业心理准备，毕业甚至未毕业时就出现了严重的就业心理压力。在面临强大竞争时，有的学生还缺少必要的生涯规划，在学校学习的过程中缺少目标，没有方向，感觉到迷茫，觉得生活没意义，这也是心理问题产生的根源之一。

7．家庭问题

对于从小在顺境中长大的大学生来说，一旦遭遇重大变故，如父母去世、家庭破裂、经济困难或者其他重大家庭问题，极易情绪波动，产生失落感和悲观情绪，从而以极端行为对抗现实。另一类家庭问题就是家庭关系问题，有的学生长期与家人关系不好，这也是咨询的常见问题之一。

8．慢性身体疾病

长期的慢性身体疾病也容易造成心理困扰。一方面，他们长期受疾病的折磨；另一方面，疾病可能会影响到学习、人际交往和生活，给大学生带来多重压力。如患有乙肝小三阳的学生，一方面他们很渴望与他人交往；但另一方面，在学习和生活中可能会遭到周围人的歧视和孤立，长期下来，他们就容易产生心理问题。

9．精神障碍

有少数大学生面临精神障碍的困扰，比较常见的有抑郁症、强迫症、焦虑症、恐惧症和精神分裂症等。

10. 其他问题，包括环境适应等问题

大一新生中，学习不适应问题较为普遍。对于绝大部分学生来说，他们需要面对陌生的校园、生疏的新群体。他们离开长期依赖的父母以及其他的亲人、朋友和熟悉的环境，意味着今后将独立生活，所有的事都要自己来决定和解决，这些都会给他们带来不同程度的刺激。当这种刺激超过限度时，他们就可能出现失眠、食欲不振、注意力不集中，甚至焦虑不安、头疼、神经衰弱等症状。

课堂活动

遇到心理困扰，你会寻求心理咨询师的帮助吗？

任务三 精神障碍

课堂案例

案例

小王，某高职院校学生。她宿舍的同学反映，她经常在宿舍里面自言自语，到宿舍之后无论是白天还是晚上都要把窗帘拉上，并且还把灯打开。在拉窗帘的时候，她总说对面楼上的男生在偷窥她，还知道自己穿什么样的衣服，甚至连穿什么颜色的内衣都知道。学校放假，她在家的时候，她说那个男生也知道自己穿什么样的衣服，并且对她的穿衣风格指手画脚、说三道四。在教室的时候，她认为别人都在低声地说自己的事情，内容不固定，但是大多数都是指责的话。周围的人都觉得她说话的时候眼神游离，没有逻辑。但是，她自认为说话有逻辑，不承认有精神问题。后来了解到，该生的宿舍对面是一栋女生宿舍楼，根本就没有所谓的男生。

案例分析

这个案例中的小王就是典型的心理异常，这属于精神障碍。

小王出现了精神障碍，产生虚幻的感觉：在相同的背景下，周围人都没有的感觉，可是当事人有。当事人能看到周围人看不见的东西，听到周围人听不见的声音，因为她有幻觉（在教室的时候，她认为别人都在低声地讨论她的事情，内容不固定，但是大多数都是指责的话——幻听）、有妄想（对面楼上的男生在偷窥她，还知道自己穿什么衣服，甚至连穿什么颜色的内衣都知道。明明跟自己无关的事，却相信跟自己有关）、有明显的行为异常（在宿舍白天也要拉上窗帘，开灯）和思维逻辑出现问题（周围人感觉她说话没有逻辑性，而她自认为说话有逻辑。这说明她自知力出现了问题）。

分析：综合判断，小王可能有精神障碍，必须由家人陪同前往精神专科医院就诊。这已经超出了心理咨询的范围，即使是临床经验丰富的心理咨询师都可能无法解决，需要转介。[①]

一、精神障碍的概念

1. 精神障碍的定义

精神障碍是指由各种原因引起的感知、情感和思维等精神活动的紊乱或者异常，导致个体明显的心理痛苦或者社会适应等功能损害。严重精神障碍是指疾病症状严重，导致个体社会适应等功能严重损害、对自身健康状况或者客观现实不能完整认识，或者不能处理自身事务的精神障碍，主要包括精神分裂症、偏执性精神病、分裂情感障碍、双向情感障碍、癫痫所致精神障碍、精神发育迟滞六种。

2. 关于精神障碍的错误观念

（1）精神障碍很可怕。

根据我国部分地区精神疾病流行病学调查结果估算，中国精神障碍的发病率为17.5%，其中严重精神疾病的发病率为1%～1.5%，只要配合治疗，大部分患者都能痊愈。

（2）得了精神障碍很可耻，会被人笑话。

在科学技术日新月异的今天，精神卫生知识也得到了普及，随着大众对精神卫生知识的逐步了解，精神疾病的接纳度也在逐步提高。

（3）是因为自己脆弱才会出现精神障碍。

出现精神障碍的原因比较复杂，其往往是遗传、社会和个体共同作用的结果。

（4）只要扛一扛，就会过去。

抑郁症患者脑内多种神经递质出现了紊乱，并不是扛一扛就能过去的。

（5）治疗精神障碍的药物都有副作用，能不吃尽量不吃。

精神类药物虽然有副作用，但要按照医嘱吃，这样最有利于治疗。俗话说“是药三分毒”，往往我们能接受治疗身体疾病的药，但对于精神疾病的药却难以接受。其实，现在也有很多副作用较小的精神类药物。

（6）只要症状得到了缓解，就可以不服药了。

症状虽然有改善，但大部分精神障碍都需要巩固治疗，这样可以降低复发率，所以不要擅自停药，应遵医嘱。

---

① 成光琳，李玲玲．大学生心理健康教育 [M]．2 版．北京：高等教育出版社，2020．

拓展阅读

反精神疾病歧视[1]

歧视是使用负面标签来定义一个有精神障碍或者其他不同于你的明显特征的人，因为害怕被歧视，个体会丧失寻求专业帮助的勇气。宁可自己扛着，也不愿意承认自己有精神疾病，很多人正是因为害怕被人歧视，所以才不去就医、不求助，导致病情恶化。有研究表明，大学生寻求专业心理咨询的帮助有以下特点：在寻求他人帮助时，更倾向于向关系密切的人求助，只有当面临严重的心理困扰时，才倾向于向专业咨询求助；男生较女生更倾向于自己解决问题；来自农村的学生较来自城市的学生更倾向于自己解决问题。

妨碍大学生寻求专业咨询帮助最主要的原因有两个：一是认为心理咨询不能帮助自己解决问题；二是认为去做心理咨询是一件丢人的事情。其中最重要的一个原因是担心丢人。

因此，当你身边有人有心理问题或者精神疾病时，你要做的是：接纳、支持，使用尊敬的语言，鼓励他们求助或者就医，对于那些表现出歧视的人，要予以制止；不能做的是：给别人贴上“弱智”“神经病”“疯子”等标签，告诉对方没关系，没问题，扛一扛就好了。

心理健康专业人士估计，在任何一年时间内，每四个成年人中就有一个遭受某种类型的心理障碍或精神疾病，总体来说，大约三分之一的人在一生中至少经历过一次重大的心理障碍。所以减少对精神疾患的歧视，就会增加他们寻求帮助的机会。

二、心理问题、心理障碍与心理疾病

（一）三者的含义

提到心理问题，很多人都会认为很可怕，常常把它和精神病联系起来，其实并不像大家想象的那么严重。大家还记得前面我们提到的灰色区理论吗？当一个人的心理状态处在浅灰色区时，他出现的问题我们可以称为“心理问题”。比如，某个大学生和自己的男朋友或者女朋友吵架了，一直在纠结要不要分手；每次到快考试的时候都会焦虑，担心自己考不好……所有这些不良的情绪状态以及对问题的纠结都属于心理问题。因此，心理问题的发生一定与特定的情境相联系，常由特定的情境诱发，脱离该情境，个体的心理活动会完全正常。这也说明心理问题具有明显的偶发性和暂时性。每个人都会出现心理问题，它就跟感冒发烧一样正常，一辈子不出现心理问题的人是不存在的，所以出现心理问题并不可怕，关键是我们怎样对待、处理它。

---

① 成光琳，李玲玲．大学生心理健康教育 [M]．2 版．北京：高等教育出版社，2020．

心理障碍是指初始反应剧烈、持续时间长久、内容充分泛化和自身难以克服的精神负担。在行为上，心理障碍者已经没有能力按社会认为适宜的方式行动，以致其行为后果对本人或社会是不适应的。心理障碍主要表现为各种人格障碍、性心理障碍和神经症。

心理疾病是对比较严重的心理障碍和部分轻度精神病的一种通俗称谓。

（二）三者的区别

心理问题、心理障碍和心理疾病在程度上有明显的不同。后两者情绪反应比较强烈，不良情绪持续时间也较长，一般超过3个月，在行为上有时会失去理智，对生活、工作和人际交往有一定程度的影响，情绪反应的内容被泛化。所以，当我们出现心理问题的时候，要及时调整，否则，演变成心理障碍或者心理疾病，情况就比较严重了。

正常心理状态出现的问题可以称为“心理问题”，异常心理状态出现的问题就可能是“心理障碍”或者“心理疾病”了。在心理学界与精神病学界，公认的判断正常心理状态和异常心理状态的三个原则如下。

1. 心理活动的内在协调一致性原则

人的心理过程主要包括认知过程、情感过程和意志过程，这三个方面是协调一致的，这种协调一致性保证了人在反映客观世界过程中的高度准确性和有效性。比如，一个人的亲人突然去世，他知道了这件事情，这是他的认知过程；他知道这件事情后，非常难过，这是他的情感过程；他难过之后，意识到自己不能再这样下去，要坚强，要活得更好才是对亲人最大的安慰。这就是一个完整的知、情、意统一的过程。他的心理是正常的。相反，如果他得知亲人去世后，拍手哈哈大笑，或者把自己锁在屋子里，不吃不喝，他的心理过程就失去了协调一致性，心理转为异常状态。

2. 个性的相对稳定性原则

每个人在自己长期的生活道路上都会形成独特的个性心理特征。这种个性心理特征一经形成就具有稳定性的特点。如果外界没有发生重大变化，但这个人的个性心理特征突然变得异乎寻常，并且本人对自身状态毫无知觉，这个人很可能就心理异常了。比如，一个本来性格很开朗、待人接物很热情的人突然变得很冷淡、消沉、表情呆板，并且对自己当前状态不自知，这些都是心理异常的表现。自知力是指人对自身精神状态的认识能力，是精神疾病的衡量标尺。一个自知力完整的人，通常能认识到自己在哪些方面出现了问题，并要求治疗。而无自知力，是一种当事人对自身状态的反应错误，其本人并不认为自己某方面出现了问题，不能主动求医。

3. 主客观世界统一性原则

我们的心理活动要与客观现实相符合，如果不符合，就会出现幻觉、妄想。幻觉是一种虚幻的表象，本来并不存在的某种事物，患者却能感知它的存在，坚信自己能够看到或听到它等。妄想是一种不理性、与现实不符且不可能实现但本人坚信的错误信念，如坚信某个人喜欢自己、坚信有人要害自己等。

以上三个原则，如果违背了其中一个，就很可能出现心理异常的状况。而心理咨询往往针对的是心理正常的人，很少针对心理异常者。

三、大学生常见的精神障碍

1．焦虑症

焦虑症是一种以持久性焦虑情绪为主的神经症，症状呈急性发作或慢性持续状态。急性焦虑的患者可能突然感到呼吸困难、紧张恐惧或出现濒死感。检查可见心跳加快，呼吸窘迫、震颤，发作可持续数分钟至数小时，并可反复发作。慢性焦虑患者多有胆小、羞怯、过分敏感等人格特点，常处于持续紧张状态，终日惶恐、提心吊胆、坐卧不安，容易被激惹，注意力不集中，对外界事物缺乏兴趣或自身躯体不适，多伴有失眠多梦、胃肠不适、性欲缺乏。焦虑症是大学生最常见的精神障碍之一。

值得一提的是，正常人的焦虑是人们预期到某种危险或痛苦境遇即将发生时的一种适应反应或生物学的防御现象，是一种复杂的综合情绪。病理性焦虑是一种控制不住，没有明确对象或内容的恐惧，其威胁与焦虑的程度不相符。

焦虑和担心表现持续6个月以上，其具体症状表现为以下三个方面。

（1）身体紧张。焦虑症患者常常觉得自己不能放松下来，全身紧张，面部绷紧，眉头紧皱，唉声叹气。

（2）植物性神经反应过强。患者会表现出口干、嗓子发堵、胸闷气短、呼吸困难、竖毛、心悸、脸上发红发白、恶心呕吐、尿急、尿频、头晕、全身尤其是双腿无力感等。只有焦虑的情绪体验而没有植物性神经功能的任何表现，不能视为焦虑症。

（3）过分机警和担心。焦虑症患者每时每刻都像一个放哨站岗的士兵，对周围环境的每个动静都非常警惕。他们无时无刻不处在警惕状态，影响了他们做其他工作，甚至影响他们的睡眠。焦虑症患者总是为未来担心，感到最坏的事即将发生，整天提心吊胆，缺乏安全感。

2．抑郁症

抑郁症又称“忧郁症”，是大学生常见的一种精神障碍，由于比较普遍，因此常称其为“心灵感冒”。它是神经症的一种，指情绪显著而持久（抑郁发作持续至少两周）的低落为基本临床表现，并伴有相应的思维和行为异常的一种精神障碍。患者常常情绪低落，自卑忧郁，甚至悲观厌世，有自杀企图和行为。抑郁症其实并不可怕，只要及时发现，早治疗，一般治疗效果都很好，复发率也很低。

抑郁症主要表现为以下三个方面。

（1）情绪低落。

患者在绝大多数时间里感到悲伤或情绪低落，终日忧心忡忡，唉声叹气，兴趣索然，即使听到令人愉快的消息，大多也不会因此而高兴起来，对工作、学习、家庭、生活丧失信心。常有自责自罪观念，夸大微不足道的小事，罗列种种罪名自我谴责，严重时出现消极意念，甚至有自杀企图。一般来说，抑郁情绪常在早上加重，下午和晚间减轻。

（2）思维缓慢。

患者自觉脑子迟钝、思维联想困难、犹豫，有时会注意力不集中，记忆力下降。

（3）活动减少，迟缓。

病人整个精神活动呈现显著的普遍抑制，有明显的疲劳感，常感觉精力不足、虚弱或身体不适。疲乏无力，缺乏积极性和主动性。虽然知道应该做，但感到无能为力或力不从心。对生活的要求逐渐减少，严重时连最基本的生活要求，如吃、喝都不顾，需有人催促和照顾，少数可能沉默不语，卧床不动。

3. 强迫症

强迫症即强迫性神经症，患者总是被各种强迫思维所困扰，在生活中反复出现强迫观念及强迫行为。患者自知力完好，知道这样是没有必要的，甚至很痛苦，却无法摆脱。强迫症的基本症状是强迫观念和强迫行为。其中，每一类又细分为多种，这些症状可以一种为主，或几种兼有。

（1）强迫观念。

强迫观念是指反复进入患者意识领域的思想、表象，情绪或意向，这些思想、表象、情绪或意向对患者来说没有现实意义，是多余的；患者意识到这些都是他自己的心理活动，很想摆脱，但又无能为力，因而感到十分苦恼。

（2）强迫行为。

强迫行为往往是为了减轻强迫观念引起的焦虑，患者不由自主地采取的顺应行为，如强迫检查门是否锁好，强迫清洗自己的手等。

4. 恐怖症

恐怖症或恐惧症，是以过分和不合理地惧怕外界客体或处境为主的神经症。患者明知没有必要恐惧，但仍不能防止恐惧感发作，恐惧感发作时往往极力回避所害怕的客体或处境，或是带着畏惧去忍受。需要指出的是，真正的恐惧症和普通的恐惧情绪是不一样的。普通人的恐惧情绪，如害怕毒蛇、虎等，这些多数人皆惧之，这种恐惧不应算恐惧症，需将这些正常的恐惧情绪与真正的恐惧症相区别。如不加以区别，恐惧症的诊断势必扩大化。因此，处境是否具有危险性、症状的严重性及有无回避行为是鉴别的要点。

恐惧症的症状表现分为以下几类：社交恐惧症、幽闭恐惧症、广场恐惧症、考试恐惧症等。这些恐惧症的表现虽然存在差异，但总体来说，都是对一种或几种处境、事物恐惧至极，从而表现出焦虑、紧张、发抖、心悸等症状。

值得一提的是，以上列出的是大学生常见的几种精神障碍。精神障碍的诊断是一个复杂且专业的工作，如果怀疑自己有精神障碍，请到具有资质的医院做诊断，切勿对号入座。

拓展阅读

心理咨询可以治疗精神障碍吗？①

很多精神障碍患者谈药色变，或者认为自己不需要服药，那心理咨询可不可以治疗精神疾病呢？2013年5月1日起开始实施的《中华人民共和国精神卫生法》第二十三条规定：心理咨询人员不得从事心理治疗或者精神障碍的诊断、治疗。心理咨询人员发现接受咨询的人员可能患有精神障碍的，应当建议其到符合本法规定的医疗机构就诊。第二十九条规定：精神障碍的诊断应当由精神科执业医师做出。也就是说心理咨询师不可以对精神障碍进行诊断和治疗，如果怀疑一位来访者有精神障碍，必须要转介到有资质的医疗机构。

有的同学得知自己有精神障碍，非常不愿意去医院，同时也不想服药，坚持要做心理咨询。在这种情况下，有资质的医院的治疗是更为有效的方式，所以对于精神障碍患者来说，最重要的是要遵循精神科大夫的医嘱，心理咨询不能治疗精神障碍。

四、精神异常初判

精神异常初步判断可以从以下四个方面入手。

1. 行为

行为是人们表现出的各种举止、反应，是判断是否有心理疾病最直观和有效的判断指标。可以通过以下行为来初步判断某人是不是精神异常。

（1）当事人能否保持正常的学习、生活能力？

（2）当事人的行为活动是否与其身份相符？

（3）当事人是否表现出他人难以理解的言行举止？

（4）当事人的行为活动是否有明显减少或增多？

（5）当事人是否保持与周围人的正常沟通？

（6）当事人是否表现出自杀意向、行为或制订自杀计划？

（7）当事人是否有威胁周围人和环境的意向和行为？

2. 情绪

情绪是人的各种感觉、思想和行为的一种综合的心理和生理状态，是对外界刺激所

① 夏翠翠. 高职大学生心理健康教育 [M]. 北京：人民邮电出版社，2017.

产生的心理反应，以及附带的生理反应，如喜、怒、哀、乐等。情绪是个人的主观体验和感受，在情绪支配下，个体会产生各种行为，情绪本身也会影响到认知。因此，可以通过情绪来初步判断是否精神异常。

（1）总体情绪感受如何？

（2）当事人的情绪反应是否和环境、诱因匹配？

（3）当事人是否存在消极情绪（忧伤、愤怒、焦虑等）？

（4）当事人的情绪是否稳定，是否存在波动，波动程度如何？

（5）当事人的情绪是否受其本人的控制，是否有失控的倾向？

（6）当事人是否存在情感解体或混乱的表现？

3. 认知

认知是指人认识外界事物的过程，即对作用于人的感觉器官的外界事物进行信息加工的过程。潜在危机评估过程中的认知，指的是人的总体思维能力（分析能力、记忆力、注意力等）和个体对问题以及个人的看法。可以通过以下行为来初步判断是否精神异常。

（1）当事人对面临问题的解释是否符合实际？

（2）当事人是否能够有效地解决所面临的问题？

（3）当事人的注意力水平如何，是否能够保持必要的注意力？

（4）当事人的记忆力水平如何，是否存在长期、短期记忆的损害？

（5）当事人的逻辑思维能力如何，是否存在思维混乱的现象？

（6）当事人的认知范围是否发生变化，是否过于狭窄？

（7）当事人自我认知如何，是否存在自我怀疑、自我否定等现象？

（8）当事人是否存在强迫性思维等异常思维表现？

4. 生理表现

生理表现是指一些和心理问题相关联的，可以观察到的生理层面的表现。生理层面的判断内容如下。

（1）当事人的睡眠状况如何，是否有入睡困难、睡眠质量不高、早醒（与抑郁症相关）等症状？当事人的饮食状况如何，是否存在厌食，拒食，过度饮食、暴饮暴食等？

（2）当事人是否存在物质依赖表现，如吸烟、酗酒，或者借助其他物品来消磨意志等？

（3）当事人是否有身体不适等感受，如是否抱怨自己身体感觉不好，或其他症状等？

（4）当事人的总体生活节奏是否有明显改变？

上述内容只是给大家提供一个初步判断的参考，并非定论，如果你或者他人有上面的异常情况，应该考虑求助心理咨询或进行心理治疗。通常情况下，如果这些异常情况持续时间比较短，如果几天、一周的时间就能恢复正常，一般不用太在意，如果持续两周以上，则需要引起关注和寻求心理帮助。

拓展阅读

得了精神疾病该怎么办？①

精神疾病已成为全球性问题，但是很多人对精神病的认识比较片面，对精神卫生知识缺乏了解，患者和家属常不能面对现实或正确对待。一些人在发现自己患有精神病后不能及时到专科医院就诊，而是求神拜佛、找偏方，直到病情发展到非常严重的程度，才去医院就诊。

对于精神病，特别是精神分裂症、情感性精神障碍等重型精神病，应及时到医院就诊治疗。精神病的治疗，最好是早发现、早治疗、正规治疗、系统治疗。如果不能经过系统治疗，病情好转就停药，停药后就复发，反反复复转为慢性状态，失去了最佳治疗时机，不仅难以治愈，而且给家庭带来沉重负担。因此，精神病患者及其家属要认真听取专业医生的意见，配合医生积极治疗，千万不要以为患精神病是丢人的事而加以掩盖，这样做不但隐瞒不住病情，反而使病情因得不到及时治疗而加重，甚至造成严重后果。如果被医生诊断为精神疾病，需要做的是：以精神科医生的诊断为主，按照医嘱坚持服药，不要私自停药或者断药。

本章小结

1. 健康是由心理尺度、医学尺度和社会尺度来评价的，健康的概念已从传统的生物医学模式走向生物—心理—社会模式。

2. 心理健康是指在身体、智能以及情感上与他人的心理健康不相矛盾的范围内，将个人心境发展成最佳的状态。

3. 大学生的心理健康是遗传和环境相互作用的结果，很多精神疾病都被证实有遗传的作用，其中家庭、社会和学校是最主要的三个环境影响因素。

4. 心理咨询是心理咨询师运用心理学的原理和方法，帮助来访者发现自身的问题和根源，从而挖掘来访者本身潜在的能力，来改变原有的认知结构和行为模式，以提高对生活的适应性和调节周围环境的能力。

5. 心理咨询有三个特点：助人自助、互动性和心理性。

6. 心理咨询的对象大部分是面临发展性问题的正常人群。

7. 心理咨询作为一项专业的助人工作，不同于简单的聊天，它有专门的设置，包

① http://z.xywy.com/doc/xpanpan/wenzhang/83-73713. htm？ fromurl=360_liangyi_w，略有改动.

括地点设置、时间设置、预约设置、转介设置等。

8. 大学心理咨询常见的问题有：人际关系问题、压力问题、自我认知问题、情感问题、学业问题、职业生涯规划与就业问题、家庭问题、慢性身体疾病、精神疾病及其他如环境适应等问题。

9. 精神障碍是指由各种原因引起的感知、情感和思维等精神活动的紊乱或者异常，导致个体明显的心理痛苦或者社会适应等功能损害。

10. 大学生常见的精神障碍有焦虑症、抑郁症、强迫症、恐惧症。

11. 心理咨询师不能进行精神障碍的诊断和治疗，如果怀疑自己患有某种精神障碍，需要到有资质的医院进行诊治。

12. 判断某个体是否精神异常，可以从其行为表现、情绪、认知和生理表现四个方面入手，进行初步判断。

13. 如果怀疑自己得了精神疾病，一定要及时就医，以免耽误病情。如果被医生诊断为精神疾病，需要做的是：以精神科医生的诊断为主，遵从医嘱服药；坚持服药，不要私自停药或者断药。

认识自我

● 心理测验一

你的心理健康吗？①

请根据你的实际情况，对下列各题做出“是”或“否”的回答。

1. 每当考试或老师提问时，都会紧张得出汗。
2. 遇见不熟悉的人，常常会手足无措。
3. 一旦紧张，头脑就会不清醒。
4. 经常因处境艰难而沮丧气馁。
5. 经常会不自觉地发抖。
6. 经常会因突然的声响而跳起来，全身发抖。
7. 别人做错了事，自己也会感到不安。
8. 经常做噩梦。
9. 眼前经常浮现恐怖的画面。
10. 经常会觉得胆怯和害怕。
11. 常常会突然出冷汗。
12. 常常稍不如意，就会怒气冲冲。
13. 被别人批评时，会暴跳如雷。

---

① 俞国良. 心理健康自测与指导 [M]. 北京：高等教育出版社，2009. 略有改动.

14. 别人请求帮助时，会感到不耐烦。
15. 做任何事都随意散漫，没有条理。
16. 脾气暴躁焦急。
17. 一点也不能包容他人，甚至对自己的朋友也是这样。
18. 被别人认为是个很挑剔的人。
19. 总是被别人误解。
20. 做事常常犹豫不决，下不了决心。
21. 经常把别人交代的事情搞错。
22. 会因不愉快的事一直忧心忡忡，无法解脱。
23. 脑海中常常浮现一些奇怪的念头，虽知其无聊，但无法摆脱。
24. 周围人在快乐地玩乐，自己却觉得孤独。
25. 常常自言自语或独自发笑。
26. 总觉得父母或朋友对自己缺少爱和关怀。
27. 情绪极不稳定，多愁善感。
28. 经常有生不如死的想法或感觉。
29. 半夜里听到声响后，往往难以入睡。
30. 你是一个容易感情冲动的人。

● 评分

每题回答“是”计1分，回答“否”计0分。将各题得分相加，得出总分。

0～5分：你具有主观能动性，能正确地认识世界。但仍要不断地学习，培养生活情趣。同时，要注意劳逸结合，善于在闲暇时尽情享受生活。

6～15分：你有些疲倦，最好能合理安排学习和生活，劳逸结合，让身心得到放松。

16～30分：有必要请精神科医生针对你的情况给出治疗建议或求助心理咨询师，相信你会很快从烦恼不安中走出来。

● 心理测验二

你的心理成熟度如何？①

下面的5类测验，从不同角度考察你的心理成熟度。请你针对每个问题仔细思考，用“是”或“否”作答。

① 俞国良．心理健康自测与指导[M]．北京：高等教育出版社，2009．略有改动．

A类：

1. 你常常说“我没有办法少吃”吗？
2. 你常常推诿说“我太忙了”吗？
3. 你常常道歉说“我的记性坏透了”吗？
4. 你常常说“我就是不喜欢交际”吗？
5. 你是否常推托说“我要是有时间就好了”？
6. 你会斩钉截铁地说“这事我绝对不做”吗？
7. 你是否通常等别人先做自我介绍？
8. 你是否会道貌岸然地说“我绝不是口是心非的人”？
9. 你是否会把握十足地说“我对金钱从不斤斤计较”？
10. 你觉得自己做事总比别人强吗？

B类：

1. 你是否常说“我本来打算……的”？
2. 你讲起话来喋喋不休吗？
3. 你常用“我实在没有办法”这句话替自己辩解吗？
4. 你常用“我太累了”来求情吗？
5. 你会退缩说“大庭广众面前，我实在说不出话来”吗？
6. 你是否常常说“可惜我不会处理金钱事务”吗？
7. 你是否根据传言去批评别人？
8. 别人是否应该不断地对你献殷勤？
9. 你是否希望自己的一言一行都引起大家注意？
10. 有人记不起你了，你心里是否不痛快？

C类：

1. 你是否常说“这件事我最清楚了”，而不容别人继续讨论？
2. 你是否一贯喜欢指挥别人？
3. 你认为送礼能巩固友谊吗？
4. 如果你不喜欢一个人，是否就跟他断绝往来？
5. 你觉得认错丢脸吗？
6. 你觉得道歉很难启齿吗？
7. 你动不动就生气吗？
8. 你常常说“大家不够朋友”吗？
9. 你是否自忖“要是我学另一个专业就好了”？
10. 是不是凡事最后都要让你做主？

D类：

1. 你认为人人都应喜欢你吗？
2. 你认为你什么钉子都不该碰吗？
3. 你口口声声说“我可用不着别人帮忙”吗？
4. 你常说“这是我出的主意”吗？
5. 你常常和别人争论吗？
6. 别人批评你，你觉得吃不消吗？
7. 你容易觉得别人得罪了你吗？
8. 你总是要别人感激你吗？
9. 你是否常以“我要是有他那样的机会就好了”自嘲？
10. 别人的劝告你肯欣然听从吗？

E类：

1. 你一定要予取予求吗？
2. 你是否庸人自扰？
3. 你碰到不如意的事能否释怀？
4. 你记仇吗？
5. 你凡事一定要做到尽善尽美吗？
6. 你一定要永远快乐吗？
7. 你一定要永远随心所欲吗？
8. 别人成功了，你心里难受吗？
9. 为有意义的目标牺牲，你会迟疑吗？
10. 无论什么人你都觉得靠不住吗？

● 评分

每题答“是”不计分，答“否”请按下面的规定计算分数：A类各项问题对你的心理成熟度影响并不突出，但经常会碰到，每答一个“否”计1分；B类各项问题对心理成熟度的影响有所增加，每答一个“否”计2分；C类各项问题对成就事业的影响较大，每答一个“否”计4分；D类各项心理不成熟已十分严重，每答一个“否”计2分；

E类各项心理不成熟是天生的，难以改变，每答一个“否”计1分。将各类题得分相加，统计总分。

75分以上为“特优”，说明你的心理成熟度很高。

65～74分为“优”，说明你的心理成熟度较高。

44～64分为“中”，说明你的心理成熟度一般。

43分以下为“差”，说明你的心理成熟度相对较低。

心理训练

提升心理弹性，让内心变得强大起来[①]

人生不如意事十之八九。生活中，难免遭遇挫折，但有人一蹶不振，有人却越挫越勇，难道这只是天分使然吗？其实，能否快速从打击中走出来，并非少数幸运儿才拥有的禀赋，而是取决于一种非常重要的因素，即“心理弹性”。提升心理弹性就像增强心灵的免疫力，是保持长期心理健康的关键。

当下，随着各地高考陆续放榜，面对分数，“几家欢乐几家愁”的故事又一年上演，家长和孩子的后高考期焦虑也引发广大网友的热议。其实，焦虑这一负性情绪是现代人的通病，它在不知不觉中吞噬了人们生活中的快乐，打破了身心的健康平衡，甚至使个体付出生命代价。

2020年6月，中北大学发生了一起学生坠亡事件，大二学生小洋在课程补考中作弊，被监考老师发现并没收试卷，他离开考场后不久坠楼。2019年11月，重庆一位高三学生跳楼身亡，留下遗言“对不起，我尽力了。在下一次让自己失望之前，还是自己早点了结为好。”

除了一些自我伤害的危机事件，还有一些青少年，将内心的压力发泄到他人身上。2020年7月，河南平顶山高考考场中，一名考生因情绪失控，当场撕毁另外两名考生的答题卡，对他人造成了恶性影响。

惋惜之余，这些极端负性事件也引发了舆论关注。面对挫折与困境，为什么有的人消极脆弱甚至走极端，而有的人却表现出较强的适应和抗压能力呢？以高考为例，每年都有上百万的考生面对升学的巨大压力，有的孩子能保持良好的心态积极备考，但也有考生因压力过大自杀，或是做出损人害己的极端事件。

其实，相似的情境和压力，个体的心态和行为表现却截然不同，可以用“心理弹性”来解释这种差异。

通过上述内容，请大家思考并讨论：

1. 你怎么理解“心理弹性”？

2.如何增强“心理弹性”？

---

① 提升心理弹性，让内心变得强大起来[N]. 光明日报，2020-08-16. 有改动.

心理自助餐

1．岳晓东：《登天的感觉——我在哈佛大学做心理咨询》，民主与建设出版社2023年版

本书用散文式的文笔深入浅出地讲述了10个涉及爱情、婚姻、职业选择、新生适应不良等个案，介绍了咨询心理学的基本理论和方法，见解独到而又意味隽永。

2．（美）M.斯科特·派克：《少有人走的路》，于海生译，吉林文史出版社2007年版

本书作者带领我们经历了一系列人生的艰难乃至痛苦的转变，帮助我们探索爱，学习爱，最终达到自我认知的更高境界。

3．卡伦·达菲，伊斯特伍德·阿特沃特：《心理学改变生活》（第9版），邹丹、张莹等译，世界图书出版公司2011年版

本书写给那些有兴趣在生活中应用心理学的知识和原理，更好地认识自己，更好地生活的读者。本书从个人、职场、商场、恋爱、家庭等方面，多角度、多层次讲解了心理学对生活的巨大影响，结合大量真实案例，向读者传授了多种控制负面心理、走出抑郁生活的实用心理调节技巧，再辅以丰富多样的人格测试和心理测验，帮助读者在轻松阅读中激励心智，增长智慧，让生活变得轻松自如。

4．电影《地海传说》

故事发生在一个受邪恶魔力控制的世界，青年魔法师必须去探索他的力量，与自己斗争，与邪恶战斗，最终成为地海的传奇。

模块二
心理适应篇

项目二

你的情绪你做主——大学生情绪管理

学习目标

1. 认清情绪：情绪特点、影响情绪的因素以及情绪产生的原因。

2. 品味情绪：情绪表现、不良情绪及调适。

3. 分享情绪体验。

4. 做情绪管理的主人：提高大学生情绪管理的能力和方法，培养大学生积极的情绪。

思政目标

1．培养大学生积极健康的心态。

2．引导大学生树立身心健康的生活理念和态度。

问题聚焦

1．什么是情绪？如何调节自己的情绪？

2．测一测你的情绪商数并合理调节。

3．大学生常见的情绪障碍有哪些？如何应对？

4．如何建立积极的心理防御机制？

5．你该如何应对情绪的困扰？

心理热身

案例 1

被狗咬的王经理

王先生是某私企的总经理，对公司管理非常严格，而且能以身作则，每天都早到迟退。不料，突然有一天早晨，王先生看手机短视频太入迷了，结果出门晚了。他匆匆忙忙地开车，闯了一个红灯，被警察逮了个正着，还被扣了驾照。本来上班就迟到了，还被扣了驾照，王先生感到气急败坏。回到办公室，正好碰到项目经理来向他汇报工作。他不带好气地问："上周那个项目敲定没有？"项目经理告诉他还没有。他突然吼道："我已经付给你七年薪水了。现在我们终于有一次机会做笔大生意，你却把它弄吹了！

如果你不把那个项目争回来，你就别想再踏进公司半步！”项目经理怀着一肚子不满回到自己的办公室，心想：“我为公司卖了七年力，你王经理不过是个傀儡。现在，就因为我丢掉了一个项目，就恐吓要解雇我，太过分了！”正巧秘书来找他签字，他马上问秘书：“今天早上我给你的那五封信打好了没有？”秘书回答说：“还没，我……”他立刻冒起火来，指责说：“不要找任何借口，我要你赶快打好这些信件。虽然你在这干了三年，不表示你会一直被雇佣！”秘书很愤怒地回到自己座位，心想：“三年来，我一直很努力地工作，经常超时加班，现在就因为我无法同时做两件事，就恐吓要辞退我。太欺负人了！”秘书下班回家，看到九岁的儿子正悠闲地打着游戏，立刻叫起来：“我告诉你多少次，要好好学习，赶快回房间去看书！”儿子回到自己房间，心想：“妈妈刚到家就冲我发这么大的火，真过分！”这时，平时她最喜欢的小狗走了过来，他二话没说就狠狠地踢了小狗一脚：“给我滚出去！”小狗疼得乱窜，发疯似地冲出门乱咬，还咬了一个人——正好是从这里路过的王总经理。

案例分析

这个案例里，王先生在驾照被扣后，没有控制好自己的情绪，结果造成了一系列不良的后果。如果当时他能够控制自己，调整状态，自我安慰道：“还好，只是驾照被扣了，没有出什么事故，下班后把驾照拿回来就好了，以后看手机一定要有节制。”这样就不会引发后面的不良后果了。

案例 2

俩秀才赶考①

两个秀才一起赴京赶考，路上遇到了一列出殡的队伍，看到了一口黑乎乎的棺材。其中一个秀才心里“咯噔”一下，凉了半截，心想：完了，真倒霉。于是心情一落千丈，那个“黑乎乎”的阴影一直挥之不去，结果，文思枯竭，名落孙山。

另一个秀才看到那个“黑乎乎”的东西时，心里也“咯噔”了一下。但他转念一想：棺材，官……财……，噢，那不是有“官”也有“财”嘛，好兆头啊！于是情绪高涨，走进考场，文思泉涌，果然一举高中。

案例分析

故事中，第一个秀才在考场上文思枯竭是因为情绪不好，情绪不好是因为他碰见棺材后认为是“触了霉头”；另一个秀才在考场上文思如泉涌是因为兴奋，兴奋是因为他

① 资料来源于网络，略有改动。

碰见棺材后认为是“好兆头”。

这个故事正好验证了埃里斯的情绪理论的核心：你的看法决定你的情绪，你的情绪决定你的命运！

心理讲堂

情绪本身无所谓好坏，关键在于情绪的有效管理，如何适时适度表达。各类情绪时刻与人相伴，可以使你从平凡走向卓越，也可以使你从天堂走向地狱。处于人生转折时期、渴望成功和成才的大学生深刻认识情绪、认真对待情绪、努力管理情绪并成为情绪的主人，意义非凡。

任务一 梳理情绪 认识情绪 传播情绪正能量

情绪是内心的感受经由身体表现出来的状态，是人对客观事物是否满足人的需要而产生的态度体验及相应的行为反应。心理学家把短暂而强烈的心理感受和反应叫作情绪，把稳定而持久的心理感受和反应叫作情感。情绪因人的主观体验不同而千差万别。虽然个体会有情绪体验，但情绪引起的生理变化与行为变化，却常常不为个体自身所控制。

一、梳理情绪

（一）情绪的产生及特点

1．情绪是由刺激引起的

情绪不是自发的，情绪是由刺激引起的。引起情绪的刺激，多半是外在的，但有时也是内在的；有时是具体可见的，但有时是隐而不显的。和煦的阳光、清凉的海风、无边无际的草原，令人心旷神怡；忙碌的街道、拥挤的公共汽车、喧哗的市场，使人烦躁不安；限时的工作、未完成的试卷、欠债的通知，让人焦虑、紧张。诸如此类，引起情绪的外在刺激，不胜枚举。

引起情绪的内在刺激，有生理性的，诸如腺体的分泌、器官功能失常（疾病）；有心理性的，诸如记忆、联想、想象等心理活动。想到伤心事，不禁潸然泪下，这是人人都有的体验。这些生理性的和心理性的内在刺激均可能使人产生不同的情绪。

2．情绪以需要是否满足为基础

需要是情绪产生的基础，个人所体验到的情绪具有主观性。是否引起情绪体验以及产生何种情绪体验，都与需要密切相关。客观刺激与主观需要的相关性是情绪产生的前提。例如，某大学生学期成绩单上有一门功课不及格，对这份成绩单，学校管理学生成绩册的教师可能未加注意，但该大学生及其家长则会因这份成绩单而产生较强烈的情绪反应。

客观事物是否满足人的需要，决定个体产生什么样的情绪体验。当客观事物符合并满足人的需要时，人就会产生积极的情绪体验，如满意、愉快、喜悦、振奋等；当客观事物不符合、不满足人的需要时，人就会产生消极的情绪体验，如悲哀、厌恶、忧虑、愤怒等。

3．情绪受个体认知活动影响明显

同样的外在刺激未必引起同样的情绪状态，有的人见怪不怪，但也有人心惊胆战。这与个人的动机有关。同样是体温计上显示的数字“39”，患病的幼童及其母亲产生的情绪反应会大不相同。这与个人的知识经验有关。当银行的出纳台前等着存钱的储户排起长龙，而银行职员却在慢吞吞地数着一大沓现金，不同的人会有不同的情绪反应，例如张三很焦躁、李四很平静，而王五则显得轻松。这些不同反应与他们对自己和社会的态度及信念有关。总之，情绪的产生与认识过程密切相关。

4．情绪状态不易自我控制

情绪体验的产生虽然与个人的认知有关，但在情绪状态下伴随产生的生理变化与行为反应，当事人通常是无法控制的。测谎器就是根据情绪状态下个人不易控制其身心变化的原理设计的。

（二）情绪的种类

关于情绪的类别，长期以来说法不一。我国古代有喜、怒、忧、思、悲、恐、惊的七情说。美国心理学家普拉切克提出了8种基本情绪：悲痛、恐惧、惊奇、接受、狂喜、狂怒、警惕、憎恨。还有的心理学家提出了9种类别。按不同的分类标准，情绪分类的结果不同。

1．四种基本情绪

有些情绪是人和动物共有的，但人类这些最基本的情绪与动物的情绪表现有本质的不同。因为即使是人的生理性需要也打上了社会的烙印，人们不再茹毛饮血，既要满足衣食住行等基本需要，也要考虑适当的方式和现有的社会条件。

一般认为有4种基本情绪，即快乐、愤怒、恐惧、悲哀。

（1）快乐是指一个人盼望和追求的目的达到后产生的情绪体验。由于需要得到满足，愿望得以实现，心理的急迫感和紧张感解除，快乐随之而生。快乐有强度的差异，从愉快、兴奋到狂喜，这种差异和自身的追求以及其实现的难易程度有关。

（2）愤怒是指所追求的目的受到阻碍，愿望无法实现时产生的情绪体验。愤怒时紧张感增加，有时不能自我控制，甚至出现攻击行为。愤怒也有程度上的区别，一般的愿望无法实现时，只会感到不快或生气，但当遇到不合理的阻碍或恶意的破坏时，愤怒的情绪就会爆发。这种情绪对人的身心的伤害也是明显的。

（3）恐惧是企图摆脱和逃避某种危险情境而又无力应对时产生的情绪体验。所以，恐惧的产生不仅仅由于危险情境的存在，还与个人排除危险的能力和应对危险的方法有关。一个初次出海的人遇到惊涛骇浪或者鲨鱼袭击会感到无比恐惧，而一个经验丰富的水手可能司空见惯，便能泰然自若。婴儿身上的恐惧情绪表现较晚，可能与他对恐惧情境的认知较晚有关。

（4）悲哀是指心爱的人或物失去时，或理想和愿望破灭时产生的情绪体验。悲哀的程度取决于失去的人或物对自己的重要性和价值。哭泣是悲哀所带来的紧张情绪的外部释放。当然，悲哀并不总是消极的，它有时能够转化为前进的动力。

2. 三种常见情绪状态

情绪状态是指在一定的生活事件影响下，个体在情绪过程中显现出来的身体变化及自觉不自觉的意识状态。根据情绪状态的强度、速度和持续时间，情绪状态可分为心境、激情和应激。

（1）心境是人一种平静而持久的情绪状态，是能够影响个体整体心理活动的背景性情绪状态，它不是对某一特定对象的体验，而是一种非定向的弥散性体验。生活中我们常说“人逢喜事精神爽”，指发生在我们身上的一件喜事（高考录取、作品获奖等）让我们很长时间保持着愉快的心情；但有时候一件不如意的事（亲人去世等）也会让我们很长一段时间忧心忡忡，情绪低落。这些都是心境的表现。

心境具有弥散性和长期性。心境的弥散性是指当人具有了某种心境时，这种心境表现出的态度体验会朝向周围的一切事物。古语中说人们对同一种事物，“忧者见之而忧，喜者见之而喜”，即心境弥散性的表现。心境的长期性是指心境产生后要在相当长的时间内主导人的情绪表现。虽然基本情绪具有情境性，但心境中的喜悦、悲伤、生气、害怕却要维持一段较长的时间，有时甚至成为人一生的主导心境。

心境对人们的生活、工作和健康都有很大的影响。心境可以说是一种生活的常态，人们每天总是在一定的心境中学习、工作和交往。积极良好的心境可以提高学习和工作的绩效，帮助人们克服困难，保持身心健康；消极不良的心境则会使人意志消沉，悲观绝望，无法正常工作和交往，甚至导致一些身心疾病。所以，保持一种积极健康、乐观向上的心境对每个人都有重要意义。

（2）激情是一种爆发强烈而持续时间短暂的情绪状态。人们在生活中的狂喜、狂怒、深重的悲痛和异常的恐惧等都是激情的表现。和心境相比，激情的情境性十分明显，往往由强烈的刺激所诱发，突然爆发，但维持的时间一般较短暂。

激情状态往往伴随着明显的生理变化和行为表现，具有爆发性和冲动性。当激情到来的时候，大量心理能量在短时间内积聚而出，如疾风骤雨，使当事人失去了对自己行为的控制力。值得注意的是，激情在宣泄之后，人会很快平静下来，甚至出现精力衰竭的状态。

激情常由生活事件中那些对个体有特殊意义的、出乎意料的突发事件引起。违背个体意愿的事件也会引起激情。据说，春秋战国时期的伍子胥过昭关，因担心被抓回楚国，父仇不能报，一夜之间竟然愁白了头。可见，不同的生活事件会引起不同的激情。

激情对人的影响有积极和消极两个方面。一方面，激情可以激发内在的心理能量，成为行为的巨大动力，提高工作效率并有所创造。另一方面，激情也有很大的破坏性和危害性。激情中的人有时任性而为，不计后果，对人对己都造成损失。一些青少年就是在激情的控制下，一时冲动，酿成大错。激情有时还会引起强烈的生理变化，使人言语混乱，动作失调，甚至休克。所以，在生活中应该适当地控制激情，多发挥其积极作用。

（3）应激是出乎意料的危急情况引起的急速而高度紧张的情绪状态。如日常生活中突然遇到火灾、地震，飞行员在执行任务中突然遇到恶劣天气，旅途中突然遭到歹徒抢劫等。无论天灾还是人祸，这些突发事件常常使人们高度警醒和紧张，并产生相应的反应，这都是应激的表现。

人在应激状态下常伴随明显的生理变化。加拿大心理学家塞里把整个应激反应过程分为动员、阻抗和衰竭三个阶段：首先，有机体通过自身生理机能的变化和调整作好防御性的准备；其次，借助呼吸、心率变化和血糖增加等调动内在潜能，应对环境变化；最后，如果刺激不能及时消除，持续的阻抗就会使内在机能受损，防御能力下降，从而导致疾病。

应激的生理反应大致相同，但外部表现可能有很大差异。积极的应激反应表现为沉着冷静，急中生智，全力以赴地去排除危险，克服困难，甚至做出平时难以做到的事情；消极的应激反应表现为惊慌无措，一筹莫展，或者发动错误的行为，加剧了事态的严重性。这两种截然不同的行为表现，既同个人的能力和素质有关，也同平时的训练和经验积累有关。

二、情绪的功能

（一）社会适应功能

情绪能够调节或保持个体与环境的关系，对生物的适应生存有着重要的作用，是有机体生存、发展和适应环境的重要手段。根据达尔文的进化论，生物适应环境才能生存，不能适应环境则被淘汰。婴儿在出生时，发育不成熟，不具有独立行动和觅食维持生存的基本能力，他们靠传递情绪信息表达自己的需要，得到成长。大学生则通过情绪与他人交流，表达自己的生存状况和需要，同时，根据对方的情绪和情感了解对方的需要，并采取相应措施。

（二）动力功能

情绪构成一个基本的动机系统，是动机的源泉之一。它能够驱动有机体发生反应、从事某种活动。紧张情绪发生时，个体出现血压升高、呼吸频率加快、肾上腺素分泌增加等情况，这有助于个体充分调动一切积极因素，应对紧急状况。人在缺水或缺氧的情况下，血液成分发生变化，产生补充水分或氧气的生理需要。这时产生的恐慌感和急迫感驱使人采取行动。可见，适度的情绪反应能够激励人的活动，提高人的活动效率，进而推动人有效地完成工作任务。

（三）信号功能

情绪的信号功能是指，在人际交往中，人们除借助语言进行交流外，还通过情绪来表达自己的思想和愿望。情绪的信号功能是通过情绪的外部表现——表情来实现的。人们可以通过表情准确、微妙地表达自己的思想感情，也可以通过表情辨认对方的态度、洞察其内心世界。有研究显示，在日常生活中，55%的信息是靠非言语表情传递的，38%的信息是靠言语表情传递的，只有7%的信息才是靠言语传递的。

（四）组织调控功能

情绪的组织调控功能包括对活动的瓦解或促进两方面，一般说来，正性情绪起着积极的协调促进作用，负性情绪起着破坏或瓦解的作用。

1．正性情绪的促进作用

良好的情绪情感会提高大脑活动的效率，提高认知操作的速度与质量。人处于较低和较高的情绪唤醒水平的工作效率较低，即过低或过高的情绪唤醒均不利于认知操作。处于中等水平的情绪唤醒时，工作效率则较高。另外，不同难度的任务，有不同情绪唤醒的最佳水平。在困难复杂的工作中，低水平的情绪有助于保持最佳的操作效果；在中等难度的任务中，中等情绪水平是最佳操作效果的条件；在简单工作中，高情绪唤醒水平是保证工作效率的条件。研究表明，当人处在良好的情绪状态时，更容易回忆那些带有愉快情绪色彩的材料，更倾向于注意事物美好的一面，而且态度友好，乐于助人。

2．负性情绪的破坏、瓦解作用

情绪对认知操作的消极影响，主要体现在不良情绪对认知活动功能的破坏和瓦解。

一些消极情绪，如恐惧、悲哀、愤怒等，干扰或抑制认知功能。消极情绪越强，对认知操作的破坏就越大。考试焦虑就是一个典型例子，考试压力越大，考生失败的可能性越大。中等程度的情绪状态最有利于考试水平的发挥，过于放松或极度紧张都会破坏学生的认知功能，不利于考生正常水平的发挥。当一个人悲哀时，会影响到他的工作或学习状态，导致注意力不集中，易分神，思维流畅性降低等。

（五）健康功能

情绪同身体健康的关系早已受到人们的关注，情绪的好坏会直接影响到身心健康。

我国古代医术典籍《黄帝内经》中就有“怒伤肝，喜伤心，思伤脾，忧伤肺，恐伤肾”的记载。有许多心因性疾病与人的情绪失调有关，如溃疡、偏头疼、高血压、哮喘、月经失调等。一项长达30年的关于情绪与健康关系的追踪研究发现，年轻时性情压抑、焦虑和愤怒的人患结核病、心脏病和癌症的比例是性情沉稳的人的4倍。有些人患癌症也与长期心情压抑有关。

积极的情绪能增强机体的抵抗力，提高有效适应环境的能力，有助于身心健康；消极的情绪尤其是过度的愤怒、憎恨、忧愁、惊恐、抑郁等会激活体内有害物质，击溃机体保护机制，破坏人体免疫功能，从而引发各种疾病。

因此，引导大学生正确控制、缓解不良情绪，保持积极、乐观的情绪状态，不但能提高生活质量，也能有效地防治身体疾病。

（六）传染功能

病毒、细菌会传播疾病早已众所周知，然而新近研究发现，恶劣情绪与病毒和细菌一样具有传染性。“情绪污染”，我们或多或少都经历过。心理学研究发现，原来心情舒畅、性格开朗的人，若同一个整天愁眉苦脸、抑郁伤心的人相处，不久也会变得沮丧。一个人的敏感性和同情心越强，越容易感染坏情绪。如果一个情绪并不低落的学生和另一个情绪低落的学生同住一间宿舍，低落的情绪往往也会传染。

拓展阅读

情绪与胃口[1]

人在高兴的时候，胃口就好，吃什么都香！可是在不高兴的时候，人常常没有食欲，就是遇上平时最喜欢的饭菜，也会觉得味同嚼蜡、食之无味。这实际上是情绪对肠胃的影响。医学专家研究证实，当有不良的精神因素刺激大脑皮层时，常会引起下丘脑功能的紊乱。此时，植物性神经系统也随之紊乱，从而使有机体的正常活动受到干扰。肠胃是最能体现情绪的器官之一，情绪很容易影响肠胃。

如恐惧和紧张会导致交感神经兴奋，使胃出口处的幽门括约肌紧缩，引起整个消化道的反射性痉挛。情绪不仅能引起肠胃功能失调，有时还会造成溃疡病。为了验证情绪对胃溃疡的影响，科学家用猴子做了一个实验：在一只笼子里关了两只猴子，其中一只的四肢被捆住，另一只让它自由活动。每隔20秒钟给猴子通一次电，使两只猴子都受一次电击。笼子中设有一个压杆，只要猴子在将近20秒时压它一下，就可免遭一次电击。这样，那只能活动的猴子总是提心吊胆地忙着去压那个压杆。而另一只猴子动弹不得，只好任由处置。经过一段时间，那只提心吊胆的猴子患了胃溃疡，而另一只猴子却安然无恙。

---

① 曾美英，宴宁，毛荣建，李伟．心理学实验与生活[M]．北京：教育科学出版社，2011．

种种事实证明，情绪经常处在提心吊胆的状态会引起大脑皮层与皮层下中枢之间的失调。这样往往会引起肌肉与血管的痉挛，局部组织营养障碍与胃液分泌增加。开始时常表现为机能紊乱，即胃黏膜的防御机能减弱，过多的胃液长期侵蚀，最终形成溃疡。

调查发现，多数溃疡患者是长期从事脑力工作的人，特别是性情偏激、多愁善感、长期情绪不好的人尤其容易患溃疡病。

过去情绪体验对自尊的影响

我国心理学家吕厚超、黄希庭于2008年报告了一项关于过去情绪体验对自尊影响的实验研究。他们招募了184名大学生参与该项研究。首先，根据“过去情绪体验量表”测验得分将大学生分成正面情绪组和负面情绪组。研究人员筛选了表示高自尊、中性、低自尊的形容词各10个，要求大学生记忆。在完成一项时间限制为3分钟的干扰任务后，要求他们按要求对词汇进行回忆。然后，分别计算他们正确回忆高自尊词、中性词和低自尊词的数量。结果显示，过去正面情绪体验者倾向于高自尊，过去负面情绪体验者倾向于低自尊。对于高自尊词的回忆量，正面情绪组显著高于负面情绪组；对于低自尊词的回忆量，则正好相反。

这项研究表明，过去积极的情绪体验会提高自尊水平，而高自尊又会使人获得更多的积极情绪体验，从而形成良性循环。而良好的情绪体验可以维持良好的动机水平，进而提高完成任务的可能性。

任务二 品尝五味 了解大学生种种不良情绪

大学生正处于生理与心理由未成熟走向成熟的时期，既表现出儿童青少年时期的天真幼稚，又表现出成年期的深思熟虑。大学生情绪具有广泛性和复杂多样性、不稳定和不成熟、两极性和矛盾性等特征。因此，大学生要学会品尝情绪五味，积极了解自身情绪特点，以降低各类不良情绪对大学生身心健康成长的消极影响。

一、大学生情绪活动的特点

（一）丰富性和复杂性

大学时期，大学生会面临多种选择，学习、交友、恋爱等人生大事在这一时期完成。大学生执着追求友谊与爱情，好奇一切新鲜事物，对学业和未来充满期盼，他们朝气蓬勃，积极进取，拥有许多积极情绪，其情绪领域不断拓展，情绪内容日趋复杂。但由于其处于心理断乳期，既表现出儿童期的天真与幼稚，又表现出成年期的深思熟虑，其情绪易受到外界的干扰。考试不及格、朋友误解、恋爱失败，甚至天气变化等，都可能导致消极情绪的产生。

（二）波动性和两极性

一方面，随着认知水平的提高，知识经验的积累，加上社会和自我的高要求、高期望，大学生的情绪稳定性有了很大的提高；另一方面，大学生的情绪仍具有明显的波动性，这种波动性是由大学生生理、心理和社会性三个方面发展的特点决定的。

大学生情绪波动性的极端形式就是情绪的两极性，从一个极端跳到另一个极端。具体表现是：（1）复杂与简单共存。（2）强与弱共存。（3）波动和稳定并存。与中学时期相比，大学生的情绪稳定性有了很大的提高，情绪的表达更趋向理智和成熟。但是他们毕竟涉世不深，自控能力有限，情绪的起伏不可避免。随着他们在人际关系实践中不断地历练，他们对自身情绪的适当表达和控制会更有把握和分寸。

（三）激情性和冲动性

由于知识水平、认知能力和文化修养的提高，大学生在多数情况下能理智地分析问题和思考问题，能够在一定程度上控制自己的情绪。但大学生群体兴趣广泛，对外界事物较为敏感，加之年轻气盛和从众心理，在许多情况下，其情绪易被激发，表现得快而强烈，犹如疾风暴雨，不计后果，具有很大的激情性和冲动性。

大学生的激情和冲动具有两面性：如果这种激发结果是积极的，有利于大学生成才；如果激发结果是消极的，甚至是反面的，如为了哥们义气或小团体利益不惜违反校规校纪甚至犯罪，那其行为就是愚蠢的。另外，大学生在激情过后，其消极情绪往往会得到延续，逐渐发展为一种具有心境性质的消极体验，这种消极体验对于大学生的情绪健康有很大的危险，应引起重视。

（四）阶段性和层次性

大学不同年级培养目标和培养重点不同，教育方式和课程设置也有区别，不同年级的大学生，其身心特点不同，面临的问题也不同，因而情绪、情感特点也不同。大学生的情绪呈现出明显的阶段性和层次性特点。

刚刚跨入大学校园的一年级新生面临的是适应环境，总体来说，新生的情绪表现为自豪感和自卑感并存，放松感和压力感混杂，新鲜感和恋旧感交替。

大二的学生，其年龄和阅历不断增长，大一时期的新鲜感和好奇感消失，学习、生活皆能应对自如，并具备了一定的情绪自控能力，普遍存在着适应感、随意感和自信感。他们不再像新生那样激动和盲目，也暂时没有毕业班同学那种临近毕业、面临就业的紧张和忧虑。他们思想相对成熟，情感更丰富，独立性、主动性、表现欲和集体荣辱感都有了较大的发展。他们已经能够根据既有的条件逐渐克服自身的幼稚和盲目，妥善处理各种人际关系，思考人生与理想。

大三的学生面临毕业、求职、择业等多方面的重大问题，压力大，情绪波动大，消极情绪多。他们的目光从校内转向校外，出现了对物质、家庭、择偶、工作单位等新的想法和打算，他们比低年级的同学更关心自己的前途和命运，其情绪呈现出矛盾性和复杂性。归纳起来，不同程度地存在着三种心理状态：（1）忧虑感。毕业班的学生要面对人生中一个重大的两难选择：究竟是择业还是进一步深造呢？（2）紧迫感。“书到用时方恨少”，他们会珍惜最后一年的时间，学习的自觉性、独立性更强，迫切希望自己全方位、多层次发展，成为跨世纪的复合型人才。（3）责任感。他们关心社会生活中的方方面面，会综合考虑自己未来的职业规划。

值得一提的是，即使同年级的学生，由于社会、家庭及自身要求、期望不同，能力、心理素质的差别，也会体验不同的情绪状态，表现出层次区别。

（五）内隐性和外显性

大学生对外界刺激反应迅速，与成人相比，大学生的情绪更直接和外露，很多情绪是一眼就能看出的，喜怒哀乐形之于色。尽管他们的情感变化与外部表现多数情况下是一致的，但是与情绪不一致或文饰性的表现开始增多。对于自己内心的真实想法或真实情感，是说还是不说，多说还是少说，甚至是说真话还是说假话，都要依时间、对象、场合而转移，尤其是当内心的真实想法和真实情感涉及个人的隐私、利益、形象等具体问题的时候。这是大学生适应社会生存的一种表现。大学生更愿意拥有更多的私人空间，更愿意以日志、网聊的方式宣泄自己的情绪与情感。与此同时，大学生内心深处也有一种“理解万岁”的渴望。在条件适宜，遇到知音、知己的时候，大学生也会倾诉衷肠。

二、品尝五味，了解大学生种种不良情绪

不良情绪对人的身心健康危害极大。严重的会引起精神错乱、行为失常和神经分裂等。大学生出现心理障碍和疾病，大多与其长期被消极情绪影响有关。有时，他们因无法消除某些不良情绪而陷于苦闷、低沉、压抑的状态，不仅正常的学习和生活受到影响，他们中的一些人甚至悲观厌世，最终走上自杀的道路。因此，大学生不仅要了解不良情绪是怎么产生的、自身存在哪些不良情绪，还要学会体悟情绪变化。

（一）大学生不良情绪产生的原因

大学生产生不良情绪的原因是多种多样的，归纳起来主要有以下几种。

1. 生活环境的改变

大学生活与中小学生活相比，最大的一个特点就是要求学生必须独立，做到管理上的自治、生活上的自理。但现今的大多数学生都是独生子女，父母在他们身上投入过多

关注，导致他们依赖思想严重。一旦进入陌生的环境，生活中的一切事情都要靠自己，这对于生活自理能力不强的大学生来说缺乏必要的心理准备。在新的环境中不知所措、焦虑不安，容易出现强烈的思乡之情，处于悲伤、抑郁状态。

2. 学习方式的改变

一直以来，中学教学模式绝大部分都是把升学率作为考核的重要手段甚至唯一手段，学生完全在教师的指导下学习，教师参与学生学习的全过程，学生对教师依赖性强。而大学的教学方法侧重引导学生自主性学习，教学生学习的方法，培养自学的能力与兴趣，这就要求大学生学会独立思考，培养学习自觉性。但有些学生不适应这种转变，学习成绩得不到提高，面临留级或退学的危险，而产生强烈的不适感及自责、沮丧情绪。

3. 理想与现实的冲突

理想与现实的冲突，是大学生心理矛盾突出的主要特征之一。进入大学，一切都在悄悄发生变化，每个人都须重新认识自我，摆正位置，寻找新的起点。如果一味沉溺于过去，不愿正视现实，遇到困难挫折时很容易产生自负自卑的情绪。

4. 竞争带来的压力

一些大学生抱着“60分万岁”的态度，消极对待学习。如今，市场竞争激烈，大学生必须要全面地提升自己，将自己推入市场，接受市场的考验。不少大学生自信心不足，时常出现过于焦虑和担心的情绪。加上学校为了适应市场发展的需要，提高学校生存能力，培养出优秀人才，对学生的学习、综合素质等方面提出了更高的要求，并制定了完善的考核标准，大学生稍有松懈就会在竞争中失利，这也会导致大学生产生消极情绪。

5. 大学生人际关系的挫折

同学之间的交往是大学生人际关系的主要内容之一。同班、同校学生之间由于语言、习惯、个性的差异，在交往过程中难免发生矛盾，而很多大学生对友谊的渴求十分强烈，人际交往具有浓厚的理想主义色彩，人际交往的期望值过高，一旦期望值难以达到，就容易对人际交往采取消极冷漠的态度。当出现心理困扰，既无人倾诉排解，又得不到及时的帮助时，就可能产生精神上的疾病。

6. 情感问题引发不良情绪

大学期间，不少大学生都想按照自己的意愿步入爱情殿堂。但由于大学生心理尚未完全成熟，情绪具有较大的波动性，易冲动，承受挫折的能力不够强，对爱情的理解过于浪漫、不切实际，一旦情感遭受挫折（如失恋、单相思）便容易灰心丧气、一蹶不振，甚至走向极端。

（二）大学生常见不良情绪

1. 自卑

自卑是个体由于某种原因（生理的或心理的缺陷或其他原因）而产生的对自我认识的一种消极的情绪体验，表现为对自己能力或品质评价过低，怀疑自己，看不起自己，担心不被他人尊重的心理状态。大学生自卑主要表现为害怕失败、遇事退缩、封闭自己等；也有的学生用另外一种方式表现出来，如不承认自己的不足并竭力掩饰，使他人觉察不到自己的自卑，常常表现出夸张的行为，故作炫耀，总想一鸣惊人，有时还表现出较强的虚荣心，对自己的不足和别人的评价很敏感。

2. 焦虑

人们在生活中预感到一些可怕的，可能造成危险的，或者需要付出努力和代价的事情将要来临，而又感到对此无法采取有效措施加以预防和解决时，会产生紧张期待的心情，表现出忧虑和不安、担心和恐慌。简言之，当人们对一件事情情况不明，感到没有把握、无能为力时，产生的担心、紧张的情绪就是焦虑。在大学生中，焦虑常常表现为闷闷不乐、性情大变、脾气古怪、注意力不集中等，主要是考试、学习、适应、就业等问题引发的。例如，有的学生平时没有好好学习，担心考试不及格，出现焦虑情绪；有的学生面对严峻的就业压力，担心毕业就失业，从而产生焦虑情绪。

3. 抑郁

抑郁是一种持续时间较长的低落、消沉的情绪体验，它常常与苦闷、不满、烦恼、忧愁等情绪交织在一起，一般表现为情绪低落，心境悲哀，甚至会出现对生活的无望感。大学生中存在抑郁情绪的比较多，究其原因，主要是受到了这样或那样的不顺心、不顺利及一些负性生活事件的影响，比如学习成绩落后、失恋、人际关系紧张等。一般来说，情绪抑郁的学生不爱搭理人，做事情没有兴致，时间长了，肯定会导致负面情绪积聚，对学习、生活造成不良影响，严重的甚至会患上抑郁症。如果没有找到正确的渠道发泄，可能会陷入抑郁的情境无法自拔。

课堂案例

小张刚上大学时，与同学关系还比较融洽，大家对她的印象也不错。不过她自己却总是觉得压力很大，干什么事情总是没有精神，情绪很不稳定。这种情况在期末考试前尤为突出，当同学们在用功复习时，她却怎么也看不进书去，甚至对别人读书有些痛恨。

她经常一个人上课、自习、吃饭，觉得很自在。她有个毛病，当情绪不好的时候喜欢吃东西，常常是在这个餐厅吃完再跑到另一个餐厅吃，回寝室还要顺便带上一大包食物，好像只有这样才感到刺激和满足。

渐渐地，她发现这种发泄的方式造成了很多问题。一个是钱的问题，她买的东西越来越贵，次数越来越多，但家里并不是很宽裕，她觉得对不起父母，很自责。但越是这样，就越想放纵自己。好像有两个自我在作斗争，一个让自己恢复理智，另一个让自己奢侈、放纵，而自己总是屈服于后者。

另一个是体重问题，她知道这对一个女孩来说很敏感，而且自己很注重外表。她常常在晚上吃东西，不睡觉，有时候还偷偷摸摸的，一直到吃完为止。第二天清醒之后，又非常后悔，接受不了自己现在的样子。

她把精力放在无关紧要的事上，生活和学习很不规律，对什么事情都没有信心，对什么都不感兴趣。她觉得对不起所有对她有期望的人，父母、同学、师长，包括她自己。可还是很难控制自己的情绪，觉得自己好像有两种人格在厮杀。她很害怕，但是不知道该如何做。

这是一个以抑郁为主要特征的情绪问题案例，具体表现为：情绪不稳定、兴趣减退、体重剧增、自我观念消极、注意力不集中，难以控制自己的情绪等。[①]

4. 恐惧

这里所说的恐惧是指病态的恐惧，即对常人一般不害怕的事物或情境感到恐惧，或者恐惧体验过于强烈，持续时间太久，远远超出常人的反应范围。大学生中社交恐惧比较常见，也就是大学生在人际交往时，害怕见生人，特别是人多的场合或有异性在场的情况下，出现紧张、焦虑、出汗，手足无措、语无伦次等情绪反应，导致场面尴尬。

5. 愤怒

愤怒是当客观事物与人的主观愿望相悖时产生的强烈的情绪反应，如容易发火、脾气暴躁等。发怒对一个人的身心健康有伤害：当人发怒时会心跳加速、心律失常，严重时会导致心脏骤停，甚至猝死；另外，发怒会降低人的理智水平，影响人的正常思维，导致损物伤人，甚至违法犯罪。大学生中一些违法违纪事件大多是其在发怒失控的情况下发生的。

课堂案例

一位朋友和丈夫逛商场，导购员殷勤备至地迎上来，热情地推销一款又一款商品。朋友不喜欢这种推销方式，几次对丈夫说："我们走吧！"可她的丈夫就像没听见，依然跟着导购转来转去。朋友气坏了，扔下丈夫，一个人跑到老远去逛。她是学过心理学的，每次发脾气之前都会让自己停顿3秒钟。她一边逛，一边问自己：我为什么这么生气？是因为我觉得被忽视。在生活中，我先生是一个重视太太意见的人。那这么一件小事，我为什么会如此在意？

---

① 案例来自重庆建筑科技职业学院心理咨询中心.

她又主动回去找到丈夫接着逛，但心里依然在琢磨。她知道，这种反应和自己过去的生活经验有关。在被父母管束的青少年时代，父母对她要求严格，她必须听话，不能有任何自己的想法和感受。从那时起，她最痛恨的就是亲人不尊重自己，也会很轻率地给亲人下“不尊重自己”的结论。

的确，像这位朋友一样，莫名其妙的情绪会渗透到生活的方方面面。当碰到不喜欢的人或不如意的事时，往往会抱怨客观环境出了问题、对方太过分或自己当时太愚蠢。可是，也许这并非最重要的因素，而是我们过去的感受、形成的价值观在这件事上的投射。

其实，从某些方面来说，人的整体心理状态是过去经历的延续。很多时候，我们认为很多事已经过去了、忘记了，但每个人过去形成的感受还是会反映到现实生活中。这种影响大多是从青少年时期开始的。家庭环境、学校生活、当时的社会发展背景都会对自身产生深远的影响。其中，最重要的是父母对孩子的态度和家庭氛围。

父母对孩子的伤害常常是不自觉、不自知的。也许不是打骂，却留下比打骂更深的烙印。如果孩子在幼年时期感受不到父母的爱，不管他长大以后挣了多少钱，地位有多高，他都可能不喜欢自己。很多品貌俱佳的女孩，哪怕身边有再多的追求者，她都无法获得自信。

这种伤害，年龄越小烙印越深。就像俄罗斯玩具“套娃”，人们看到的是一个强大的外表，但它内心深处的自我，却还是小小的一个。很多父母因为要忙工作、忙事业，生下孩子之后就把孩子送到孩子的姥姥（奶奶）家，姥姥（奶奶）就变成了孩子的“妈妈”。当孩子长大一点后，父母才把他们接到身边，但这时已经过了最佳的亲子感情培养期，对这些孩子而言，对妈妈的感情不如从小就生活在父母身边的孩子。他们容易产生不安全感。长大以后，心理可能会产生微妙的变化，给自己设置一道墙，不允许别人靠得太近。将来在处理与爱人的关系上可能会表现出两种倾向：要么对分离产生焦虑，牢牢地把爱人绑在身边，在对方身上找到心理需要；要么害怕与人建立亲密关系，对与人分离表现得出奇地冷漠和决然。

那么面对不断产生的负面情绪，我们能做些什么呢？遇到不愉快，我们常常这么劝别人：就把它忘了吧！但怎么可能呢？一些痛苦是很难忘记的。那些经常缠绕的噩梦，某种似曾相识的场景都是一种隐约的提醒。

一位朋友40岁才学游泳，我清晰地记得他第一次下水时脸色苍白、浑身发抖，那是真正的恐惧，他小时候差点被淹死。可是他终于学会了游泳，战胜了自我。这大概就是人们常说的“从哪里跌倒就从哪里爬起来”，需要超人的勇气和力量。但在现实生活中，“超人”是很少的。

最可行的是提高自我觉察能力。自我觉察，并不是反省和自责，而是从客观的角度认识自我。比如可以问问自己：我在什么情况下会不高兴？究竟是什么令我恼怒？你会发现，自己的负面情绪大多和过去的经历有关。当你能够在这个层面上理解自己，就会减少内疚和自责。

当然，遇到相似的情形，你可能还会发脾气，但你明白了原因，道歉时也会更诚恳。

6. 嫉妒

嫉妒是指他人在某些方面胜过自己而引起的不快甚至是痛苦的情绪体验，其主要特征是把别人的优势视为对自己的威胁，因而感到心理不平衡，甚至恐惧和愤怒，于是借助贬低、诽谤以至报复的手段来求得心理的补偿或摆脱恐惧和愤怒的困扰。如在求职时，看到别人某些条件好或找到比较理想的工作时，“羡慕嫉妒恨”，甚至为了不让他人超越自己而采取背后拆台等不良手段。

课堂案例

某高职院校二年级学生小林，性格内向，沉默寡言，没有太多的兴趣爱好，人际关系很糟糕。一年级时，她的学习成绩是寝室六位同学中最好的，她常常以此为傲。可是二年级时，有一位同学的外语成绩优于她，她心里觉得难受，怎么看这位同学都不顺眼，便趁这位同学不在寝室时，将其听英语磁带的录音机损坏。之后，她很内疚，也很矛盾，可她不能容忍其他同学比自己的成绩好，因为她就只有这一点在寝室里占绝对优势。后来又有两位同学的总分超过了她，她觉得无地自容，感到痛苦不堪，甚至感到自己的天塌了，坐立不宁。一天深夜，趁同学们睡着时，她用剪刀将那两位同学摘下的隐形眼镜各捅破一个，内心获得了暂时的平衡。事后又不断地谴责自己，产生了严重的罪恶感，导致自我否定，甚至产生了轻生的念头。

这一案例是典型的嫉妒情绪体验管理不当引发了恶性后果。[①]

拓展阅读

阅读1 最值得开心的30个生活细节[②]

生活中常有不顺心的时候，让你觉得心烦、郁闷，甚至想大哭一场。那么，怎么才能用最快的方法迅速找回快乐呢？加拿大《环球邮报》报道，一个叫尼尔·帕斯的人打算帮大家找1000个快乐的理由。

尼尔·帕斯曾经非常郁闷，老婆离他而去、好友自杀等一系列“倒霉”的事让他极度绝望，闷在家里，大哭了一个星期。但哭过之后，他无奈地发现，日子还得过下去。后来，他创办了一个叫“开心事”的网站，每天写下一件快乐的事，一共坚持了1000天。这家网站目前已经创办了470天，让全世界1700万人从中找到了快乐。

《环球邮报》从中精选了30件最开心的事，它们都是一些生活琐事，也许你平时不曾注意，可一经提醒就会觉得，世界瞬间变得如此美好。

---

① 重庆建筑科技职业学院心理咨询中心.

② 资料来源于网络.

(1)摸摸口袋，竟然发现里面有钱。
(2)成功赶上将要出发的汽车或火车。
(3)别人为你按着电梯门的“开”键，等你进来。
(4)电话响了，你拿起听筒发现正是刚才在想的人。
(5)请别人为你挠背，他一下子就挠到你最痒的部位。
(6)突然想起小时候最好的朋友的电话号码。
(7)你打算买的东西降价了。
(8)干净利落地撕下有黏性的价格标签。
(9)衣服上弄了污渍，但轻松洗掉了。
(10)把手指上的刺挑出来了。
(11)倾听烤肉在烤架上发出“嗞嗞”的声音。
(12)一下子就将垃圾扔进了垃圾箱，太准了。
(13)想着今天是星期三，其实是星期五。
(14)和朋友一起聊明星的八卦。
(15)把最后一块图案放进拼图里。
(16)从洗衣机里取出的袜子刚好是一双。
(17)完美地磕开一个鸡蛋。
(18)收到一封信，地址是手写的。
(19)清空电脑的回收站。
(20)终于解开一个死结。
(21)换了干净的新床单。
(22)坐飞机时，一大排座位就你一个人。
(23)炎热时喝下一杯冰水。
(24)下雪后，第一个踩出脚印。
(25)吃妈妈做的炒鸡蛋。
(26)开了半天车，一路都是绿灯。
(27)需要安慰的时候，得到一个温暖的拥抱。
(28)排队时，你所在的队伍移动得最快。
(29)广告时间换了频道，返回时节目恰好开始。
(30)发现明年生日那天是星期六或星期日。

阅读2　爱尔马的实验——“情绪效应”①

美国生理学家爱尔马为了研究心理状态对健康的影响，设计了一个很简单的实验：

① 资料来源于网络.

把一支支玻璃管插在正好是0℃的冰水容器里，然后收集人们在不同情绪状态下的“气水”。爱尔马把人们在悲痛、悔恨、生气、心平气和四种情绪状态下呼出的气体收集在玻璃管中，其冷却变成水，通过观察发现，心平气和时呼出的气冷凝后的沉淀物为乳白色，生气时呼出的“生气水”冷凝后的沉淀物为紫色。他把人在生气时呼出的“生气水”注射到大白鼠身上，几十分钟后，大白鼠死了。通过以上的对比实验，爱尔马教授经过分析计算得出结论：（1）人生气时会耗费大量人体精力（生物能量）。（2）生气时的人体生理反应剧烈，体内各种生物分泌物比其他情绪下所产生的分泌物复杂、多样，且具有一定程度的生物毒性。

实验告诉我们：恐惧、焦虑、抑郁、嫉妒、敌意、冲动等负性情绪是一种破坏性的情感，长期被这些心理问题困扰就会导致身心疾病的发生。

阅读3 心理情绪中的“蝴蝶效应”①

心理变化纤细而微妙，一丝不快或许会导致一天心境不佳，甚至诸多烦恼，或许还会引来一连串的厄运。这并不是危言耸听，而是被验证了的现实。美国麻省理工学院教授洛伦兹研究“长期天气预报”问题时遇到了难题：她在计算机上用一组简化数据模拟天气的演变，原本是想利用计算机的高速运算来提高天气预报的准确性，但是，事与愿违，多次计算表明，初始条件的极微小差异会导致计算结果的很大不同，而那些被忽略的次要因素却可能对预报结果产生重大影响，导致错误的结论。心理情绪也是如此，一组漫画显示：一个人在单位被领导训了一顿，心里憋着一肚子气，回家就冲妻子发起了脾气；妻子无来由地被训，也很生气，摔门而去，走在街上，一条宠物狗拦住了她的去路，小狗“汪汪”狂吠，她更生气啦，就一脚踢了过去，小狗受到踢打，狂奔而去，路过一位老人面前，把老人吓了一跳，正巧这位老人有心脏病，被突如其来的小狗一吓，当场心脏病发作，最终不治身亡。不良情绪的发泄导致一位老人丧生，说起来似乎是天方夜谭，但现实生活中却不乏实例。

洛伦兹发现了微小差异导致的巨大反差，她用一种形象的比喻来表达这个发现：一只小小的蝴蝶在巴西上空振动翅膀，它煽动起来的小小旋涡与其他气流汇合。可能在一个月后的美国得克萨斯州会引起一场风暴——这就是混沌学中著名的“蝴蝶效应”。人们在情绪上也有类似的“蝴蝶效应”。曾有报道说，甲对乙说了丙的一句坏话，被乙传给了丙，丙愤怒地去找甲算账，二人话不投机，动起手来，结果甲被丙用刀刺伤，诊治无效死亡，丙也因此进了监狱。而乙知道此事以后，悔恨万分，一句无心的话，就这样导致两个家庭家破人亡。一个鲁莽的举动，令人后悔一生。可见，防微杜渐、及时调整心态多么重要啊！

不注意微小的不良情绪，很可能酿成大祸。西方流传的一首童谣说：折了一颗铁

---

② 谭敦民．心理情绪中的“蝴蝶效应”[J]．大众心理学，2005（3）．

钉，丢了一只马蹄铁；丢了一只马蹄铁，折了一匹良驹；折了一匹战马，损了一位将军；损了一位将军，输了一场战争；输了一场战争，亡了一个帝国。一个帝国的灭亡，居然始自一颗小小的铁钉的遗失所带来的一连串效应。正所谓小洞不补，大洞吃苦。每次一点点的变化，最终酿成一场灾难。针鼻大的洞可以进来斗大的风，千里长堤毁于蚁穴，这并不是夸张，而是活生生的现实。我国有“失之毫厘，谬以千里”的古训，这条古训和前面的童谣以及“蝴蝶效应”都告诫我们：要注意初始条件的微小差别，要对这方面的微小差别保持高度的“敏感性”，及时调整心态和情绪，时刻保持一种健康清醒的心态是十分重要的。

遗憾的是，许多人至今仍缺乏这种必需的健康心态，放任不良心态的扩散，或者不注意生活中的细节。例如在生活中，当身体某个部位不舒适时，总觉得没什么大事。可有时，病毒就在不经意中逐渐侵袭了整个身体，当病入膏肓时再去治疗就晚了。《扁鹊见蔡桓公》的故事就说明了这个道理。名医扁鹊见到蔡桓公，发现他有病在肌肤，蔡桓公不以为然；过了一段时间，扁鹊发现他的病已经到了骨髓，便再次劝他治疗，蔡桓公还是不以为然。又过了一段时间，扁鹊看见蔡桓公就跑了，最后蔡桓公病死了。癌症令人闻之色变，其实，癌症初期并无明显征兆，如果及早发现，还是可以通过治疗恢复的。但是，很多人疏忽大意，往往到中晚期才发现，此时再就医，疗效往往不佳。

“蝴蝶效应”对负面情绪有着不可忽视的作用，但同时，它对正面情绪也有不容忽视的影响。有这样一个故事：一个小伙子听说有人挤兑他，便愤愤不平地去找那人打架，路上感觉口渴，便向路边小屋的主人讨要一杯水喝。主人热情好客，看他满头大汗，除了送水以外又递过来一条毛巾。他谢过主人来到屋外，主人又追出来送给他一把伞让他遮阳。出门以后，他豁然开朗，转头就回家了。为什么？因为对小屋的主人充满了感激，原来充斥在他心中愤愤不平的想法被冲淡了。他不想为区区小事去拼命了。可能连小屋的主人也没有想到，他的热情居然避免了一场可能发生的械斗。

如果你具有健康的心态，能积极面对生活，你的生活自然会充满阳光；或许有时也会不可避免地产生负面情绪，但明白了“蝴蝶效应”的危害，你一定能及时调整，防微杜渐；即使偶尔感觉委屈、屈辱，你也一定会处理得当。

任务三 管理情绪 做自己情绪的主人

一、积极情绪对大学生心理全面健康发展的促进

积极心理学倡导人类用一种积极的心态面对生活中遇到的心理问题，可以此促进个体的积极性，提高其思维认知能力，激发个体潜在的积极心理品质和力量，从而使每一个人能够走向幸福的生活彼岸。

（一）积极情绪有助于拓展大学生的认知范围

学习是大学生的主要任务和关注点，学习效率的高低在很大程度上需要调动个体的认知资源，包括记忆能力、注意范围以及思维活动等。弗雷德里克森的积极情绪拓展-建构理论认为：消极的情绪会缩小个体瞬间的思维活动序列，缩小个体的认知范围；而处于积极情绪下的个体则表现出更高的创造性，解决问题更有效率，且更容易发现事件的积极意义。大学生思维活跃，个性鲜明，渴望爱情和友谊，但他们的人际交往具有单纯性、开放性以及追求完美性等特点，往往不能正确认识自己和他人的角色定位，极易出现人际交往恐惧症、交往不适症等人际心理障碍。根据弗氏的积极情绪拓展-建构理论，积极情绪能够建设个体的资源，包括身体资源（如身体技能、健康）、智力资源（知识、执行控制）、人际资源（友谊、社会支持网络）和心理资源（心理恢复力、乐观、创造性）。因此，积极乐观的情绪体验对大学生处理人际关系、促进人际交往、提高应对水平，进而适应社会具有积极的意义。

（二）积极情绪有助于促进大学生身心健康发展

积极心理学强调从积极的层面来探讨心理健康问题，并且把主观幸福感作为心理健康的重要指标。有大量研究表明，一个主观幸福感很强的人具有很强的免疫能力，更加长寿。关于笑和幽默的研究也表明，笑能增加人的积极情绪和增强免疫系统的功能，更重要的是，这种免疫系统功能的改善是通过积极情绪的主观体验来调节的。对大学生生活满意度的一项研究发现，影响大学生主观幸福感的主要是学习压力和人际关系问题。因此，一旦这些问题得到解决，大学生的主观幸福感也会随之提高，大学生会变得更加有活力，生活更幸福。可见，积极的情绪情感体验能有效地帮助大学生改善他们的身心健康状况。

二、掌握情绪管理的方法

情绪管理的方法很多，既可以依循理论指导的方法进行，又可在生活细微处留心下功夫，如每天起床前对自己微笑、平时走路挺胸昂头等。值得一提的是，这些方法都要落到实际的生活、学习等活动中才具有价值，以下介绍九种情绪调适的方法。

（一）合理情绪疗法

合理情绪疗法又称“ABC理论”，是美国临床心理学家阿尔伯特·艾利斯提出的。艾利斯认为，人的情绪不是由某一诱发性事件的本身所引起的，而是由经历了这一件事的人对这一事件的解释和评价所引起的。在ABC理论模式中，A是指诱发性事件（Activating Events）；B是指个体在遇到诱发事件之后相应而生的信念（Believes），即他对这一事件的看法、解释和评价：C是指特定情景下，个体的情绪及行为的结果（Consequence）。

通常情况下，人们会认为是外部事件（A）直接引起了情绪和行为结果（C）。实际上，人们忽略了当事人的内心活动这个重要因素，忽视了当事人对事件的解释和评价，正是这一部分（B）导致了不同的情绪和行为状态。

一般说来，观念B有合理与不合理之分。合理的观念可以引起人对事物适当的情绪及行为反应，不合理的观念则会导致不适当的情绪及行为反应。一个人若固守某些不合理的观念，就会陷入不良的情绪，甚至导致心理障碍的产生。因此，合理情绪疗法认为，改变不合理的观念，建立合理的观念，就会产生积极的情绪反应，达到情绪改善的目的。

现实生活中的许多情绪困扰就是因为我们用不合理信念去认识某件事情，而感到愤怒、沮丧，但换个角度去思考、去评价，便会减弱或消除愤怒或沮丧情绪。因此，在日常生活和工作中，当遭遇各种失败和挫折，要想避免情绪失调，看是否存在一些“绝对化要求”“过分概括化”“糟糕至极”等不合理想法，如果有，就要有意识地用合理观念缓解。

大学生运用合理情绪疗法时要把握三点：第一，要认识到不良情绪不是源于外界，而是由自己的非理性信念造成的；第二，情绪困扰得不到缓解是因为自己仍保持过去的非理性信念；第三，只有改变自己的非理性信念，才能消除情绪困扰。

（二）注意力转移法

注意力转移法即把注意力从消极情绪转移到积极情绪上。当不良情绪出现时，可以采取转移注意力的方法寻找一个新颖的刺激，激活新的兴奋中心，以抵消或冲淡原来的兴奋中心，使不良情绪逐渐消失。情绪的转移关键是要主动、及时，不要让自己在消极情绪中沉溺太久，立刻行动起来，你会发现自己完全可以掌控自己的情绪。

当我们觉察到自己的情绪不佳时，可以选择做自己喜欢的事情，还可以通过改变环境暂时忘记不愉快的事情。你不妨试试下面一些简单可行的方法，看是否对你有帮助。

当你心情烦躁时：收拾宿舍，把闹钟移到一个角落，改变房间的布局，用花草做点缀。

思绪错乱时：先整理桌上杂乱放着的书和学习用具，收拾完毕再去看书。

心情沉重、压抑时：换件舒服、柔软的内衣，穿上漂亮的外衣，到室外走一走，到风景优美的地方玩一玩。

头痛腰酸、心情不佳时：听一听音乐、做一做健美操、打一打球。

忧郁时：读一读幽默小说，看一看漫画，听一听相声。

水管阻塞了，如果不及时疏导，终有破裂的一天。情绪也是如此，如果不及时将不良情绪释放出来，郁结在心里，将会越积越大，最终令人崩溃。古人云："忍泣者易哀，忍忧者易伤。"人的情绪处于压抑状态时，应合理地宣泄，才能缓解不良情绪，恢复正常的情绪状态。

（三）合理宣泄法

合理宣泄法，是指在适当的场合，采取适当的方法，排解心中的不良情绪。适度的宣泄可以把不快的情绪释放出来，使自己平静下来。

现实生活中宣泄的方式有很多，如倾诉、运动、哭泣等。

1. 倾诉

当你心中产生烦恼和忧虑等消极情绪时，可以向老师、父母、好友、同学倾诉，把心中的不快、郁闷、困惑等一股脑倒出来。这不仅可以减轻你的心理负担，还可以听到别人好的建议。在很多情况下，一个人对问题的认识往往是有限的，甚至是模糊的，旁人点拨几句，会使你茅塞顿开。别人的理解、关怀、同情和鼓励，会给你带来极大的安慰。

2. 运动

当产生不满、厌恶的情绪时，可以到没人的地方大喊几声，也可以参加体育活动，通过消耗体力的方式释放负性情绪。

3. 哭

美国专家威费雷认为，眼泪能排出有机体在应激反应过程中产生的某种毒素。从这个角度讲，遇到该哭的事情忍住不哭就意味着慢性中毒，很多人都有这样的感受，哭过以后心情就好多了。所以当受委屈、遭挫折或遇伤心事产生不平、沮丧、悲哀的情绪时，可在独处时或在亲朋好友面前大哭一场，以消除压抑的情绪。

不过，情绪的宣泄要有节制，要注意方式方法和时间场合，以不影响别人和不伤害自己为原则，否则会带来新的情绪困扰。

（四）音乐疗法

研究表明，音乐对人的情绪有着极大的调节作用，优美的乐曲可以使人感到平静、轻松、愉快。不同的曲调和不同的节奏都能使人产生不同的情绪体验，可以根据自己的情绪状态有选择地欣赏音乐。

在一些国家，音乐调节已应用到了外科手术和治疗精神病、抑郁症、焦虑症等病症上。每个人都可以根据自己的情绪状况，选择适合的音乐来调节自己的情绪和情感状态。

（五）幽默调节法

幽默，就是以乐观的心态、轻松的调侃、自我的解嘲使人忘却忧愁、忘却苦恼，使人的情绪、心态得到改善。幽默能使人乐观地对待生活，使自己心情开朗，摆脱烦恼。

幽默能缓解紧张、尴尬的气氛，有助于解决生活中令人痛苦、烦恼的事情，可以让我们的生活和学习变得轻松。

（六）自我暗示法

自我暗示包括积极的自我暗示和消极的自我暗示，前者让人自信乐观，后者令人消沉悲观。心理学实验表明，当一个人静坐默念“勃然大怒”“暴跳如雷”等词语时心跳会加剧，呼吸也会加快，仿佛真的发怒。相反，如果默念“喜笑颜开”“兴高采烈”之类的词语，那么他也会产生一种愉快的情绪体验。

当个体在学习、就业、人际交往中遇到困难和挫折时，可适当地进行自我暗示，如用“比上不足，比下有余”来安慰自己，以缓解消极、抑郁的情绪；也可以用“塞翁失马，焉知非福”来进行自我暗示，弱化目的的意义和价值，从而减轻失落感。自我暗示法对于人们在大的挫折面前接受现实、保护自己、避免精神崩溃是很有益处的。

当然，我们在使用暗示技术时，要避免使用不当的消极暗示，必须使用积极的自我暗示。

（七）情感升华法

情感升华是指当人的情感或心理受挫时，设法将消极心理转化为积极心理的过程。情感升华是对消极情绪的一种高水平的宣泄，将消极情绪转移到对人、对己、对社会都有利的方向。平常我们所说的“化悲痛为力量”就是情感升华的结果。例如，某同学因失恋而痛苦万分，但他没有因此消沉，而是把注意力转移到学习中，证明自己的能力。

在日常生活中，很多人不甘沉沦，凭借顽强的意志不懈努力，使情感得到升华，终于在学习上、事业上获得成功，实现了自己的人生价值，成为生活的强者。

（八）心理咨询法

当你尝试了许多自我调节的方法，情绪仍没有好转时，可以求助学校的心理咨询老师，或寻找心理咨询机构进行咨询。

（九）放松训练法

放松训练是一种通过练习放松身心的方法，常用的有深呼吸、肌肉放松训练、冥想放松训练等。放松练习可以帮助人减轻和消除各种不良身心反应，如焦虑、恐惧、紧张、失眠等。

三、大学生情绪的自我调节

大学生的情绪自我调节就是指大学生根据自身情况及周围环境，对自己的情绪进行管理和监控，以有效地调节行为，从而适应外界情境与人际关系的需要，最大限度地激发自身潜能。

（一）有选择性、有针对性地读书

大学生的思维敏捷，求知欲强，对外面的世界更加关注，但由于社会经验和人生阅历有限，分析认识问题受感性认识影响较大，因而不能正确结合社会实际从深层把握事物看待问题，这不仅会导致他们对社会的片面认识，也会严重打击他们的积极性，使他们产生对社会的不满。针对大学生存在的以上问题，我们提出以下建议：其一，选择几本具有代表性的与政治、历史、哲学相关的书，这些书能够帮助大学生更好地了解我国社会发展的规律，正确分析当今社会的一系列复杂问题，提升政治素养，激发为社会服务的热情。其二，多读一些心灵成长和励志方面的书，不仅能够使大学生感受到智慧的光芒，更重要的是，当他们感到苦闷、彷徨、退缩、失望的时候，会辩证地看待问题，知道只有乐观地面对挫折和失败，才能勇敢地继续前进。

（二）积极参加学校组织的集知识性、娱乐性于一体的活动

大学生正处于青年期，精力充沛，朝气蓬勃，创造力丰富，且具有较强的自我意识和交往欲望，因此，非常需要通过一个平台来展现自己的才华和创造力，以得到内心的满足，实现自身的价值。对大学生自信状况的调查研究表明，相当比例的大学生存在着不同程度的自信心不足的情况，一部分学生甚至有强烈的自卑感。

因此，大学生应适当地参加一些诸如文体表演、知识竞赛、演讲比赛等活动，这些活动不仅能够缓解他们学业上的压力，也能锻炼他们的人际交往能力，增强他们的自信心。

（三）有意识地运用积极的思维方式

大学生情感丰富、情绪强烈、易冲动，社会上一些不良现象极易使他们产生悲观失望等消极情绪；另外，其看待问题往往具有片面性和局限性，如果不加以注意，久而久之，他们会形成消极的思维方式，这些消极思维反过来又会强化消极情绪，严重阻碍他们自身的发展，使之难以适应社会的发展。所以，大学生要有意识地培养自己的积极思维，辩证地看待问题，遇事要多往积极的方面想，即使有些事情不尽如人意，但只要暗示自己“最坏也不过如此”，那么一切前进中的困难也就变得不再可怕，烦恼的情绪也会烟消云散。

（四）主动地创设能够产生正向情绪的环境

赏心悦目的环境可以使人心旷神怡，奋发图强的气氛可以使人奋进。著名心理学家格罗斯提出情绪调节理论和情境选择、情境修正的调节策略，在某种程度上强调了环境

对人的心境的影响。这两种情绪调节策略都强调了人的主观能动性，表明人们有能力针对不同的情境采用不同的情绪调节策略进行情绪调节。虽然人们在日常生活中遇到的绝大部分事情都是发生在一定的环境中的，而且绝大部分环境是人们难以改变的，但是这并不能说明人们在改变环境上无能为力，人类的生存与发展正是通过其对环境不同程度的改变实现的。因此，对于大学生而言，主动地创设能够产生正向情绪的环境是调节自身情绪的一种非常有效的策略。

大学生可以通过创办情感支持小组、情感网络社区或论坛等方式排解烦恼、苦闷。当然，要在不攻击他人、不伤害他人的前提下进行的。通过良性循环，大学生潜移默化地被积极的氛围所感染，积极的正向思维模式也会随之产生，进而产生更多的正向情绪。

（五）正确认识问题情境和自身的关系

大学生要对自身和周围问题情境的关系有一个准确的判断。这里提到的问题情境有两种情况，即大学生所知觉到的问题情境是可控的还是不可控的。当知觉到的问题情境为可控时，建议大学生使用问题解决策略去改变情境，找出多种解决问题的方案，然后选择其中一种最可行的方案解决问题，从而降低问题情境对情绪的消极影响；而当知觉到的问题情境为不可控时，大学生就无法对问题情境作出改变，那么就应该有意识地从改变自身的角度来考虑解决策略，如可以通过改变自身对问题情境的看法、问题情境对自身的意义等途径来消除刺激情境所带来的压力。

四、加强高校心理健康教育力度，及时帮助大学生走出不良情绪困境

当大学生遇到自己无法解决的情感困惑或生活难题时，需要启动高校心理教育干预机制。心理工作者和辅导员应给予大学生及时的帮助与指导，帮助他们及时调整情绪状态，端正态度，从困难中吸取经验和教训，让自己更快地成熟。心理工作者要时刻关注大学生的情绪情感变化，对有不良情绪情感的大学生要加以疏导，以帮助其建立合理的观念，产生积极的情绪情感。

（一）培养大学生正确的需要观

情绪情感是同人的需要相联系的，而人的需要又受社会经济发展水平和价值观等条件的制约，所以，个体只有选择那些符合社会要求并能体现自身价值的需要，使自身需要服务于社会需要，从而不断提高需要的层次，才能使个体产生积极的情绪情感。因此，培养大学生正确的需要观，对他们建立积极的情绪情感，形成良好的心理品质起着重要的作用。

（二）培养大学生有效运用情绪调节策略的能力

许多研究表明，使用不同的情绪调节策略会对大学生的身心发展产生不同的影响，因此，教会大学生针对不同的情境运用恰当的情绪调节策略具有非常重要的意义。关于情绪调节策略，很多心理学者都提出了自己的理论，而这些理论对大学生进行有效的情绪调节具有很高的指导价值。心理工作者要将这些理论很好地融入大学生的实践活动中，如为大学生创设一些问题情境，或提供一些真实案例供他们分析，还可以让大学生结合生活中常出现的困惑自编自导生活短剧，通过这种让学生直接参与的方式，最大限度地激发大学生的积极思维，使他们充分体验到积极的情绪情感，从而达到有效运用情绪调节策略的目的。

（三）帮助大学生发现自身的优势资源

认知在人的情绪体验中是一个极其重要的因素，大学生若能对自己遇到的问题做出正确的认知评价，就会产生积极的情绪体验和行为，反之，就容易产生负向情绪和行为反应。伴随着大学生自我意识发展出现的认知冲突、负向情绪极易导致大学生的认知偏差，使其产生悲观、焦虑、抑郁等不良情绪。因此，心理工作者要通过认知辅导，帮助大学生识别、转变不合理的想法，纠正其不良认知，还要善于发现大学生自身具备的优势资源，准确挖掘他们身上的闪光点，使他们认识到自己的长处，并及时给予他们支持与鼓励，使他们最大限度地发挥自身优点，树立自信心，建构合理观念和正确的认知。

拓展阅读

阅读1　ABC理论中“不合理理念”的3个特征①

合理情绪疗法（Rational-Emotive Therapy，简称“RET”）是美国著名心理学家阿尔伯特·艾利斯于20世纪50年代首创的一种心理治疗理论和方法，它在许多著作中也被译作“理性情绪疗法”。顾名思义，这种方法旨在通过纯理性分析和逻辑思辨的途径，改变求助者的非理性观念，帮助他们解决情绪和行为上的问题。

ABC理论是合理情绪疗法的核心。ABC理论发现，影响情绪和行为的想法和看法中，有些是关键性的，即“不合理理念”，其具有三个主要特征。

1. 绝对化要求

绝对化要求是指人们以自己的意愿为出发点，对某一事物怀有认为其必定会发生或不会发生的信念，它通常与“必须”“应该”这类字眼连在一起。比如，“我必须获得

---

① 资料来源于网络，略有改动.

成功”“别人必须很好地对待我”“生活应该是很容易的”等。怀有这样信念的人极易陷入情绪困扰中，因为客观事物的发生、发展都有其规律，是不以人的意志为转移的。就某个具体的人来说，他不可能在每一件事情上都获得成功；而对于某个个体来说，他周围的人和事物的表现和发展也不可能以他的意志为转移。因此，当某些事物的发生与其对事物的绝对化要求相悖时，他们就会受不了，感到难以接受、难以适应并陷入情绪困扰。合理情绪疗法就是要帮助他们改变这种极端的思维方式，认识其绝对化要求的不合理、不现实之处，帮助他们学会以合理的方法去看待自己和周围的人与事物，以减少他们陷入情绪障碍的可能性。

2. 过分概括化

这是一种以偏概全、以一概十的不合理思维方式的表现。艾利斯说过，过分概括化是不合逻辑的，就好像以一本书的封面来判定其内容的好坏一样。一方面，过分概括化是人们对其自身的不合理的评价。如失败时，一些人会认为自己“一无是处”“一文不值”等。以自己做的某一件事或某几件事的结果来评价自己，给自己贴标签，因此常常会产生自责自罪、自卑自弃的心理及焦虑和抑郁的情绪。另一方面，过分概括化是对他人的不合理评价，即别人稍有差错就认为他很坏、一无是处等，这会导致一味地责备他人，产生敌意和愤怒情绪。按照艾利斯的观点来看，以一件事的成败来评价一个人，这是极不理智的。在这个世界上，没有一个人是完美无缺的，每个人都应接受自己和他人的不完美。

3. 糟糕至极

这是一种认为如果一件不好的事发生了，将是非常可怕、非常糟糕，甚至是一场灾难的想法。这将导致个体陷入极端不良的情绪体验，如耻辱、自责、自罪、焦虑、悲观、抑郁的恶性循环中，难以自拔。糟糕就是不好、坏事了的意思。当一个人讲什么事情都糟透了、糟极了的时候，他往往是碰到了对他来说最坏的事情，无异于灭顶之灾。艾利斯指出这是一种不合理的信念，因为对任何一件事情来说，都有可能发生比之更好的情形，没有任何一件事情可以定义为是百分之百糟透了的。当一个人沿着这条思路想下去，认为遇到了百分之百的糟糕的事或比百分之百还糟的事情时，他就是把自己引向了极端的不良情绪状态。糟糕至极常常是与人们对自己、对他人及对周围环境的绝对化要求相联系而出现的，即在人们的绝对化要求中认为的“必须”和“应该”的事情并非像他们所想的那样发生时，他们就会感到无法接受这种现实，因而就会走向极端，认为事情已经糟到了极点。

每个人或多或少地具有不合理的思维与信念，而那些出现严重情绪障碍的人，这种不合理思维的倾向更加明显。情绪障碍一旦形成，个体往往难以自拔，需要进行治疗。

阅读2 情绪小故事①

某人的妻子在生小孩时难产死了。幸好，他家有条聪明能干的狗，它自然而然地担负起照看婴儿的重担。有一天，男人有事外出，很晚才回来。狗知道主人回来了，欢快地出来迎接。可是男人看到狗嘴里都是血，一种不祥的预感顿时涌上心头，心想是不是它饥饿时兽性发作把孩子给吃了？于是他连忙赶到床边一看，孩子不在，只看到一堆血迹。男人在狂怒之下，拿起棍子便将这条狗打死了。没多久，孩子哭着从床底下爬了出来，男人这才知道自己错怪了狗，四下查看后，发现不远处躺着一条狼，已被活活咬死，再看那条狗，后腿被严重抓伤。原来，在男人外出的时候，有条狼溜了进来想偷吃孩子，狗勇敢地冲上去与狼搏斗，最终保住了孩子的性命。男人知道真相后，号啕大哭，悔恨不已，可是一切已经无法挽回。

为什么会发生这样的悲剧？因为他被强烈的愤怒冲昏了头，忽视了最基本的判断与核实的步骤。其实这也是人的通病。心理学家研究发现，人在愤怒的时候，智商是最低的。在愤怒的关头，人们会做出非常愚蠢的决定和非常危险的举动，但这个时候所做的决定大部分都是错误的。

几乎所有的囚犯都表示过后悔；几乎所有的刑事案件都是人在生气的时候做了一个不理智的决定而发生的；几乎所有罪犯在接受采访时都表示：“如果当时……”事实上，绝大多数人本质是善良的，正所谓“人之初，性本善”，真正穷凶极恶，以杀人放火为乐事的人少之又少。从这个意义上讲，在生气时能否拥有理智，将从根本上影响人的一生。

人是感性动物，生活在爱恨情仇交织的社会中，而人生又是处在不断的选择之中，有些选择或许无关痛痒，有些选择却事关全局；有些失误可以尽力弥补，有些失误却无力回天。因生气而做出错误决定的事在每个人身上都发生过。如果你没有被错误的决定所伤害，那要感到庆幸，但不能一直抱有侥幸心理。所以，要想自己的一生不偏离轨道，请记住在生气的时候不要做任何决定！

阅读3 钉子②

有一个男孩脾气很坏，于是他的父亲就给了他一袋钉子，并且告诉他，每当他发脾气的时候就钉一根钉子在后院的围篱上。

第一天，这个男孩钉下了37根钉子。慢慢地，他每天钉钉子的数量越来越少。他发现控制自己的脾气要比钉下那些钉子来得容易。

终于，有一天，这个男孩再也不会失去耐性乱发脾气，他告诉他的父亲这件事，父亲告诉他，现在开始每当他能控制自己脾气的时候，就拔出一根钉子。

一天天地过去了，最后，男孩告诉他的父亲，他终于把所有钉子都拔出来了。

---

① 资料来源于网络，略有改动.
② 资料来源于网络，略有改动.

父亲牵着他的手来到后院，对他说："你做得很好，我的好孩子。但是看一看那些围篱上的洞，这些围篱将永远不能恢复成从前。你生气的时候说的话将像这些钉子一样留下疤痕。如果你拿刀子捅别人一刀，不管你说了多少次对不起，那个伤口将永远存在。话语的伤痛就像真实的伤痛一样令人无法承受。"

帮别人开启一扇窗，自己也能看到更完整的天空。

本章小结

1. 情绪是人对客观事物的态度体验及相应的行为反应。情绪是以个体的愿望和需要为中介的一种心理活动。当客观事物或情境符合人的需要和愿望时，就能引起积极的、肯定的情绪，当客观事物或情境不符合人的需要和愿望时，就会产生消极、否定的情绪。

2. 四种基本情绪是快乐、愤怒、恐惧、悲哀。

3. 三种常见情绪状态是心境、激情、应激。

4. 情绪具有社会适应功能、动力功能、信号功能、组织调控功能、健康功能、传染功能。

5. 大学生情绪活动具有丰富性和复杂性、波动性和两极性、激情性和冲动性、阶段性和层次性、内隐性和外显性的特点。

6. 大学生产生不良情绪，主要是因为生活环境的改变、学习方式的改变、理想与现实的冲突、竞争压力、人际关系挫折、情感问题等。

7. 大学生常见不良情绪主要是自卑、焦虑、抑郁、恐惧、愤怒、嫉妒。

8. 情绪智力指个体监控自己及他人的情绪和情感，并识别、利用这些信息指导自己的思想和行为的能力。

9. 良好情绪的培养主要可通过养成快乐的习惯、学会宽容和悦纳、适当的自我定位、正确对待生活中的不幸和挫折等方面入手。

10. 管理好个人情绪，可通过以下几个方面：首先，体察自己的情绪。时时提醒自己：我现在的情绪怎么样？人一定会有情绪，压抑情绪反而带来不好的结果，学着体察自己的情绪，是情绪管理的第一步。其次，适当表达自己的情绪。如何适当表达情绪是一门艺术，需要用心体会、揣摩。最后，以适宜的方式调整、宣泄情绪。

认识自我

● 心理测验

指导语：本测试从情绪的稳定度、精力的充沛度、情绪的控制度、生活的充实度四个方面提出了15个问题，请你放松，真诚而坦率地回答，在符合你的情况后面画"√"，在不符合的后面画"×"。

情绪的稳定度：

（1）无论发生什么事，都可以毫不在乎地思考别的事情。

（2）不计小事，经常保持坦率诚恳的态度。

（3）有担心的事情，往往写在纸上进行整理。

（4）做事时通常给自己定一个比较实际的目标。

（5）失败时认真反省，不会愁眉不展。

（6）有许多爱好。

（7）遇到问题时，能倾听别人的意见或劝告。

（8）工作与学习都有明确的计划。

（9）尽管别人优于自己，但我并不嫉妒。

（10）无路可走时，能改变生活的形式和节奏。

（11）经常满足于一点微小的进步。

（12）乐于一点一滴地积累有益的东西。

（13）很少感情用事。

（14）尽管很想做某一件事，但自己估量不可能实现时就会打消念头。

（15）抓主要方面考虑问题，不拘泥于细节。

精力充沛度：

（1）在工作和学习上抱有超过别人的愿望。

（2）具有积极进取的豪情。

（3）不满足于普通的生活方式。

（4）喜欢听取各种人的意见。

（5）竞争性强，但也有逍遥自在的时候。

（6）敢于向超过自己能力的目标挑战。

（7）无论做什么，时间观念都很强。

（8）能够接受别人的批评。

（9）经常在脑海里描绘自己要做的事情。

（10）一时办不到的事，以后总会想办法做到。

（11）不管做事有没有计划，都能井然有序。

（12）心胸开阔，从不与人计较小事。

（13）做事情时常常感觉心中感情激荡。

（14）不顺心时，常常休闲地度过一段时间。

（15）喜欢与不同类型的人合作。

情绪控制度：

（1）起床后进行半个小时的自我锻炼。

（2）每天的早餐时间充裕，气氛活跃。
（3）吟诗唱歌时往往放开嗓子。
（4）入睡前说些鼓励自己的话。
（5）不纠缠令人不愉快的事情。
（6）与其心事重重，不如马上着手解决。
（7）精神上有压力时，通过体育锻炼来解决。
（8）做重要的事情能全力以赴，不顾及其他。
（9）不管和谁都不说不文明的话。
（10）喜欢阅读伟人的传记激励自己。
（11）善于悉心洞察，冷静判断问题的症结。
（12）坚信无论什么事情都能成功。
（13）每日总结当日的事情，心情愉悦地入睡。
（14）常常按规定的时间上厕所。
（15）有计划地安排闲暇时间。

生活充实度：

（1）经常与友人交往。
（2）有自己的特殊爱好。
（3）能与领导、老师和同学们愉快相处。
（4）能以宽容的态度对待家庭矛盾。
（5）吃饭时感到愉快。
（6）能够胜任工作和学习。
（7）只买自己必需的东西。
（8）对未来抱有乐观的态度。
（9）无论干什么都兴致勃勃。
（10）希望受到别人的注目和重视。
（11）容易满足，很少抱怨。
（12）生活条件虽然不太好，却过得很快乐。
（13）不爱花钱，也不爱买零食。
（14）对自己目前的工作和学习感到满意。
（15）对生活各方面感到满意。

● 评分

每题选择“√”计1分、“×”不计分，然后把每题得分相加，算出总分。结合表2.1看一看你属于哪一栏。

表2.1 分数标准

维度	低	一般	高
情绪稳定度	0~5	6~12	13~15
精力充沛度	0~7	8~12	13~15
情绪控制度	0~6	7~11	12~15
生活充实度	0~4	5~10	11~15

情绪稳定度越低的人越容易患得患失，不能很好地生活，常常拘泥于小事，忙忙碌碌，费尽心机。情绪稳定度低的人应该多学习有关情绪、情感自我调适的知识和方法，不能为一点小事或一次失败而愁眉不展。情绪稳定度越高的人越擅长积极地处理事情，在各种困难面前不动摇，但有时会自作聪明而忽略重要问题，所以，应提高综合分析能力，做出精密的调查和大胆的决定。

精力充沛度越低的人性格越懦弱，缺乏与社会竞争的勇气，典型的“好好先生”，做事情没有干劲，也没有什么雄心壮志，安分守己。精力充沛度低的人要振奋精神，敢于向人生挑战。精力充沛度越高的人干劲越足，具有挑战性，对工作满腔热情，以充沛的精力对待每一件事，必定能不断地取得成功，但要善于调节精力，不要使自己陷入狂热状态。

情绪控制度越低的人越不善于情绪的转换和松弛，容易精神疲劳。缺乏集中力，工作效率不高，还容易生病。今后要有意识地实行精神上的自我管理，以适应社会的变化，要努力保持愉悦的心情和清醒的头脑。情绪控制度越高的人越善于情绪的转换和控制，不拘小节，踏实肯干，遇到困难要积极解决，经常保持轻松的心情，努力通过自我暗示来消除情绪带来的负面影响，但要注意与不同的人的共事态度，要积极合作。

生活充实度越低的人对自己的生活和工作越不满，很少从生活中体验到乐趣。生活充实度越高的人越满足于现在的生活，精神充实，在生活和工作中心情欢畅，能理智对待任何事情，做出正确的判断和决策。①

心理训练

● 训练1②

名称：皮索恩的故事。

目的：认清愤怒情绪的危害。

时间：60～80分钟。

① 资料来源于网络，略有改动.
② 资料来源于网络，略有改动.

准备：A4纸、笔。

操作：

（1）指导者给全体成员讲一个故事。古代的皮索恩是一个品德高尚、受人尊敬的军事领袖。一次，一个士兵侦察回来，没能说清楚跟他一起去的另一个士兵的下落。皮索恩愤怒极了，当即决定处死这个士兵。就在这个士兵被带到绞刑架前时，失踪的士兵回来了。但皮索恩由于羞愧更加暴怒，处死了三个人。

第一个士兵——坚决执行下达的死刑令。

第二个士兵——由于没有及时归来，造成第一个士兵被处死。

刽子手——因为没有执行命令。

（2）故事讲完后，指导者给每个成员发一张A4纸和一支笔，要求大家分享：

①三个人为什么难逃死亡的命运呢？

②在气急败坏时，一般人常有哪些行为？结果如何？

③在情绪较为平和时，一般人常有哪些行为？结果如何？

④比较上述两种情况，哪一种能解决问题？

⑤想一想，如何正确地宣泄不良情绪？

（3）在组内交流，每个人说明自己的想法，并统计全组的意见。

（4）通过听取他人意见，小组成员受到启发，可以修正自己的意见。每个小组派代表交流。在共同讨论中了解情绪因客观事物是否符合人的需要而产生的态度体验。面对同一件事，不同的人会有不同的情绪反应。我们要认识情绪、接受情绪，并学会积极有效地调节与控制情绪。

● 训练2①

互动1：爱自己的一百条理由。

目的：发现自己，学会爱自己。

操作：

每人一张A4纸，安静认真地写下爱自己的一百条理由，并分享：

你能写下多少条理由？

能顺利写出来吗？

为什么写不出来？

当你写时心情如何？

全班或分组进行互动交流。

互动2：一吐为快。

目的：帮助成员了解自己的情绪特征，了解影响情绪的因素。

---

① 资料来源于网络，略有改动.

操作：发给每个成员一张卡片、一支笔，引导成员在卡片上写下自己最近不顺心的事或不良情绪以及原因。

分享：在这个活动中，你有什么感受？请与大家分享影响情绪的因素。请4～5位同学发言。

互动3：“愤怒怪”的危害。

目的：帮助成员了解愤怒情绪的危害。

操作：老师出示一张“愤怒怪”的漫画：在我们的内心深处，每个人都有一个怪物，它就是“愤怒怪”，生活中它无恶不作。我们时常会遇到容易发火的人，自己也会无端对别人发火，他们都是没有管理好自己的“愤怒怪”。

分享：这种不分青红皂白的发火会带来什么恶劣的影响呢？请与大家分享自己的思考。请4～5位同学发言。

互动4：快乐大魔盘。

目的：生活需要快乐，而每个人都有一些让自己快乐的秘诀，和同学交流，分享快乐，让自己的生活更加丰富多彩。

操作：在生活中遇到令自己快乐的事情，你的感受是怎么样的？请4～5位同学发言。

分享：分组讨论并将本组的“快乐方法”按不同类型写在“快乐大魔盘”中的不同分格。

互动5：拥有快乐。

目的：学会快乐，用心感受生活。

操作：做“击鼓传花”游戏，音乐停时花落到谁处，则请他站起来，通过讲一个笑话、一个故事或其他形式让同学们笑一笑，大家亲身感受笑一笑对自己心情的积极作用，让大家感受到快乐。

分享：每位学生说一句与快乐有关的话。

上述5个互动项目都和情绪体验有关，只要我们摆正心态，快乐地生活，正确对待情绪上的波动，每位同学都能开创美好的明天。

心理自助餐

1.（美）威尔·鲍温：《不抱怨的世界》，湖南文艺出版社2014年版

这是一本心灵励志书，它用一只手环向我们传递了“抱怨不如改变”的生活理念。威尔·鲍温除了要介绍这个特别的“不抱怨”运动，也通过许多平易近人的生活故事，以及温暖、恳切的心灵建议，一步步地探索我们为什么会抱怨，抱怨如何破坏我们的生活，我们又要如何驱除这种杀伤力十足的语言表达形式。戴上紫手环，给自己一个坚持的机会，你就能拥有心想事成的无怨人生。

2．毕淑敏：《心灵七游戏》，北京十月文艺出版社2004年版

《心灵七游戏》共收入了七个心理游戏，分别是“我的五样”“谁是你的重要他人”“我是一个怎样的人”“你的支持系统”“再选你的父母”“写下你的墓志铭”“生命线”。这七个游戏都非常直接、庄重地直逼真实的内心，从认识关键自我的“我的五样”“我是一个怎样的人”到分辨周围重要人际关系的“谁是你的重要他人”“你的支持系统”，再到“再选你的父母”，到最后的“写下你的墓志铭”“生命线”，一步步拨开迷雾，人生的方向越来越清晰。

3．季羡林：《我的人生感悟》，中国青年出版社2006年版

《我的人生感悟》里的散文不仅让人看到的是作为散文家的季羡林，而且让人发现了一个学者活的灵魂。这些散文文字轻灵、思想厚重，集史、识、才、情于一体。作者高度概括与浓缩了自己漫长的人生中，那些刻骨铭心的生存体验与人生感悟。

4．武志红：《感谢自己的不完美》，中国华侨出版社2014年版

我们一直以为一些负面情绪，如痛苦、悲伤、愤怒、恐惧等是不好的，甚至认为这些是不完美的，阻碍了我们的成长，我们一直在努力，尽量减轻这些不良情绪对我们的负面影响。

作者从全新的角度、用心理学的知识告诉我们，这些坏情绪对我们有极大的帮助和积极意义。这些情绪是伴随我们一生的，而且这些情绪并不是我们的敌人，是我们的朋友，我们应该接纳它们，并要感谢它们让我们越来越坚强。

5．马丁·塞利格曼：《活出最乐观的自己》，北方联合出版传媒（集团）股份有限公司、万卷出版公司2010年版

如果你是商人，你需要乐观，渡过金融危机的猛烈冲击。如果你是职场人士，你需要乐观，扛过每一个难关和挑战。如果你是家长，你需要乐观，给孩子树立一个正确的榜样。如果你是学生，你需要乐观，积极应对学业的压力。如果你是运动员，你需要乐观，抓住一分一秒能够取得胜利的机会。无论你是谁，无论你是什么身份，都要活得快乐。

6．电影赏析

《致命游戏》《成长的烦恼》《一公升的眼泪》《这个杀手不太冷》《唐山大地震》《头脑特工队》

● 项目三

交往用“心”沟通——大学生人际交往

学习目标

1. 了解人际交往的基本概念和原则。
2. 掌握良好的沟通技巧。
3. 理解和处理不同人的情感和心理需求。
4. 掌握有效的冲突处理技巧，避免因无效的沟通而导致的冲突。
5. 增强自己的人际交往能力，发展和维护健康的人际关系。

思政目标

1. 学会建立和维护良好的人际关系，尊重他人的感受和需求，并保持积极向上的心态。

2. 认识到人际关系对个人幸福和成功的重要性，学会应对个人在人际交往方面所面临的挑战和困难。

问题聚焦

1. 你觉得人际交往重要吗？
2. 在人际交往中你遇到过哪些问题？
3. 人际交往的技巧和方法你了解多少？

心理热身

案例 1

小徐是一名大一新生，家庭条件优越，看不惯室友“不讲卫生”的生活习惯，尤其讨厌他们高谈阔论，反正看谁都不顺眼。性格内向的他经常独来独往，尽可能减少与室友的交往。

时间一长，他发现室友经常一起说说笑笑、进进出出，当他不存在，他开始感到失落，孤独感油然而生，曾经多次萌发主动与他们交往的念头，可都事与愿违。他回寝室时总觉得室友在议论他，对他品头论足，还窃窃私语，一副嘲笑、鄙视的模样，他受不了了，想换寝室，却没有得到批准。为了避开他们，他很少回寝室，只有睡觉时才回去。即使这样，似乎还是摆脱不了室友对自己的议论与不满。他开始失眠，食欲下降，精神状态越来越差，身体急剧消瘦。在寝室里，他的话越来越少，也不爱笑，学习效率越来越低，最后终于病倒了。

然而，在他住院期间，室友轮流守护在他的病床旁，送水喂饭，悉心照顾。看到那些平时让自己反感的室友待他像自己的家人一样，他的心被触动了，他把内心的苦闷与孤独告诉了他们，才知道原来一切都是自己“想”出来的。室友只是觉得他不愿与他们交往而已，没有想到由此引发了他内心如此大的波动。[①]

案例分析

每一个人都渴望友情，特别是到了一个新的环境，渴望被他人认可、接纳，但很多人不知道该如何融入，不知道如何与他人建立良好的人际关系。小徐就是不知道该如何与室友友好相处，才引起了一系列的情绪和行为反应。宿舍关系对大学生的学习和生活影响很大，应该引起足够的重视。戈夫曼曾提出前台和后台的理论。他认为每个人大部分时间都像在聚光灯下的舞台上展现着自己好的一面，同时也需要后台来补充能量休息调整。小时候，我们受了委屈回家躲起来哭，因为家就是一个完全的“后台”，不会轻易被人看到。而大学生宿舍也充当了后台的角色，如果在前台遇到挫折，后台又不能疗伤，反而与室友关系紧张，积累起来的心理问题应该小不了。说到底，处理好宿舍关系只要一条原则就足够——宽以待人，严于律己。凡事多为别人着想，任何事情都好解决。如果你是这样做的，室友感受到了你的态度，也会发生变化。不再产生摩擦就不存在宿舍矛盾。若能如此，还有必要谈如何处理矛盾吗？

案例 2

（原创案例）小薇是一名大学生，性格非常活泼，喜欢与同学和老师打交道，但她发现自己在日常交往中总是容易受伤，感到沮丧和孤独，甚至考虑回避一些人际交往。她发现自己总是难以准确理解别人的意图，难以与他人共情，难以了解自己在交往中的言行。

请思考并回答：

1. 人际交往的优势和挑战是什么？
2. 为什么人际交往难度会随着交际对象和情境的不同而发生变化？
3. 人际交往技能的提高对大学生的发展和成长有何作用？
4. 如何增强自我意识和自我认知，从而更好地适应社会、建立良好的人际关系？

---

① 李菁华．大学生心理健康教育——做一个心理阳光的人 [M]．天津：天津科学技术出版社，2019．

心理讲堂

人是社会性动物，正如马克思所言：“人的本质并不是单个人所固有的抽象物，在其现实性上，它是一切社会关系的总和。”进入大学后，大学生们面临新的环境、新的群体，需要重新整合各种关系，处理好与交往对象的关系便成为他们新的生活内容。如何与人相处，不仅是一门生活的学问，而且是一门生存的艺术。良好的人际关系不仅是大学生心理健康水平、社会适应能力的重要指标，也是其今后事业发展与人生幸福的基石。

任务一 把握人际交往特点 拓展人际交往体验

一、人际交往与大学生人际交往的特点

（一）人际交往和人际沟通

人际交往是以人际信息的交流，即人际沟通为条件的，是人际关系实现的途径。

人际沟通是人们之间的信息交流过程，是人们在共同活动中，通过言语、表情、手势、体态以及社会距离等彼此交流各种观念、思想和感情的过程。信息沟通的不同深度决定了人际关系发展的不同程度，良好的人际关系往往是建立在良好的人际沟通基础之上的，人醒着时有70%的时间都在进行信息沟通。沟通是构建良好人际关系的重要手段，而人际交往是人健康成长的基本条件。如若不能与人建立和谐的人际关系，即使有交往，也会影响人的身心健康。

（二）大学生人际交往的特点

当代大学生人际交往在同学关系、朋友关系、师生关系、网络人际关系等方面出现了新的特点。

1．交往范围扩大化倾向

当今网络信息技术迅速发展，整个世界变成一个“地球村”，大学生人际交往范围不断扩大。任何在现实中找不到相同爱好的人似乎都能在网上找到自己的“同伴”。无论你的习惯和爱好在周围的人看来是多么“奇怪”，你也一样能融入虚拟的网络社会。很多大学生通过各种社交软件成为网友，交往范围比以前扩大了很多，甚至发生网恋。但现在的大学生多数是独生子女，被保护得比较好，既不能深刻地认识人际关系，也不知道该如何建立正确的人际关系。

2．同学关系矛盾集中化倾向

高校教学模式和评价方式与中小学不同，多数课程实行大班级授课，“同学不同班”的情况比较常见，班级的概念逐步弱化。学生宿舍已成为大学生生活和思想交流的

重要场所，是他们一天中所待时间最长的地方，他们在这里休息、娱乐、交流。同时，宿舍也是各种矛盾相对集中的地方，来自不同地区和文化背景的人生活在一起，免不了要产生这样或那样的冲突。有专家统计，部分大学生存在这样或那样的人际关系障碍，例如自卑、胆小、害羞、内向、孤僻、不善于人际交往、不善于言谈、怀疑他人、不喜欢参加社交活动、对人冷漠等。这些表现集中体现在宿舍人际关系中，宿舍成为同学关系矛盾集中的爆发点。

3. 同学关系庸俗化倾向

社会很多不良价值观通过各种传播媒介渗入到校园进而影响到大学生，使得他们的人际关系深深地打上了社会印记。很多大学生误认为人际关系与“钱”分不开。以大学校园的饭桌交际为例。有舆论指出，大学校园的饭桌交际，在很大程度上是社会上应酬文化的折射。一些家庭经济条件不好的学生，在参加聚餐经济上不堪重负，不参加又怕被视为“另类”或者被边缘化；一些学生特别是社团干部，几乎天天有“饭局”，有时为了聚餐甚至逃课；有的学生把聚餐作为社交的主要获得手段，习惯于大吃大喝和“酒精考验”，在推杯换盏中交朋友、刷资源，不知不觉间沾染了不良习气。大学生在思想还未成熟、价值观还未定型时，很容易被社会风气所影响，让青春沾染上了沉沉暮气。

4. 师生关系疏远化倾向

师生关系是大学生人际关系的重要内容。就目前高校师生关系现状而言，总体上比较自然，协调，但是随着获取社会信息渠道的多元化和时间上的无差异化，再加上高校大规模扩招，学生人数日益增加，师生交往时间、机会越来越少，交往渠道和范围相对窄小，师生关系出现疏远化倾向。

5. 大学生人际关系虚拟化倾向

网络给人类社会带来深刻的影响，使人的生活方式和人际交往发生了很大变化。由互联网构成的虚拟社会正吸引着越来越多的人进行网络人际交往。大学生人际关系虚拟化已成为网络时代一个客观、普遍的现象。

网络这种虚拟人际交往给大学生的生活方式、价值观念带来的挑战和改变是前所未有的，它在扩大大学生人际交往范围与对象的同时，也使他们失去了更多与真实世界交往的机会，使他们进入一种虚幻的状态，当他们再进入真实的世界时可能会变得无所适从。大学生一旦在现实人际交往中受挫，很可能转向虚拟社会寻求安慰和满足，淡漠面对现实人际环境，形成恶性循环，更加沉溺于网络，最终导致退缩孤僻、自我封闭，人际关系变得淡漠。

二、影响大学生人际交往的心理因素

大学生来自不同地域、不同学校、不同家庭，甚至不同文化背景，其生活方式，习惯、思维方式、个性等差异明显。有的学生活泼大方、开朗爽快、随和宽容，人缘较好，人际关系和谐、温馨，与之交往是一种享受；有的学生性格孤僻、郁郁寡欢，在集体中无条件地要求别人包容，却丝毫不能包容别人，贪小便宜，斤斤计较，自以为是；有的学生，人人都知道他（她）是好人，却没人关心他（她），他们不受欢迎，也不被排斥，他们关心国家大事，但对周围的人和事却不在意、不热心。每个人与人交往的程度是不一样的，人际吸引的形成受到认知、情感、人格、能力、行为、地位、角色等多种因素的影响。一般情况下，影响大学生人际交往的心理因素表现在以下几个方面。

（一）接近吸引

大学生的人际交往一般是从同宿舍的同学开始的，然后才逐步向同班、同系的同学扩展。因为人们往往把喜欢的情感投向周围与自己直接交往的对象。同宿舍、同班、同系、同乡同学等经常在一起活动，空间距离接近，接触的机会和交往次数较多，容易相互吸引，建立起较稳定和持久的交往关系。

人际交往中有一个重要的因素，就是心理距离。心理距离与交往次数的多少相关，交往次数越多，越有利于心理距离的拉近，与同宿舍同学、同班同学之间的交往肯定多于与其他同学的交往，情侣的交往必然多于其他异性同学之间的交往。交往频繁，彼此更容易相互了解，较易形成稳固的交往关系。

当然，在频繁的交往中，也更容易产生矛盾和冲突，这就需要掌握一定的交往技巧，及时进行调适。

（二）相似吸引

回顾自己的人际交往历程，人们会发现，自己和朋友间有许多相似之处，如年龄、经历、家庭等，特别是相互间性格的一致性或相似性，在学习和生活中容易相互理解，相互支持。因此，特征的相似也体现了人们心理上对平衡和协调关系的需求，有助于彼此在目标追求、处事态度、行为动机、个人爱好等方面保持一致，从而缩短心理距离。

（三）互补吸引

需要是人际交往的原动力。当交往双方需要和满足途径正好互补时，就会形成强烈的人际吸引，有助于相互间形成友好的人际关系。一个独立型性格的人喜欢与顺从型性格的人交往，因为独立型性格的人能力强且喜欢指挥他人，而顺从型性格的人愿意依赖顺从他人，双方正好相互满足。

（四）外貌吸引

“爱美之心，人皆有之”。外貌会产生极强的首因效应，高颜值会给人留下良好的第一印象。外貌吸引，即在交往中通过对他人的相貌、身高、风度等的观察来决定对他的态度，影响人际交往。从某些方面来说，高颜值的人较相貌平平的人在交往初期更具吸引力，因为良好的外貌使人感到轻松愉快，容易联想到其他优秀的品质。但是，随着交往的深入，外貌的吸引力会越来越小，人品成为人际交往的重要因素。

（五）人格吸引

人格吸引即人的气质、性格、能力等人格品质对人际交往产生的影响，是人的内在美的展示。人们一般都喜欢与具有真诚坦率、热情友好性格特征的人交往，而不愿意与那些自私自利、虚伪奸诈、冷酷无情的人打交道。

三、促进大学生积极交往和自我完善

了解大学生交往动机，可以更好地帮助他们促进积极的人际交往，提高人际交往能力。

（一）积极的人际交往可以满足大学生的归属需要，激发积极情感

人是有感情的动物，人的情绪体验往往会决定人的心理状态，而情绪的困扰又大多表现在人际关系方面。在交往中，人与人之间相互理解、信任、关怀、宽容，令人感到安全、温暖、幸福、愉快，就会消除孤独感，使人获得一种愉悦的精神享受，进而激发人对生活的热爱，产生积极、乐观、舒畅的情绪。对于大学生而言，同学之间、师生之间的切磋、交流，能够使一个人的思想变得敏锐、活跃，能够激起他的雄心壮志和对未来的希望。同时，在切磋和交流中，能够增进彼此的了解和沟通，寻找到志同道合的学友。如果在切磋、交流中，大学生学会和一些高尚的人接触，和一些经验丰富、学识渊博的人交往，就有可能在人格、道德、学问方面受到良好的熏陶，使自己具有更崇高的理想和更高尚的情操。

（二）积极的人际交往可以交流多种情感，缓解心理压力

人体有吐故纳新的需要，其实人的心理同样有此需要。希望与人分享快乐、有人分担痛苦。对于大学生来说，与同学、老师相处融洽，有助于增强自信和自尊，能够及时地缓解心理压力，减少烦恼，愉悦身心，能更好地集中精力学习，顺利完成学业。

（三）积极的人际交往可以提高认知能力，促进自我完善

个体从无知到长大成人的过程，就是一个不断融入社会、被社会接纳的过程。完成社会化，取得社会成员的资格是大学生自我完善、自我发展最基本的要求。以人为镜，可以明得失。在人际交往中，通过与他人相处、与他人比较，以及他人对自己的评价，既看到自己的价值和力量，又明晰自己的优点和缺点，从而促进自我认知、自

我确立、自我发展、自我完善，并且能够对他人有所了解，与人和睦相处，友善合作，公平竞争。

拓展阅读

神奇的“六度空间”[①]

1967年，哈佛大学的社会心理学家斯坦利·米尔格兰姆设计了一个连锁信件实验。他将一套连锁信件随机发送给居住在内布拉斯加州奥马哈的160个人，信中放了一个波士顿股票经纪人的名字，信中要求每个收信人将这套信寄给自己认为是比较接近那个股票经纪人的朋友。朋友收信后照此办理。最终，大部分信在经过五六个步骤后都到了该股票经纪人手中。“六度空间”的概念由此而来。斯坦利·米尔格兰姆将它称为“六度分割”理论，也叫“小世界理论”。简单来说，就是在人际脉络中，要结识任何一位陌生的朋友，这中间最多只要通过六个朋友就能达到目的。

这个连锁实验揭示了一个似乎很普遍的客观规律：社会化的现代人类社会成员之间，都可能通过“六度空间”联系起来，绝对没有联系的A与B是不存在的。

这种现象，并不是说任何人与人之间的联系都必须要通过六个层次才会产生，而是表达了这样一个重要的概念：任何两位素不相识的人之间，通过一定的联系方式，总能够产生必然联系或关系。显然，随着联系方式和联系能力的不同，实现个人期望的机遇将产生明显的区别。

有这么一个故事，几年前一家德国报纸接受了一项挑战，要帮法兰克福的一位土耳其烤肉店老板找到他和他最喜欢的影星马龙·白兰度的关联。结果经过几个月，报社的员工发现，这两个人只经过不超过六个人的私交，就建立了人脉关系。原来烤肉店老板是伊拉克移民，有个朋友住在加州，刚好这个朋友的同事是电影《天生爱情狂》的制作人的女儿在女生联谊会的结拜姐妹的男朋友，而马龙·白兰度主演了这部片子。

任务二 突破人际交往障碍 构建人际多彩纽带

人际交往是人与人之间彼此满足对方的心理需要的过程，是一种心理沟通和情感行为上的相互影响，对人的情感决定着交往者今后彼此间的行为。因此，不能只考虑自己需要的满足而忽视对方的需要，否则会引发交往障碍。冲破人际交往障碍，了解并以人际交往原则为指导，伸出友爱的双手，方可为大学生丰富的人生搭建起人际彩虹的桥梁。

① 资料来源于网络，略有改动.

一、大学生人际交往的心理障碍

一般来说，大学生在人际交往过程中，出现一些困难或不适应是难免的，但如果个体的人际关系严重失调，人际交往时常受阻，就说明存在着交往障碍。据有关资料统计，大学生存在的各种心理障碍中，人际交往障碍表现得最突出，直接影响他们正常的学习和生活。

（一）认知障碍

人际认知反映的是人们对人际关系状况的了解程度，包括对自我、对他人、对交往本身的认知和理解。它是人际知觉的结果，是人际关系得以形成的理性条件。对自我的认知会影响人际交往中的自我表现，对他人的认知会左右对他人的态度和行为，对交往本身的认知影响交往的目的、广度和深度。

认知障碍在大学生的人际交往中表现突出且常见，这由大学生交往的心理特点所决定。大学生自我意识增强，渴望主动交往，但其心理尚未完全成熟，社会阅历有限，不能全面接触社会，了解人的整体面貌，头脑中设定理想的交往模式与现实常常不符。大学生常见的导致人际关系问题的认知因素有以下几个方面。

1. 理想化

很多大学生生活经验不足，缺乏对事物本质的把握能力，对人际关系的认知理想化，易把理想和可能性当作现实，即对人际交往的期望值较高，用理想化的尺度来衡量现实。在进入大学之前，很多人心中充满了对自己心中理想大学的憧憬，当然也包括对大学里温馨、和谐的人际关系的憧憬。他们赋予大学人际关系以理想、完美的色彩，这使得他们对校园里人际关系的复杂性和多样性缺乏足够的心理准备。许多大学生认为朋友间应无话不谈，一旦发现对方有什么事没告诉自己，就觉得他不够朋友，甚至有被欺骗、受伤害之感。有资料显示，有大约70%的大学生不同程度地对自己的人际关系感到不满足，从具体分析来看，主要是理想与现实不吻合导致的。

2. 归因偏差

大学生在认识人际关系以及处理人际关系时，容易出现一定的归因偏差。有调查发现：大学生对自己人际关系总体归因偏向于内控性，但对人际关系失败的归因表现出外控倾向。有一位女大学生，父母离异后一直与母亲生活。母亲因为自身婚姻失败，经常发牢骚，警告女儿对男人要有防范意识。结果该女生进入大学后，对男同学的防范心理很强，甚至抱有敌视的态度，以致无法和异性正常交往。

另一项调查发现，一些女生不敢与异性同学打招呼，归因于自己来自农村，长得不漂亮等；而一些同学将自己交往范围小归因为对方考虑地位、家庭背景、利益等因素过多，而不是归因为自己没有主动与人交流，自己的兴趣爱好不够广泛等。正是由于对自己的认知偏见和对他人的消极认知、评价，许多大学生在人际交往中产生嫉妒、自卑、猜疑、报复等不良心理，它们限制了自身的人际交往，阻碍了人际关系的发展，也严重影响了自身的心理健康。

3. 自我中心

现在的大学生大多数是独生子女。独生子女的一些共同心理特点在很多大学生身上表现明显。如固执，自我意识强，自理能力差，想问题、处理事情往往以自我为中心。他们会过分关注自我，过分注重自我需要的满足，却忽略或否认他人的需要，并以自我需要展开人际活动，进而以此作为判断和评价人际关系的标准。他们不大注意了解他人的性格、爱好、生活习惯、思维方式等的差异，缺乏对他人的宽容；认为好朋友就是和自己观点一致的人、处处维护自己利益的人，只要有人和自己产生分歧，就把这些人视为“异己”，排斥在交际圈之外。

4. 苛求

大学生的生理、心理还不够成熟，情绪化色彩重，生活经验也不丰富，他们在认知方面往往存在着“绝对化”“概括化”的误区，即苛求自己和他人，追求完美，经常以一时一事评判自己或他人，缺乏辩证的弹性思维。在交往过程中，这种不全面的认知能力首先表现为从自己的心理出发认识和理解问题，缺乏对对方性格和心理的客观了解，因此很容易产生误解和矛盾。

（二）情绪、情感障碍

情绪一直存在于人际交往中，并且为人际交往提供了丰富的信息，影响到交往双方今后的行为。积极的情绪可以激发人们的交往热情，主动地与他人交往，愿意接近他人；消极的情绪会抑制人们的交往热情，使人变得消极、冷淡，不能正确地理解他人的实际要求，人为地制造许多交往障碍，从而影响交往的顺利进行。

一般来说，自卑和自负是大学生交往障碍中最常见的情绪因素，是情绪中的两个极端的表现形态。有心理学家指出：在人们的心目中，自尊或自卑的自我评价意识有很大作用。如果一个人看不到自己的价值，只看到自己的不足，就会丧失信心，产生厌恶自己并否定自己的自卑感，这样的人就不可能有朝气，而且缺乏积极性；如果一个人只看到自己比别人好，就容易产生盲目乐观情绪，自我欣赏，自以为是，也难以处理好人际关系。

1. 自负

自负的人在人际交往中往往具有傲气轻狂、居高临下、自夸自大的表现，不管在什么场合，都无视一切，只关心个人的需要，强调自己的感受却置他人的感受于不顾。与人相处，高兴时海阔天空、滔滔不绝，不高兴时大发脾气、任性妄为，很容易伤害人的自尊心，影响人际关系。

人的自负情绪多数和片面的自我认识、顺利的生活经历、缺失的家庭教育有关。自负的人，如果与人交往的动机纯正，凡事适度，就能够与他人融洽相处；如果动机不纯，自恃才高而目中无人、藐视他人，周围的人就会渐渐疏远他，造成人际关系不良的后果。

课堂案例

小张是班里的团支书，工作一直积极能干，深得老师的信任和喜爱。但是，她总是处理不好与其他班干部和同学的关系，对他们也没有好感，觉得自己各方面都比他们强，总是表现得高傲，自命不凡，工作中说一不二。虽然做了很多事情，但并没有得到大家的肯定和信任，反而与同学的关系越来越疏远。

2. 自卑

一些大学生存在自卑感，实际上是对自我缺乏正确的认识，低估了自己。存在自卑感的学生往往缺乏交往的主动性，想与人交往又怕与人交往，想发表自己的见解又不敢发表，总担心别人看不起自己。自卑感较强的人常常表现出自暴自弃、悲观失望的被动状态。自卑产生的原因有多种，如个性的原因，自卑的人在人际交往过程中显得比较被动；或者有某种生理缺陷、受过心理创伤，所以会有很强的戒备心；或出于嫉妒等。除此之外，家庭贫困、学业成绩不理想、成长中的挫败等也是造成大学生自卑的原因。

极度的自卑还会转化成极度的自负，一旦不能正确认识和把握自己，这两种情绪体验就会交替出现，严重影响正常的人际交往。

课堂案例

某大学一女生，大一下学期开学后不久，突然情绪异常低落，特别想念家人，尤其是母亲，一心想回家，每天哭泣，严重影响了学习和生活。经了解，是因为本来自我感觉挺不错的，可是进入大学后与同学相处得不好，发生了一些小矛盾，再加上期末考试成绩不理想，与自己的预期有较大差距。两个挫折叠加后她突然感觉很自卑，既不满自己的现状，又不能正视自己的问题，害怕别人对自己评价较低，于是，便想着逃避，避开与同学交往，陷入了想家的抑郁情绪。

3. 嫉妒

嫉妒是对与自己有联系的、强过自己的人的不服、不悦，失落，仇视甚至带有某种破坏性的危险情感，是通过把自己与他人进行对比而产生的一种消极心态。黑格尔说：“有嫉妒心的人自己不能完成伟大事业，便尽量去低估他人的伟大，贬低他人的伟大性使自己与他本人相齐。”嫉妒容易使人痛苦、忧伤，产生攻击性言论和行为，导致人际冲突和交往障碍。

4. 恐惧

恐惧心理表现为与人交往时（尤其是在大众场合下）会不自主地感到紧张、害怕，手足无措、语无伦次，害怕见人。这些都是“社交恐惧症”的表现。有些人表现为对异性的恐惧。

5. 害羞

害羞是常见的人际交往障碍。一般来说，一个人从不害羞是少见的。这里所说的害羞，是指在交往过程中，过多地约束自己的言行，不能有效地表达自己的思想感情，与人无法沟通，妨碍人际交往。

害羞主要有三种类型：气质性害羞（生来内向）、认知性害羞（过分关注自我，患得患失）和创伤性害羞（经历挫折，变得小心）。害羞的大学生在人际交往中常常表现出腼腆、动作忸怩、不自然、脸红、说话音量低且小；严重者怯于交往，对交往采取回避的态度，无法充分表达自己的愿望和情感，也无法与人沟通，造成交往双方的不理解或误解，妨碍良好人际关系的形成。

6. 孤僻

孤僻，通俗地讲，就是不合群。具体表现有两种情况，一种是孤芳自赏，自命清高。他们看不惯别人的言谈举止、行为习惯，认为不值得也不愿意与其为伍，常常独来独往。即使有时出于各种原因不得不“迁就”，也极不自然，最终被误认为不谙世事、不随和。另一种是个体具有某种“奇怪”的习惯，令他人难以接受，不愿与其接近。久而久之，就会从心理上和行为上与他人之间产生屏障，自己将自己封闭起来，从而导致交往的障碍。

（三）人格障碍

人格是人的性格、气质、能力等特征的总和，代表了一个人的一贯行为倾向和生活态度，是一个人惯常的行为模式。人格特征影响一个人对环境的适应和对具体事物的反应，决定一个人的行为和思维方式，也包括对其自身的认识和态度。

人格障碍是指人格特征明显偏离正常，患者形成了特有的行为模式，对环境适应不良，其社会功能受到影响，甚至与社会发生冲突，给自己或社会造成恶果。人格障碍有时与精神疾病有相似之处或易导致精神疾病，但其本身尚非病态。人格障碍严重阻碍了大学生身心健康发展，决不能忽视，应对其早加分析、防范、疏导。

当代大学生常见人格障碍的类型包括以下几种。

1. 偏执型人格

偏执型人格的人固执己见，自以为是，敏感易怒；善妒，别人取得成就或荣誉时紧张不安；喜欢计较个人得失，遇到挫折时总埋怨他人；平日总是无端猜疑，过分警惕，对他人缺乏应有的信任，同学关系淡薄；不能正确、客观地分析形势，常以个人为中心，主观片面性强。

2. 情感型人格

情感型人格的人情绪变化无常，有时情绪高涨，兴高采烈，洋洋自得；有时情绪无故低落，郁郁寡欢，杞人忧天，焦虑过度。

3. 分裂型人格

分裂型人格的特点是过分内向，孤僻胆怯，脱离实际，缺乏热情，不爱与人交往，社交范围狭窄，应变能力差，缺乏创造性，社会适应能力不良。行为怪异，常常想入非非，却缺乏相应的情感内容，缺少进取心，以冷漠无情来应对环境，逃避现实。

4. 爆发型人格

爆发型人格又称“冲动型人格”“攻击型人格”。爆发型人格的人缺乏自控能力，对事物的反应具有强烈的冲动性，即使微弱的刺激也可能引起其过强的反应，采取过激行为，不顾后果。爆发型人格的人缺乏忍耐，很难与他人相处，不能持之以恒地从事某一工作。他们常常在现实中碰壁，导致情绪沮丧，更加冲动。

5. 强迫型人格

强迫型人格的人固执迂腐，刻板保守，凡事按部就班，循规蹈矩，没有灵活性，不管客观情况如何，把大量精力与时间用于反复检查核对，不允许有丝毫错误。在学习、工作中动作节奏缓慢，一旦受到干扰，便会焦虑不安。强迫型人格的人苛求精确，做事犹豫不决，瞻前顾后，做任何事情的效率都不高，难出成绩。

6. 癔症型人格

癔症型人格又称“表演型人格”“歇斯底里人格”。癔症型人格的人过分追求别人的赞赏，或想方设法寻求注意。他们爱幻想，依赖性和暗示性强，以自我为中心，追求刺激，喜欢拔尖，爱出风头。他们大多不是生活在现实社会而是生活在幻想世界，根据内心的愿望和需要，把自己塑造成心目中的形象，自欺欺人。他们的情绪常常不稳定，变化莫测，易激动，很少有知心之交。

7. 悖德型人格

悖德型人格的人往往感情冷漠，以个人满足为最高目标，缺乏道德观念和罪恶感，缺乏自我控制能力，缺乏行为目标和同情心，缺少社会责任感。

8. 依赖型人格

依赖型人格的人常常需要别人的指导，在独自面对新的生活时，常感到特别的虚弱和无助。依赖型人格障碍者的情感体验是从温和到胆怯。温和者，表现出热情、与世无争的特点；胆怯者，则表现出胆小、回避、孤独的特点。

9. 自恋型人格

自恋型人格的人性格内向、冷漠，大多表现为自我重视、夸大、缺乏同情心，对别人的评价过分敏感等。他们一听到别人的赞美就沾沾自喜，反之则暴跳如雷。他们对别人的才智非常嫉妒，在和别人相处时，很少能设身处地理解别人的情感与需要。常常缺乏同情心，他们的人际关系很糟，容易产生孤独和抑郁感。他们往往制定很多不切实际的目标，容易遭受失败。

10. 回避型人格

回避型人格又称“逃避型人格”，其最大的特征是行为退缩、自卑，面对挑战多采取回避态度或无力应对。他们很容易因他人的批评或不赞同而受到伤害；至亲之外，几乎没有好朋友或知心人；需要人际交往的社会活动或工作总是尽量避免，在社交场合总是缄默无语，怕惹人笑话，怕回答不出问题；敏感羞涩，害怕在别人面前出丑；面对那些普通但自己不愿意尝试的事情时，总是夸大潜在的困难和危险。

二、人际关系的基本原则

要想建立良好的人际关系，就要了解、遵循和掌握以下几个人际交往的基本原则。

（一）平等交往原则

我们每个人都有独立的人格、做人的尊严和法律上的权利与义务，人与人是平等的关系。交往过程中的平等，主要是指交往双方态度上的平等。如果一方颐指气使，那么他很快便会被孤立。很多大学生个性强、不服输，这种精神是值得提倡的，但绝不能居高临下，因同学家庭、经历、长相等方面不同而差异对待。

坚持平等的交往原则，就要正确评价自己，不要光看自己的优点而盛气凌人，也不要只见自身缺点而盲目自卑。

（二）尊重他人原则

古人云：“爱人者，人恒爱之；敬人者，人恒敬之。”每个人都有尊严，并期望在各种场合得到尊重。尊重能够引发人的信任、坦诚等情感，缩短交往的心理距离。一般来说，大学生的自尊心都比较强，在人际交往中要平等、礼貌地对待他人，讲究语言文明，不开恶作剧式的玩笑，不乱给同学取外号，尊重同学的生活习惯，承认或肯定他人的能力与成绩，互相支持。对于真心接纳我们、喜欢我们的人，我们也更愿意接纳对方，愿意同他们交往并建立和维持关系。

在人际交往中，自己待人的态度往往决定了别人对自己的态度。将心比心、以心换心，一个人，不论你地位多么高或多么卑微，只要你尊敬别人，别人就一定会尊敬你。

课堂案例

松下幸之助曾在一家餐厅就餐，但是在吃到一半的时候，他突然让助理去请烹饪牛排的主厨过来。“是不是牛排有什么问题？”主厨紧张地问。“不是，牛排真的很好吃！”松下幸之助笑了笑，说：“但我只能吃下一半，原因并不在于你的厨艺，你知道我已经80岁了，胃口已大不如前了。”这话说得主厨一愣，他还是没有明白眼前的这位顾客到底想要说些什么。松下幸之助接着说道：“我想当面和你谈，是因为我担心，当你看到只吃了一半的牛排被倒掉，心里会很难受。”那位厨师听了这话，感动不已。

松下幸之助能成功，很重要的一个原因是他懂得尊重别人，因为这样的魅力很多人都喜欢和他做生意。

（三）互助互利原则

人际关系以能否满足交往双方的需要为基础。如果交往双方的心理需要都能获得满足，其关系才会继续。因此，交往双方要本着互助互利原则，当一方需要帮助时，另一方要力所能及地给对方提供帮助。这种帮助可以是物质方面的，也可以是精神方面的；可以是脑力的，也可以是体力的。

坚持互助互利原则，就要破除极端个人主义，与人为善，乐于帮助别人；同时，又要善于求助别人。别人帮助你克服了困难，他也会感到开心，可以进一步促进双方的情感交流。

（四）讲究诚信原则

诚信是中华民族的传统美德。“诚”即真诚；“信”即守信，讲信用。诚信是人际交往的根本，也是人与人之间建立信任和友谊的基础。“人之相知，贵在知心。”在交往中，只有以诚相待，才能使交往双方建立信任感，并结下深厚的友谊。大学生坚持诚信原则，必须做到关心同学、真心帮助同学而不求回报，能诚恳地指出朋友的不足并给出有针对性的建议；与人交流时能直陈己见而不是口是心非，既不当面奉承人，也不在背后诽谤人，实事求是、胸怀坦荡。

要说真话，言必信，行必果。答应别人的事情不管多难，也要千方百计、不遗余力地办到。如果经过再三努力还是无法实现，则应诚恳说明原因，不能有“凑合”“对付”的思想。守信用者能交真朋友、好朋友，不守信用者只能交一时的朋友或终将被抛弃。

（五）宽容大度原则

人在社会交往中，吃亏、被误解、受委屈的事时有发生，面对这些，最明智的选择是学会宽容。

很多大学生个性较强，同学之间接触密切，误解和矛盾产生的可能性更大。如果总认为只有自己的观念是合理的，别人的都无可取之处，那么冲突就不可避免了。但是，如果能够换位思考，站在对方的角度想一想，就能够相互理解、相互接受，冲突很容易化解。有时候大学生情绪过于激动，往往恶语相向甚至大打出手。一旦有了这样的事情，以后想要恢复关系，就非常困难了。想要做到宽容，必须控制和调整自己的情绪，不能失去理智，造成不可挽回的后果。

“宰相肚里能撑船”。宽容克制并不是软弱、怯懦的表现，相反，它是一种良好的心理品质，反映一个人的气度和胸襟、坚强和力量，是建立良好人际关系的润滑剂，能“化干戈为玉帛”，助你交到更多的朋友。

（六）适度原则

适度原则就是要求我们在人际交往中要“亲密”，但不要“无间”，尤其是在与关系较好的朋友或是异性朋友交往时。许多同学认为与朋友越是没有距离就说明关系越好、越牢固。其实，每个人都有隐私，即便是在关系最亲密的人面前也是有所保留的，因此，过分要求朋友向自己敞开一切，而朋友不能接受时，就容易产生猜忌和怀疑。所以，要保持良好的人际关系，一定要坚持适度原则，正所谓“距离产生美”。

拓展阅读

大学生常见的人际交往误区①

误区一：如果周围有同学不喜欢你，就说明你人际关系不好。

事实上，这是很多同学评价自己的人际关系时使用的标准，想让所有的同学都说自己好。尤其是有些班、团干部，当知道有同学对自己评价不高时，就非常沮丧。让所有人都接纳自己、肯定自己是不可能的。

误区二：如果我拒绝别人，就会破坏人际关系。

有些同学担心拒绝别人会破坏同学间的情谊，于是一味地委曲求全。与人交往时，谦让、为对方着想是好的，但并不意味着完全不考虑个人的利益。当对方提出过分的要求时，要学会坦然地、委婉地拒绝。

在人际交往中，恰当地表达自己是相互增进了解的一种方式。例如，有位男生，同学总是喊他“巧克力”，他觉得自我形象很差，自尊心受到伤害。当他试着告诉别人他在乎这样称呼他时，渐渐地，周围的同学不再这样称呼他，对他尊重了许多。

学习拒绝无理举动，是对自己尊严的捍卫。如果总是压抑愤怒不去表达，给别人的感觉是“我可以这样对你无理”，而自己也会生活在不真实的自我当中。

误区三：为了维系良好的人际关系，我只能永远是一个奉献者。

一位女生因家庭原因，总是扮演奉献者的角色。别人有事没事，都让她代替值日；宿舍检查卫生，室友总是说：“今天检查卫生，你想着点儿啊！”宿舍要检查暖气是否漏水，大家也总是叮嘱她留下来。其实，单纯依靠牺牲自己利益的方式是无法获得良好人际关系的。当你自信的时候，才能更好地与他人交往，才有能力帮助别人。

---

① 李菁华. 大学生心理健康教育——做一个心理阳光的人 [M]. 天津：天津科学技术出版社，2019.

任务三 掌握人际交往技巧 提升人际交往能力

今天社会，人际交往能力尤为重要。人和人之间需要有效地交往和沟通，否则，这个世界将成为一片荒芜的沙漠。有效的交往需要技巧。成功学大师卡耐基说过：“如果你是对的，就要试着温和地、技巧地让对方同意你；如果你错了，就要迅速而热诚地承认。这要比为自己争辩有效和有趣得多。”

一、掌握大学生人际交往和沟通的技巧

大学生正处于人生转折时期，大学生活和中学不同，与社会也有一些差别。同龄的年轻人长时间地在一起相处，既个性鲜明，又缺乏一定的社会经验，很容易遇到各类人际交往烦恼。所以，需要学习和掌握一些人际交往沟通的技巧，促进和谐人际关系的建立。

（一）认知的技巧——知己又知彼

人际交往能否顺利，与交往者的态度、行为直接相关，而人的态度和行为具有选择性，正确的态度和行为必定是建立在对自己、交往对象及交往情境正确认识的基础之上。如果对自己、对他人、对社会情境了解片面，甚至完全误解，人际交往中的态度和行为的选择就很难正确。当你希望别人理解你时，你也应清楚他人的需要，尊重他人的价值观，这样才能理解自己和他人的差异。理解了人的差异性，才能在真正意义上深入认识自我和他人。

知己，即对自己的需要、兴趣、能力、个性、行为以及心理状态有全面认识。大学生自我认知是在社会情境中不断比较完善起来的。在人际交往中，应既看到自身的价值，又看到自身的不足，建立客观的自我评价。同时，他人的评价也是自我认知的一面镜子，应通过他人评价不断修正认知上的偏差，力争达到自我评价与他人评价的统一。学会正确、客观地评价自己，是走向成熟的重要标志。

知彼，即在社会交往中对他人的认识和了解，通过他人的行为表现和外部特征来全面推测和判断其需要、动机、兴趣、情感、个性等心理活动的过程。一般来说，人们通过一定时间的交往，往往会自觉不自觉地对所接触的人形成一定的看法，做出一定的评估，并由此确定与其交往的态度和行为。对他人的认知正确与否，决定我们与他人相处的态度和行为方式是否正确、得体。

总之，只有对自己有较正确的认识，同时又具有对他人的正确认识和深刻理解，才能够在人际沟通中恰当地选择自己的态度和行为，与他人建立起和谐的人际关系。

（二）谈话的技巧——会说亦会听

1. 学会交谈是交往成功的重要因素

交谈是最主要的人际沟通方式。在人际交往中，交谈能否顺利取决于交谈的内容和方式、方法，它们也直接影响着交往效果。“良言一句三冬暖，恶语伤人六月寒”说的就是这个道理。大学生在人际交往中应掌握如下谈话要领。

（1）说话得体，恰如其分。沟通要注意分寸，合乎尺度。谈话时做到有礼有节，让对方先讲；最好不要谈论对方的隐私或忌讳的话题；人多时，不要把注意力集中在一个人身上，要注意平衡。

（2）态度真诚。真诚是友好交往的基础，也是人际交往得以延续和发展的保证。如果在与人沟通中既能够直言不讳，又能动之以情，那么交谈的氛围就是愉快而和谐的。

（3）避免不恰当的交谈方式。例如，经常打断对方的谈话或抢接对方的话头；词不达意；注意力不集中；目光长时间盯着对方；不考虑交谈的时间、主题、氛围和效果，而短话长说或长话短说；在交谈中，单方面突然结束谈话，或强行把话题转移到自己感兴趣的方面等。

2. 学会倾听是一门重要的沟通艺术

伏尔泰说：“通往心灵的大道是人的耳朵。”善于倾听的人，人际关系一定是融洽的，因为倾听本身就等于告诉对方，你是一个值得我倾听的人。这样会让对方感觉到被尊重，加深彼此的感情。一个善于倾听的交谈者是最受人欢迎和信赖的。

倾听对方谈话时应掌握如下要领。

（1）注意力集中，表情专注，经常与对方有目光交流。

（2）用微笑、点头、感叹等表达自己的情感体验，表示你在注意倾听。

（3）听比说更重要。多听能够帮助自己理解别人，也有利于让别人更快地接纳自己。

（4）尊重对方、平等交流、注重情感沟通。设身处地、感同身受地体会对方的情感和心理感受，就会理解他人的情感和行为。

（三）相处的技巧——能进也能退

1. 在人际交往中学会建立亲密关系

一般情况下，人际关系从建立到发展，交往由浅入深都遵循这样的过程：第一步是对交往对象的注意、选择和初步沟通，判断交往是否可以继续；第二步是随着交往双方共同特征的发现，沟通日益广泛，自我暴露的深度和广度逐渐增加，这具有很大的正式交往特征，大部分人际关系都是在这一层面（同学、同事、同乡等）；第三步是双方信任感、安全感的确立，亲密关系形成（知心朋友、恋人等）。

亲密关系是所有人际关系中最没有距离感的，它是一种特殊的人际关系，也是我们一生中最重要的关系，给人以归属感和满足感，是我们情感正常发展和自我实现的必要前提，能够享受亲密关系的人能更好地应对各种压力。因此，学会建立亲密关系，有助于我们的身心健康。

2．在人际交往中学会独处

“独处”与“孤独”是两个完全不同的心理状态。孤独是指内心渴望交往而无法满足时产生的不愉快的情绪体验，而独处是指个体独自一人的客观状态。独处在人际交往中的积极性、稳定性和满意度上都高于孤独；独处是成长所必须经历的过程，在外界关系中所获得的知识及经验，必须在独处时经过思考后才能汲取和沉淀，从而进一步认识自我，从容面对。

现在，许多大学生没有独处的需要，或者害怕面对独处，一味从众；或者有独处需要，但害怕被别人误解，不知如何处理。其实，独处不仅是我们内在的一种需要，同时它能帮助我们更好地理解他人，为他人适时创造独处的环境。假如你能自在地独处，你也会有很好的机会与别人相处。

3．在竞争中学会与他人合作

竞争与合作在人际关系中比较难把握，难就难在合作意味着取长补短，不能以个人为中心，要以集体为重，而竞争是要学会适量适度。其实这是对自我的一种深层次认知，是对自己能做什么、做到什么程度的一个度量。学会了竞争与合作，其实就是协调好了“理想我”与“现实我”、自我与他人、个人与集体的关系，有助于我们人际交往能力的提升。

竞争给人带来动力。心理学上的“鲶鱼效应”讲的就是竞争。竞争有时会和“嫉妒”这个词混淆。嫉妒就像一剂强心针，只能给人短时间的动力，这种动力在发现不能超越别人后变成强烈的负面情绪。两者不同之处在于：竞争是以“事”为目标，而嫉妒是以“人”为目标。嫉妒在人际关系中并不能带来益处。大学生在人际交往中要谨防合理竞争变成无理嫉妒，要时时注意是否把焦点放在确立的目标上，而不是转移到对“人”的关注上。

在大学生人际交往中，提倡竞争与合作的重要意义在于：竞争对人提出挑战，使人有动力积极向上，不断发掘自己的潜能、完善自己；而合作能使人清楚地认识到自己和对方的优缺点，从他人身上学习优点，学会团队合作，学会如何主动提出自己的意见和配合他人的想法，在完成共同目标的同时提升自己的能力。

二、塑造良好个人形象，增强人际吸引力

个人形象是在人际交往过程中形成的，他人对于个体的行为表现进行的评价。如果一个人的形象是别人所喜欢的，那么别人就更愿意与之交往。而有些人的形象并不让人

喜欢，那么大家也就不愿意和这些人交往。这反映了人际交往中每个人对于个人形象的选择性。那么，大学生该如何增强人际吸引力，树立良好的个人形象呢？

（一）第一印象最重要

人很容易先入为主，第一印象有可能会影响你和对方交往的整个过程。那么，怎么做才能给人留下良好的第一印象呢？卡耐基在其著作《如何赢得朋友及影响他人》一书中，提出了给人留下良好的第一印象的六种途径：（1）真诚地对别人感兴趣。（2）微笑。（3）多提别人的名字。（4）做一个耐心的听者，鼓励别人谈他们自己。（5）谈符合别人兴趣的话题。（6）以真诚的方式让别人感到他很重要。

（二）提高个人素质和修养

追求美、欣赏美、塑造美是人的天性。广义上的美，不仅仅指漂亮或美丽的东西，而是泛指一些能够让人感觉快乐的事物。有风度的人能使别人在沟通过程中感到轻松愉快，出于报偿心理，对方会更愿意与之交往。那么，如何才能提升大学生的个人素质和修养呢？外表上，大学生应恰当地修饰自己的容貌和穿着，注意选择适合不同场合和自己风格的服装，在彰显个性以及端庄之间寻求平衡。同时，要注意培养自己的内在美，外秀内慧。因为，随着交往的深入，外在美的作用会逐渐减弱，他人的关注点会逐渐由外及内，从相貌、仪表转为道德、才能。大学生注重从各方面提高个人素质和修养，是保持良好人际关系的核心。

（三）控制自己的脾气

一些人常常为了一点小事生气，家人埋怨你爱发火，朋友也不敢跟你开玩笑。我们必须承认，有时候发脾气的确是一种解脱。但是经常发脾气就会带来问题。如果每次遇到不愉快你都表现出很强的侵略性，你很快就会惹恼家人、朋友，变成孤家寡人。除了引起社交问题，坏脾气还会对心理健康产生负面影响。大家都愿意与脾气好的人交往，而不愿意与自私、虚伪、狡猾、粗暴、心胸狭隘的人打交道。因此，要通过各种途径，如给自己做工作、深呼吸、运动等控制自己的脾气。

（四）加强交往，密切关系

心理学研究表明，人与人之间空间和时间上的接近，有利于促进人际吸引。因为人与人之间彼此交往的频率越高，心理距离就越短。曾经有一个实验，让被试看很多人的照片，其中有很多照片是重复的，最后被试要选出一些最好看或者感觉最舒服的照片，实验结果发现，越是频繁出现的照片，被被试选出来的概率越高。因此，沟通的频繁有助于相互了解、沟通情感、密切关系，即使两个人的人际关系比较紧张，通过交往，也可以逐步消除猜疑、误会；反之，即使两人关系很好，但如果长期不交往，彼此了解减少，其关系也可能逐渐淡薄。大学生学习生活都在一起，接触密切，这是建立友情的良好的客观条件。对于不在一起的朋友，如高中同学等，也要保持适度的接触频率，切忌“有事有人，无事无人”。

三、了解男女大学生之间的交往技巧

男女生之间交往，要相互尊重，明确责任感，这是道德的基本规范，也是大学生应遵循的行为准则。

很多处于青春期的大学生都会对异性同学怀有很大的兴趣，表现出极大的关注，从生理、心理、社会及个人发展角度来讲，男女大学生的正常交往有着非常积极的意义。一方面，可以满足大学生自然产生的接近异性、了解异性的心理需求，使其产生愉快、轻松、美好、和谐的良好情绪体验，激发其内在的积极性和创造力。另一方面，男女生通过交往，可以看到他人的长处，认识自己的不足，取长补短，不断提高和完善自我。此外，在正常的交往中积累异性交往经验，可以为其今后的婚恋打下基础，使其能正确区分友谊与爱情，更稳妥地把握好自己的感情，严肃、认真、负责地择偶，理智地处理各种婚恋问题，积极缔造幸福的婚姻。

具体而言，异性之间交往应注意以下几个方面的问题。

（1）不必过分拘谨。与异性交往，消除异性交往中的不自然是建立正常异性关系的前提。应该从心理上像对待同性那样去对待与异性的交往，该说的说，该做的做，注意分寸与尺度。友谊难能可贵，是感情的自然发展，不应矫揉造作和忸怩作态，那样反而会使人生厌。男女之间应自然地、落落大方地交往。异性间自然交往的步履常能描绘出纯洁友谊的轨迹，特别是学生时代建立起来的友谊，常会延续到成年。

（2）不应过分随便。男女之间过分拘谨固然令人难堪，但也不可过分随便，诸如嬉笑打闹、你推我拉之类的举止应避免。须知，男女毕竟有别，有些话题只能在同性之间交谈，有些玩笑不宜在异性面前乱开，这些都是需要注意的。

（3）不宜过分严肃、冷淡。男女交往时，理智从事、善于把握自己的感情固然是必要的，但过分冷淡、严肃，会伤害对方的自尊心，也会使人觉得你高傲无礼、对你望而生畏、敬而远之。

（4）不该过分亲昵。男女交往时要注意自尊自爱，言谈举止要文雅庄重，切不可勾肩搭背，搔首弄姿。过分亲昵的举动，不仅会使你显得轻佻，引起对方反感，而且会造成不必要的误会。

（5）不可过分卖弄。在与异性交往中，如果想卖弄自己见多识广而讲个不停，丝毫不给别人说话的机会；或者在争辩中有理不让人，无理也要辩三分，都会使人反感。当然，也不要总是缄口不语，或只是“嗯”“啊”应对。如果这样，尽管你面带笑容，也可能会令人觉得你城府太深。

你一定要清楚地知道，你对某个男生或女生有好感，并不等于言情小说中经常描写的“爱情”。在自己情感需要尚不稳定，人生道路尚未明确，还不知道自己未来需要什么样的人做伴侣时，就将朦胧的好感当作爱情，急匆匆地与某位异性建立深厚的个人关系，就好比是冒险踏进了一片开着奇花异草，同时也暗藏“歧途”的森林。

从某些方面来说，来自异性的认可，会增强你作为男性或女性的信心，从而缓解学习压力和青春期的各种心理不适，就像心灵上突然打开了一扇窗子。同时，还会在与异性的交往中，感受到学习、生活的乐趣和意义。因此，广泛接触，有利于认识、了解更多的异性，正常地、大方地与异性交往。

有的男孩子或女孩子外表很迷人，但可能通过交往，发现其华而不实。有的人学习成绩很优秀，却恃才傲物、颐指气使。如果只进行有限的小范围个别交往，难免会“只见树木，不见森林”，对异性的了解不但有限，还可能偏颇。所以，不要把喜欢限制在一个狭窄的定义里，开阔视野，你会发现，有一片更自由、更坦荡的天空任你遨游，你会拥有更多相互理解、欣赏、喜欢的异性朋友。

拓展阅读

心灵瑜伽放松休息术[①]

身心长期处于紧张状态，抵抗力便会减弱，疾病自然有机可乘。在每一堂心灵瑜伽的最后部分，都会以“仰卧式”来结束。它有极大的放松及静心作用，予人一种既松弛又平和的感觉。当我们将这份感觉延伸到日常生活里，人际关系便会变得和谐，我们也能对周遭的一切更宽容，自己也会更自在。

心灵瑜伽放松休息术操作步骤：

仰卧，两手放于体侧，手心朝上，两脚按自己舒适的方法稍分开，排除一切杂念，将注意力全部集中到你身体的各个部位。

现在从右脚开始：放松右脚脚趾、右小腿后侧、右小腿胫骨、右大腿后侧、右大腿前侧、右侧腰部、右侧腋窝、右肩膀、右上臂、右手背、手心、右手所有的手指。

现在转到身体的左侧：放松左脚脚趾、左小腿后侧、左小腿胫骨、左大腿后侧、左大腿前侧、左侧腰部、左边腋窝、左肩膀、左手背、手心，左手所有的手指。

现在转到上身躯干：放松胸部、胸腔、心脏、骨盆、脊柱、背部。

现在转到颈部和头部：颈部前侧、颈椎、后脑勺、头顶、头皮、前额、眉心、眼睛、鼻子、嘴巴、整个头部。

---

① 李菁华．大学生心理健康教育——做一个心理阳光的人 [M]．天津：天津科学技术出版社，2019．

现在感觉身体每一处关节、每一个部位全都放松了，身体很轻很轻，轻得像一片羽毛飘浮在空中。（想象着）我躺在海边，躺在沙滩上，没有风、没有浪；蓝蓝的海水，蓝蓝的天空，海面平静极了……

我在静观自己的呼吸，我的呼吸自然而平稳，当我吸气的时候，我感觉自己正在吸气；我呼气的时候，感觉到自己正在呼气，我的呼吸自然而平稳。我轻轻地活动我的脚趾，轻轻转动脚踝，轻轻活动手指，轻轻转动手腕，我将头轻轻转到右侧，慢慢转回到中间，再轻轻地转到左侧，慢慢转回正中。

深深吸气，两手从旁分开，举至头顶，十指相交，转动手腕，手心朝天，感觉所有的紧张得以清除，全身充满了精力、充满了元气；呼气，两手臂从旁放下；再次吸气，两手上举，十指相交，转动手腕，伸直肘部，延伸脊柱，踮起脚跟，露出笑脸，感觉全身恢复了活力，呼气，放低脚跟，放下两手臂。

健身瑜伽休息术已全部完成。

本章小结

1. 人际关系是以人际信息的交流，即人际沟通为条件的，是人际关系实现的途径。

2. 大学生人际交往体现出范围扩大化、同学关系矛盾集中化、同学关系庸俗化、师生关系疏远化、人际关系虚拟化等倾向。

3. 影响大学生人际交往的心理因素主要有接近吸引、相似吸引、互补吸引、外貌吸引、人格吸引等。

4. 通过积极的人际交往，可以满足大学生归属需要、激发积极情感，交流多重情感、缓解心理压力，提高认识能力、促进自我完善。

5. 大学生人际交往的心理障碍主要有认知障碍、情绪情感障碍和人格障碍。认知障碍主要有理想化、归因偏差、自我中心、苛求等。情绪情感障碍有自负、自卑、嫉妒、恐惧、害羞、孤僻等。人格障碍主要有偏执型人格、情感型人格、分裂型人格、爆发型人格、强迫型人格、癔症型人格、悖德型人格、依赖型人格、自恋型人格、回避型人格等。

6. 人际关系的基本原则有平等交往原则、尊重他人原则、互利互助原则、讲究诚信原则、宽容大度原则、适度原则等。

7. 大学生人际交往和沟通的技巧有认知技巧、谈话技巧、相处技巧。

8. 塑造良好个人形象，要注重第一印象、提高个人素质和修养、控制自己的脾气、加强交往。

9.男女大学生交往要相互尊重、明确责任感。

认识自我

心理测验

人际关系中你的角色是什么?

在与人交往中，你属于主动型、领袖型还是依从型?要了解自己在人际交往中的类型，请做下面的心理测试。

请对下列问题做出“是”或“否”的选择:

（1）碰到熟人时我会主动打招呼。

（2）我常主动写信给友人表达思念。

（3）旅行时我常与不相识的人闲谈。

（4）有朋友来访我从内心里感到高兴。

（5）没有人引见时我很少主动与陌生人谈话。

（6）我喜欢在群体中发表自己的见解。

（7）我同情弱者。

（8）我喜欢给别人出主意。

（9）我做事总喜欢有人陪。

（10）我很容易被朋友说服。

（11）我总是很注意自己的仪表。

（12）如果约会迟到我会长时间感到不安。

（13）我很少与异性交往。

（14）我到朋友家做客从不感到不自在。

（15）与朋友一起乘公共汽车时我不在乎谁买票。

（16）我给朋友写信时常诉说自己最近的烦恼。

（17）我常能交上新的知心朋友。

（18）我喜欢与有独特之处的人交往。

（19）我觉得随便暴露自己的内心世界是很危险的事。

（20）我对发表意见很慎重。

计分方法：第（1）（2）（3）（4）（6）（7）（8）（9）（10）（11）（12）（13）（16）（17）（18）题答“是”计1分，答“否”不计分；第（5）（14）（15）（19）（20）题答“否”计1分，答“是”不计分。

评分

人的气质、个性等特点不同，人际关系中也有不同的类型。正如不同气质类型的人适合做不同工作一样，不同人际关系类型的人所适合的工作也不同。

（1）~（5）题分数说明交往的主动性水平，得分高说明交往偏于主动型，得分低则偏于被动型。主动型的人在人际交往中总是采取积极主动的方式，适合需要顺利处理人与人之间复杂关系的职业，如教师、推销员等。被动型的人在社交中则总采取消极、被动的退缩方式，适合不太需要与人打交道的职业，如机械师、电工等。

（6）~（10）题得分表示交往的支配性水平，得分高表明交往偏向于领袖型，得分低则偏于依从型。领袖型的人有强烈的支配和命令别人的欲望，在职业上倾向于管理人员、工程师、作家等。依从型的人则比较谦卑、温顺，惯于服从，不喜欢支配和控制别人，他们意愿从事那些需要按照既定要求工作的、较简单而又比较刻板的工作，如办公室文员等。

（11）~（15）题得分表示交往的规范性程度，高分意味着交往严谨，低分则表明交往随性。严谨型的人有很强的责任心，做事细心周到，适合做警察、业务主管、社团领袖等，而随性的人则适合从事艺术、科研、创作等工作。

（16）~（20）题得分说明交往的开放性偏于开放型，得分低则意味着倾向于闭锁型，如果得分处于中等水平，则表明交往倾向不明显，属于中间综合型的交往者。开放型的人易于与他人相处，容易适应环境，适合会计、机械师、服务员等职业，闭锁型的人适合从事编辑、艺术、科研等工作。①

心理训练

共情能力训练

你可以与几个同学、室友或朋友一起来做这个练习。

（1）提前准备若干张写有情绪名称的卡片，例如喜悦、愤怒、哀伤、抑郁、愧疚、委屈、伤心、害怕、担心、焦虑等。

（2）大家围坐一圈，每人抽一张卡片，只能自己看卡片上的词语，不要让其他人看到。

（3）每个人围绕自己抽到的卡片上的情绪词语，依次讲一个发生在自己身上的故事，在这个故事中，自己清晰地体验到了这种情绪。

（4）当一个人讲完故事后，其他人可以反馈如下三个问题：①当我听到他讲的故事时，我有哪些感受？②我猜他抽到的词语是什么？③我说些什么，能够让对方体验到被理解？

（5）反馈者对于故事表达的情绪与讲故事者进行核实，讲故事者也可以就哪种反馈最能打动自己进行再反馈，在互动中检验彼此的共情能力。

---

① 李菁华．大学生心理健康教育［M］．天津：天津科学技术出版社，2019．略有改动．

心理自助餐

1. （美）亨利·克劳德：《他人的力量——如何寻求受益一生的人际关系》，邹东译，机械工业出版社2017年版

这本书告诉我们：在你的日常生活中，与同事相处、与家人度假、与朋友聚餐，或者和爱人散步时，不要害怕去审视你的内心。你们的关系进展如何？你处于什么状态？你是在第一层次孤单寂寞，在第二层次自暴自弃，在第三层次感受转瞬即逝的兴奋，还是在第四层次感觉受到保护、有人忠告、有人支持并且有所回馈？你在哪个层次？和你在同一个层次的人是谁？他人有没有能力影响你的生活，对此你别无选择——因为他们肯定会影响你的生活，不过，对于他人会带给你哪种影响力，你倒是可以选择……任何时候，人与人之间都只有四种可能的关系状态，其中只有一种可以帮助你成长，其他三种总是在削弱你的成就和幸福。

2. 矢野香：《会说话的人运气都不会太差》，北京联合出版公司2018年版

说话是一门艺术，会说话是一种修养。我们都无可避免地要和人打交道、与人交往、与人沟通。因此，成为会说话的人，对我们的事业、工作、生活都有好处，也将会受用一生。说话谁都会，可是能做到会说话，且说得动听的人，真的是少之又少。很多进入职场多年的人依然不会“说话”。会说话不是会运用沟通技巧，更不是会拍马屁，真正的会说话就是让对方觉得我们是值得信任的，是真诚而友好的。说对了话，一切事情都将在你的掌握之中，好运自然也会随之降临。

3. （美）莎伦·布雷姆等：《亲密关系》（第3版），人民邮电出版社2005年版

本书探究了长期以来诗人、剧作家、哲学家，乃至医学家对亲密关系的理解和论断。由于数千年来科学家对亲密关系研究的忽视，当通俗心理学占据了关系学的主导地位时，人们对人际关系的了解和领会往往是肤浅的，甚至是错误的。然而，这么多年过去了，如本书所记载，这方面的研究工作发生了重大的变化。它将使我们对爱情、婚姻、承诺、友谊、激情、理解、沟通、亲密、依恋、伴侣选择、嫉妒等各个方面有一个崭新的认识。

项目四

认识自我，发展自我——大学生健全自我意识的塑造

学习目标

1. 了解认识自我的内容和途径。
2. 认识大学生自我意识发展的特点。
3. 树立合理的自我意识，培养自信，悦纳自我。

思政目标

1. 培养大学生健全的人格。
2. 帮助大学生树立远大的人生理想和信念，形成正确的世界观、人生观、价值观。

问题聚焦

1. 什么是自我意识？
2. 我是一个什么样的人？遇事急躁还是沉稳？安于现状还是想要自我突破与提升？易于跟人打交道还是不擅长社交？自信还是自卑？
3. 我有哪些好的习惯和不好的习惯？

心理热身

猎豹与鹿

认识自己并不难，每一种生物都有认识自己的本能。

猎豹是世界上奔跑速度极快的动物之一，它通常会偷偷接近到与猎物10～30米的距离，然后猎捕它们。猎豹猎捕时的奔跑速度最高可达到120千米/小时，且仅一脚着地。但猎豹由于自身生理构造，最长跑3分钟就必须减速，否则它会因身体过热而死亡。奔跑3分钟后，猎豹要花更长的时间来休息。猎豹在1分钟内成功猎捕到猎物的概率只有1/6。

猎豹遇到鹿群时，通常会飞快地奔向鹿群，鹿群则快速分散。猎豹会选中一只鹿为目标，朝着它冲刺，而那只被追逐的鹿也以惊人的速度狂奔。鹿没有跑直线，而是不断地改变奔跑的方向，迫使猎豹消耗其体力从而减慢速度。奔跑一段时间后猎豹便没有体力再跑了，那只鹿便逃脱了。

在动物世界里，动物能认识自己，也能认识敌人。

每个人都有所长，也都有所短。既然人生下来就各有不同，个体就要以不同的方式充分利用自己的长处。个体只有充分地认识自己，才能更好地发展自己。

请大家思考：

我是什么样的人？我有什么样的个性？我有什么样的优点？我有什么价值？我有无巨大的潜力？我期待自己成为什么样的人？我希望达到什么样的目标？

任务一 自我意识概述

一、自我意识的内涵

（一）自我意识的概念

所谓自我意识是指个体对自己的身心状况以及自己与周围关系之间的意识。比如个人对自己外貌的认识，对自己的能力、性格、情绪情感等的认识，对自己的地位、自己与周围人相处的融洽程度的认识等。自我意识是一种特殊的认识过程，认识的主体和客体都是自身（英语中的自身“Self”既包括主体我“I”，也包括客体我“Me”）。因此，自我意识是主体我（“I”）对客体我（“Me”）进行认识，并按照社会的要求对客体我进行调控。

（二）自我意识的内容

自我意识是人的意识发展的高级形式，是人类特有的心理活动，是一个多维度、多层次的心理系统，可以从不同角度对其加以分析。

从内容上看，自我意识可分为生理自我、心理自我和社会自我。生理自我是个体对自己的身体和生理状况的意识。例如，对高矮胖瘦、身体健康状况等的意识。心理自我是个体对自己的心理和行为特征的意识。例如，对自己的能力、气质、性格、兴趣、态度、理想、情绪状态和行为表现等的意识。社会自我是个体对自己的社会关系和人际关系的意识。例如，对自己的家庭出身、社会关系、社会角色、社会地位、社会责任与义务等的意识。

从结构上看，自我意识由自我认识、自我体验、自我调控三个部分组成。自我认识是个体对自己的身心状况及自己与周围环境关系的认识，包括自我感觉、自我察觉、自我观察、自我概念、自我分析、自我评价等，主要涉及“我是什么样的人”和“我为什么是这样的人”等问题。自我体验是个体在认识自我的过程中所产生的情感体验，反映了个体对自己的态度，包括自爱、自尊、自信、自卑、内疚、自豪、责任感、优越感、成就感和自我效能感等，主要涉及“我是否满意自己”和“我能否悦纳自己”等问题。

自我调控是个体对自己的行为和心理活动的调节与控制、自己对待他人和自己的态度的调节与控制，包括自主、自立、自制、自卫、自律、自励、自我设计、自我监控、自我教育等，主要涉及“我怎样调控自己”和“我怎样成为我想成为的那种人”。

拓展阅读

表4.1　大学生自我意识的内涵①

自我类型	自我认知	自我体验	自我调控
生理自我	对自己身体、外貌、衣着、风度、所有物等的认识	英俊、漂亮、有吸引力、迷人、自我悦纳	追求身体的外表、物质欲望的满足，维持家庭的利益等
心理自我	对自己的智力、性格、气质、兴趣、能力、记忆、思维等特点的认识	有能力、聪明、优雅、敏感、感情丰富、细腻	追求信仰，注意行为符合社会规范，要求智慧与能力的发展
社会自我	对自己的名望、地位、角色、性别、义务、责任、力量的认识	自尊、自信、自爱、自豪、自卑、自怜、自恋	追求名誉地位，与他人竞争，争取得到他人的好感等

上述的生理自我、社会自我和心理自我是由低到高的发展序列，而且三者之间是密切联系的，其中每个层次都有不同的自我认知、自我体验和自我调控，由于这些要素之间不同的组合，使不同个体的自我意识存在或大或小的差异，如表4.1所示，正因为如此，对同一个人同一件事，经常会出现“仁者见仁，智者见智”的结果。

另外，从存在方式上看，自我意识又分为现实自我、镜中自我、理想自我。现实自我是对自己目前的实际状况的看法，是个体对自己的现实观感；镜中自我又叫“投射我”，是个体想象自己在他人心目中的形象，是由想象他人对自己的评价而产生的自我观感；理想自我是个体想要达到的完善的自我形象，是个体追求的目标。

研究表明，当现实自我和镜中自我一致时，个体会产生加快自我发展的倾向；反之，个体会感到别人不理解自己，或试图改变现实自我。当理想自我建立在个体的实际情况基础上，且符合社会要求和期望时，它就会指导现实自我积极适应并作用于内外环境，从而使自我意识获得快速发展；反之，如果理想自我、现实自我、镜中自我三者之间有矛盾，就会引起个体内心的混乱，甚至会引起严重的心理疾病。

课堂活动

我是

假如让你写下10个“我是……”你会写下什么？现在尝试写一下，随便写什么

① 周显晶，冯宁．大学生心理健康教育[M]．北京：中国电力出版社，2021．

都行。表4.2是小美进行心理咨询的过程中，“知心姐姐”让小美写下的10个“我是……”

表4.2 小美心理咨询分析表

序号	小美的自我意识	属于哪种自我
1	我今年19岁	生理自我
2	我是爸爸、妈妈的乖女儿	社会自我
3	我是善良的	心理自我
4	我是外表坚强、内心脆弱的人	心理自我
5	我是一个瘦弱的女孩	生理自我
6	我是一个其貌不扬的人	生理自我
7	我有很多朋友	社会自我
8	我不被别人讨厌	社会自我
9	我容易紧张和担心	心理自我
10	我有时不能控制自己	心理自我

二、自我意识的作用

（一）目标导向作用

目标是个体发展的导航机制。一个人要想成就一番事业，就必须从自身的实际出发，制定明确的目标。只有如此才会调动自身的潜能，激发强大的动力。人通过正确的自我识，确立较为合理的“理想自我”的内容，就可为个人将来的发展确定目标，这对个人的认知、情感、意志、行为会产生很大的影响，是个体活动的动力。自我意识健全的个体，在从事一项活动之前，活动的目的和结果就以观念的形式存在于其头脑之中了，并依此做出计划，指导自己的活动，从而达到预期的目标。

（二）自我控制的作用

个人要想获得发展、取得成绩，光有目标是不行的，还必须具备自制的意识，对自己的情感、行动加以调节和控制，自我意识健全的个体，在对自我做出正确认识、合理规划的基础上，能够对自己的注意力、情绪、行为等加以控制，以实现自己的目标。在成功的路上，很多人并不缺乏机会和才干，而是缺乏自控的意识和能力，最终与成功失之交臂。自我控制是自我意识发挥能动作用的一个重要方面，它是目标的守护神，是成功的卫士。从某些方面来说，缺乏自我控制意识的人，也是一个情绪化的、缺乏毅力的人，终将一事无成。

（三）内省作用

自我意识健全的个体，不仅能够确立“理想自我”的内容，为自己将来的发展做出规划，而且能够通过自我控制来实现预期目标。此外，由于主客观条件的制约，“理想自我”的实现常常会遇到各种障碍，导致个体产生不同程度的挫折感。这时，自我意识就会对自己的认识、情感、意志、行为等进行反省，找到受挫的主客观原因，并重新调整认识，形成新的“理想自我”的内容，使其与“现实自我”趋于统一。内省是个体成长中所进行的自我监督和自我教育，每个人要想使自己的天赋和才能得到充分地开发和利用而达到自我实现，就需要有积极的自我意识，随时对自我的认识、情感、意志和行为加以反省和审查。

（四）激励作用

正确的自我意识，可以帮助个体形成准确的自我认知与评价，并在此基础上，建立自立、自主、自信的良好心理品质，激励个体去大胆尝试、积极进取，最大限度地调动个体的潜能，激发思维活动功能，获得成就。在这一过程中，不断克服个体负性的自我意识，强化正性的自我意识，形成个体自我意识的良性循环。因此，往往是自我意识越健康、越积极的人，就越能获得成就，而不断取得的成就，又反过来进一步促使健康自我意识的形成。

任务二 大学生自我意识发展的特点

课堂案例

校园中的“忙”与“盲”[①]

小美是典型的学霸，也是典型的不愿比别人差的倔强女孩。她大部分时间都在埋头苦学，本以为期末考试可以取得好成绩，却没想到还没跻身全班前10名。小美接受不了这个结果，向小帅哭诉：“我在高中的时候成绩一直很好，也有很多好朋友，怎么到了大学之后一切都变了？我觉得自己一点也不优秀，周围的同学个个都比我强，不仅学习好，而且能歌善舞，各方面都很优秀。大家忙社团的忙社团，忙学习的忙学习，而我感觉没有方向，非常迷茫，只能是别人做什么我就跟风做什么，到头来忙忙碌碌却没有收获。”

---

① 资料来源于网络，略有改动.

小帅劝小美道："别着急，你这才第一个学期。大学和高中不一样，生活、学习各方面都丰富了很多，上大学不能像高中那样死读书了，不是学习好就行，要有自己的方向，别看别人做什么自己就做什么，慢慢你就有感觉了。"

小美刚进入大学不久，便遇到了很多大学生都会面临的有关"自我"的问题，她对自己产生了怀疑：我究竟是一个什么样的人？我的方向是什么？面对这些问题，小帅比小美淡定很多，因为他已经过了迷茫的阶段。我们一起来看一看大学生自我意识的发展有哪些特点。

一、自我认识的矛盾性

青年期是个人自我意识迅速发展并趋向成熟的关键时期，大学生正处于这一时期的早期。大学生在这个阶段会经历一个特别典型的矛盾和整合过程。由于从高中到大学，学习、人际关系和生活环境都发生了巨大变化，大学生的自我意识也发生了巨大的变化，会显示出强烈的矛盾性特点，主要体现为"理想我"和"现实我"的矛盾。

二、自我体验的情绪化

自我体验的情绪化是人对客观事物是否符合自己的需求而产生的心理体验。处于青春期晚期的大学生情绪常常表现出短暂、起伏、易变等特点，这些特点也表现在大学生自我意识的各个方面，大学生的自我评价常常发生矛盾，对自我的态度常常是波动的。大学生在情绪好时对自我认同度高，对自我评价也高，对自己充满信心；当情绪低落尤其是遇到挫折时，自我认同度骤然下降，自我判断失准，认为自己什么都不会。大学生对自我的肯定与否定时常随着情绪的变化而变化。

另外，大学生的情绪易受各种社会思潮与外部环境的影响，容易偏激、冲动。面对"理想我"与"现实我"时易产生自我肯定和自我否定等矛盾，常常表现出心理的不平衡，情绪体验较强烈，易振奋，也易波动。

三、自我调控的不稳定和中心化

大学生有一定的自我调控能力，能够很好地调节自己的情绪和行为，能够制订计划并在一定程度上实施自己的计划。但有时这种调控具有不稳定性，如有的大学生在一定阶段能够调节自己，按计划行动，在遇到挫折时，可能会产生退缩、回避、拖延等行为。大学生强烈地关注自我，他们从自己的角度和自我的标准去认识、评价事物和他人，并采取行动，因而很容易出现自我中心倾向。大学生由于自我意识的发展、能力的提高、活动范围的扩大、思维水平的提高及知识经验的不断积累，对于社会和人生有自己的认识。但是，大学生的社会经验不足，对社会现象的认识往往比较片面，对事物的评价拘泥于个人的某一个观点、立场，而不善于从他人的立场、不同的角度来分析问题，不善于理解别人，特别是父母、教师等长辈，再加上他们情绪体验具有深刻性和极端性，因此就表现出强烈的自我中心倾向。

四、自我意识发展的阶段性

大学阶段，大学生的自我意识快速发展，大学生已开始逐渐探索自我，建立自我同一性。在这个过程中并非所有人都一帆风顺，很多人都与小美有同样的怀疑自己的经历，找不到方向，感到迷茫。大学生一旦从这种怀疑和迷茫中重新找到自己，便会经历从“旧我”破碎到“新我”重建的过程，就像小帅一样。

国外有关自我同一性形成的年龄方面的研究显示：18岁的大学生大多数处于获得型和延缓型同一性状态，在21～22岁这个年龄阶段，早闭型和扩散型的大学生人数相应减少。由此可见，随着年龄的增加，自我同一性由较低状态向较高状态显著转变。

我国也有研究表明：大学生自我同一性的发展呈现明显的年级特点，从一年级到二年级存在渐进增强的趋势，这基本上可以说明大学生的自我同一性有从低级的自我同一性（早闭型和扩散型）向高级的自我同一性（获得型和延缓型）转变的趋势；但到三年级，大学生又有重新进入自我同一性危机的可能性。

课堂活动

假如我是……①

全班同学每10人为一组，每组中的每位同学独立填写下列句子。

（1）假如我是一种花，我希望是，因为……

（2）假如我是一种动物，我希望是，因为……

（3）假如我是一种乐器，我希望是，因为……

（4）假如我是一种水果，我希望是，因为……

（5）假如我是一种颜色，我希望是，因为……

（6）假如我是一种交通工具，我希望是，因为……

（7）假如我是一种树，我希望是，因为……

填写完之后，请在小组内进行下列互动。

（1）每位同学念出7个“假如”。

（2）分享这个过程的感受和感悟，避免对他人进行评价。

（3）邀请部分同学进行全班分享。鼓励大家进行分享，对所分享的内容不做好与坏的评价，也不做类型的判断，重点在于引导同学与自己内心进行交流，分享内心的感受和感悟。

---

① 周显晶，冯宁．大学生心理健康教育[M]．北京：中国电力出版社，2021．

任务三 塑造健全的自我意识

健全的自我意识是心理健康的重要标准，是人类自身内在的一种成功机制，在人才发展中发挥着重要作用。健全的自我意识有如下标准。

（1）自我意识健全的人，应该是一个有自知之明的人，既知道自己优势，也知道自己的劣势，能正确评价自我和自我发展。

（2）自我意识健全的人，应该是自我认识、自我体验和自我控制协调一致的人。

（3）自我意识健全的人，应该是积极自我肯定的、独立的并与外界保持一致的人。

（4）自我意识健全的人，应该是理想自我与现实自我统一的人，有积极的目标意识和内省意识，积极进取、永无止境。

一、积极悦纳自我

每个人都有自己的优点和缺点，长处和短处，对自己的长处要充分发挥，对自己的短处要正确对待，积极悦纳自我是塑造健全自我意识的关键。一个人首先应自我接纳，然后才能为他人所接纳。积极悦纳自我就是无条件地接受自己的一切，优劣长短、得失成败，而不是回避自己的缺点，更不能否定自己存在的价值。一项关于大学生“我的长处和短处”的调查表明，大约有70%的大学生能比较客观地写下自己的长处和短处，还有15%的大学生只写长处，不愿写自己的短处；10%的大学生只写短处，写不出自己的长处；5%的大学生没有答案。由此可见，大多数大学生能积极接纳自己，还有部分大学生不能正确面对自己、接纳自己，表现为过分夸大自己的优点而产生自负心理或过分夸大自己的缺点而产生自卑心理，这两种情况都会对一个人的发展产生不利影响。大学生只有积极悦纳自我才能坦然面对一切，做到自信、自强。

积极悦纳自我可以从以下三个方面努力。

（一）肯定自己的长处

肯定自己的长处，可以最大限度地调动个体的能动性，使其心情愉悦，智力和能力得到充分的发挥，使其朝着自我完善的方向大踏步地迈进。例如，进行课堂练习，要求每个学生至少写出自己的五个优点并在同学面前大声地说出。通过练习使学生学会肯定自我，进行积极的自我暗示，增强自信。

（二）善待自己的短处

学会正确地对待自己的短处是积极悦纳自我的关键。短处有两种：一种是自己可以改变的，如不良的生活习惯、懒惰等，对此要坚决改正；另一种是自己不能改的，如先天的身材矮小、相貌一般等，对此则要勇于面对现实、坦然接受，然后再设法适当地修饰以弥补，也可以通过在其他方面取得的建设性成就来进行“补偿”，比如提高自己的内在修养，在学问上狠下功夫，培养内在心灵美。

（三）正确对待挫折

一个人在成长过程中难免会遇到挫折，要有勇气面对挫折。失败并不可怕，可怕的是你对待失败的错误态度。大学生自我认识存在一定的片面性，当他们面对挫折时，如考试成绩不合格、与同学发生人际冲突、失恋以及毕业时找不到理想的工作等，他们常常会变得非常消沉，看不清自己的未来，对自己全盘否定。因此，要帮助大学生学会正确地对待挫折，使他们清醒地认识到：挫折是难以避免的，重要的是对待挫折的度，即要把挫折看成是一种人生的磨炼，大学生只有做到不因遭遇挫折而盲目地否定己，才能得到完整的生活体验，拥有健全的自我意识。

二、有效控制自我

大学生在自我认识、自我悦纳的基础上还要进一步学会自我控制。自我控制是一个主动定向地改变自我的心理品质、特征和行为的心理过程，是个体心理成熟的重要指标，更是健全自我意识、完善自我的根本途径。大学生自我期望较高，但由于主客观条件的限制，特别是意志力较弱的学生，面对必须长期坚持的学习、工作却半途而废，面对困难情境临阵脱逃，无法实现预期的目标。因此，大学生要根据自身实际情况和社会的需要，确立合理的目标，在迈向理想自我的目标的过程中，遇到挫折要善于控制自己，才能取得成功。

为此，应注意做到以下四个方面。

（一）合理确立理想自我

大学生之所以学习动力不足，是因为不知道自己到底想成为什么样的人，现实自我与理想自我差距太大。合理的理想自我是既符合社会需要又符合个人特点的个人发展目标。大学生如果能够从自身实际出发，合理确立理想自我，就能为塑造健全的自我意识提供强大精神动力。如目标定得过高，就可能失去信心，如果目标定得太低，就可能失去动力。为此，大学生首先必须尽可能地了解社会，认识社会发展的客观规律，树立正确的世界观、人生观、价值观。

大学生理想自我的确定迫切需要完成从自发到自觉的转变，其主要途径有：（1）大学生要参与社会、了解社会、探求社会发展的基本规律，为确立理想自我找到适宜的社会坐标。（2）思考人生，懂得人生的价值和意义。（3）提出明确的发展目标，为确立理想自我提供具体要求和发展规划。（4）为自己树立学习的榜样，运用榜样的力量，为自己重树理想自我给予具体、形象的参考。（5）接触一些必要的反面教材，吸取教训，警钟长鸣。

（二）努力提高现实自我

从现实自我到理想自我要经历一个较为漫长的过程。大学生要努力提高现实自我就要敢于自我剖析，发现现实自我的不足之处，制订改变、提高现实自我的计划，循序渐进才能逐步实现理想。有些大学生虽然有自己的理想，但小事不愿做，大事做不了，最终他们只能望着人生的顶峰兴叹。因此，必须教育大学生，切忌好高骛远、眼高手低。要引导他们培养脚踏实地的精神，学会制订切实可行的目标与实施计划，只有这样才能提高现实自我，实现理想自我。

目标包括长期目标和短期目标。大学生先要制定长期目标，再制定短期目标。长期目标一般以一学期为单位，在长期目标中，要确定以月、周、日为单位的短期目标。即拟定各门功课的阶段性目标，规定自己完成目标和学习任务的具体时间安排表。在制订短期计划时要把一天中的全部活动都纳入计划，要合理安排学习和休息，不要罗列太多计划，以免无法完成而受挫。为保证目标的实现，应建立每天和每周的计划评价。考察计划完成的情况，找出计划未完成的原因，进而制定相应的解决措施。如果努力后目标仍无法实现，就要考虑计划的可行性，是否符合自己的实际水平，若不符合，就要修订。

（三）不断增强意志力

许多大学生有发展自我的良好愿望，也制订了行动计划，但在实施过程中遇到困难时往往半途而废。为此，大学生要不断增强意志力，提高自控力。意志是人们自觉地实施目标，并根据目标支配和调节行为、克服困难，实现预定目标的心理过程，是人类特有的理现象。大学生只有不断增强意志力、提高自己的自控力才能抵制外界的各种诱惑，并将自己的心理活动调节到有利于目标实现的最佳状态，最终达到自我实现。

（四）科学制订计划

很多同学都喜欢做计划，喜欢做完美的计划，甚至细致到每一天甚至每一个小时，但在实施的时候却困难重重，于是给自己贴上“能常立志，不能立长志”的标签。其实，计划实施不下去，不是因为我们出了什么问题，往往是计划本身的问题。因为在制订计划的候都是状态最好的时候，按照最好的状态制订出来的细致到每天每小时“完美”计划是很难执行下去的，原因有两点：（1）人的状态会波动，有高涨的时候，也有低落的时候。在低落的时候效率会很低，不可能完成高涨时规定的任务，任务积欠多了，没有弥补的可能，很快你就会丢掉那份让你有挫败感的计划。（2）多重身份会冲突。在大学里，我们有很多身份，如宿舍成员、班级成员、社团成员或干部、学生会干部、专业小组成员等。很可能在你原本计划晚上写作业时接到通知，让你去开会、听报告、参加活动，甚至仅仅是舍友让你陪他出去走一走，都可能打乱你的计划。

因此，我们不应制订完美的时间计划，应制订任务计划，比如看一个小时英语，不如背100个单词更实际，而且你可以选择下午、晚上甚至任何一段空闲时间去完成它。另外，计划要有空闲时间，给自己留有余地，在不得已忙于其他事情之后，要有时间弥补。例如，一周的学习计划应包括两天空闲日，如果学习任务顺利完成，则两天的时间完全用来休息，奖励自己；如果没能完成，则用休息的两天时间来弥补，不影响下一周的进度。

三、勇敢超越自我

超越自我是对自身能力或素质的突破，这不仅仅是心理潜能的激发，更多的是人性的完善、境界的提高或智慧的凝结。完善自我、超越自我不是一帆风顺的过程，需要付出艰辛的努力和沉重的代价，是一个“新我”形成的过程，是从“小我”走向“大我”，从“昨天我”向“今日我”“明日我”迈进的过程。珍惜已有的自我，追求更好、更高的自我，做一个“自如的、独特的、最好的自我”。

心理学研究表明：每个人都具有无限的潜能，我们要相信自己，在全面认识自我、积极悦纳自我、有效控制自我的基础上，只要坚持不懈地努力奋斗，就一定能超越自我。

本章小结

1. 自我意识是对自己身心活动的觉察，即自己对自己的认识。当人对自己有更全面深入的认识时，可以更好地做决定。

2. 自我意识的内容包含心理自我、生理自我、社会自我三个方面。

3. 自我意识的结构包含自我认知、自我体验、自我调控，健全自我意识的标准是有正确的自我认知、良好的自我体验和有效的自我调控。

4. 大学生自我认识发展的主要特点：自我认识的矛盾性、自我体验的情绪化、自我调节的中心化和自我认识发展的阶段性。

5. 个人要想获得良好的自我体验，需要学习如何积极悦纳自我。

6. 积极悦纳自我包括：肯定自己的长处，接受、改变自己的短处，正确对待挫折。

7. 有效控制自我应注意做到：合理确立理想自我、努力提高现实自我、不断增强意志力、科学制订计划。

认识自我

心理测验

自我和谐量表（SCCS）

表4.3是一些人对自己看法的陈述，填答案时，请你看清每句话，然后圈选一个数字（1代表该句话完全不符合你的情况，2代表比较不符合你的情况，3代表不确定，4代表比较符合你的情况，5代表完全符合你的情况）以代表该句话与你现在对自己的看法相符合的程度。

每个人对自己的看法都有其独特性，因此答案是没有对错的，你只需如实回答就行。

表4.3 自我和谐量表（SCCS）

看法	不符合			符合	
1．我周围的人往往觉得我对自己的看法有些矛盾	1	2	3	4	5
2．有时我会对自己在某方面的表现不满意	1	2	3	4	5
3．每当遇到困难，我总是首先分析造成困难的原因	1	2	3	4	5
4．我很难恰当表达我对别人的情感反应	1	2	3	4	5
5．我对很多事情都有自己的观点，但我并不要求别人也与我一样	1	2	3	4	5
6．我一旦形成对事物的看法，就不会再改变	1	2	3	4	5
7．我经常对自己的行为不满意	1	2	3	4	5
8．尽管有时得做一些不愿意的事，但我基本上是按自己意愿办事的	1	2	3	4	5
9．一件事好 是好，不好 是不好，没有什么可含糊的	1	2	3	4	5
10．如果我在某件事上不顺利，我就会怀疑自己的能力	1	2	3	4	5
11．我至少有几个知心朋友	1	2	3	4	5
12．我觉得我所做的很多事情都是不该做的	1	2	3	4	5
13．不论别人怎么说，我的观点决不改变	1	2	3	4	5
14．别人常常会误解我对他们的好意	1	2	3	4	5
15．很多情况下我不得不对自己的能力表示怀疑	1	2	3	4	5
16．我朋友中有些是与我截然不同的人，但这并不影响我们的关系	1	2	3	4	5

续 表

看法	不符合			符合	
17. 与朋友交往过多容易暴露自己的隐私	1	2	3	4	5
18. 我很了解自己对周围人的情感	1	2	3	4	5
19. 我觉得自己目前的处境与我的要求相距太远	1	2	3	4	5
20. 我很少去想自己所作的事是否应该	1	2	3	4	5
21. 我所遇到的很多问题都无法自己解决	1	2	3	4	5
22. 我很清楚自己是什么样的人	1	2	3	4	5
23. 我能自如地表达我所要表达的意思	1	2	3	4	5
24. 如果有足够的证据，我也可以改变自己的观点	1	2	3	4	5
25. 我很少考虑自己是一个什么样的人	1	2	3	4	5
26. 把心里话告诉别人不仅得不到帮助，还可能招惹麻烦	1	2	3	4	5
27. 在遇到问题时，我总觉得别人都离我很远	1	2	3	4	5
28. 我觉得很难发挥出自己应有的水平	1	2	3	4	5
29. 我很担心自己的所作所为会引起别人的误解	1	2	3	4	5
30. 如果我发现自己某些方面表现不佳，总希望尽快弥补	1	2	3	4	5
31. 每个人都在忙自己的事，很难与他们沟通	1	2	3	4	5
32. 我认为能力再强的人也可能遇上难题	1	2	3	4	5
33. 我经常感到自己是孤独无援的	1	2	3	4	5
34. 一旦遇到麻烦，无论怎样做都无济于事	1	2	3	4	5
35. 我总能清楚地了解自己的感受	1	2	3	4	5

评分

各分量表的得分为其包含的项目分直接相加，三个分量表包含的题号如下。

（1）自我与经验的不和谐：1、4、7、10、12、14、15、17、19、21、23、27、28、29、31、33。

（2）自我的灵活性：2、3、5、8、11、16、18、22、24、30、32、35。

（3）自我的刻板性：6、9、13、20、25、26、34。

分析

将自我的灵活性板块的题项反向计分，再与其他两个分数相加。得分越高表示自我和谐度越低。在大学生中，低于74分为低分组，75～102分为中间组，103分及以上为高分组。[①]

心理训练

三个我[②]

目的：协助个体做自我反省、促进协调、整合自我。

操作：

1. 请先预备三张纸，首先在第一张纸上描述“理想的我”，时间约为3分钟，然后将已写好的第一张纸搁置在一旁，暂时不能再看。接着照此类推，在第二张和第三张纸上分别具体描述“别人眼中的我”和“真正的我”，每一次大概3分钟时间。

2. 完成后，将三张纸放置在桌上，对三张纸上的三个“我”做出检核，主要是看一看三个“我”是否协调一致。若否，则差异何在，并尝试找出原因。请你留意另外一个重点，“理想的我”和“真正的我”是否协调一致？透过此重点，你往往可以发现两者之间的差异，甚至矛盾点。同时，往往会发觉自己对人生所产生的一些深层感受和渴求。

3. 为了达到更积极的效果，你应当努力探索，看一看如何使三个“我”更加协调一致，制定促进三个“我”协调统一的方案。有了具体的计划，你会比较容易地在生活中落实并做出改进。一个心理健康的人，三个“我”是和谐一致的。当一个人自己和他人眼中的“我”没有太大的差距，个人理想也没有脱离现实，就是一个自我形象明确而健康的人。但当三个“我”不协调时，我们就该问自己：别人为何不了解我？我是否能够表里一致？不过，我们不必期望自己的三个“我”完全协调一致，因为那是不实际的期望，只会导致产生负面的影响。

4. 思考后，请填写表4.4。

表4.4 三个“我”协调一致吗？

三个我	开始时	调整后
理想的我		
别人眼中的我		
真正的我		

① 资源来源于网络，略有改动.
② 资源来源于网络，略有改动.

5. 团体分享。请最有感受的成员在团体内交流自己的体会，大家一同分享。

心理自助餐

1. 乔纳森·布朗：《自我》，王伟平、陈浩莺译，人民邮电出版社2015年版

我自己到底是谁；如何对他人和环境做出思考和反应；如何才能最好地了解自己；如何调节自己的情绪和行为以实现期望的目标……为什么有人如此悲观和消沉，甚至抑郁自杀，也有人面对压力和失败却能如此乐观，坚韧不屈？什么是自尊？为什么我看待世界的方式与别人迥异？乔纳森·布朗在《自我》中回答了这些问题。

2. 电影：《跳出我天地》，又名《舞动人生》

比利的家人是英国的底层矿工。他们参加罢工，在贫困的生活中挣扎，并认为比利应该学些男人的拳术。比利每周都去一次拳击班，但偶然的机会让他发现还有不一样的人生。因为一个意外，比利发现了自身潜意识中对芭蕾的热爱，而挑剔世故的芭蕾老师威尔金森也无意中发现了比利极具芭蕾天赋。二人一拍即合，威尔金森甚至因为比利放弃她的一班女学生，把全部心思放在培养小比利上。可是比利的家人全然不理解儿子为何爱上“女生的舞蹈”。家人的反对和大好的前途，比利痛苦地抉择。

模块三
心理调整篇

项目五

逆境突围——大学生压力管理与挫折应对

学习目标

1. 了解压力的定义、压力的来源及压力的影响。
2. 了解挫折的定义和来源，了解不同的防御机制，理解挫折背后的意义。
3. 学会从认知、行为和人格层面应对压力与挫折。

思政目标

1. 使学生学会应对压力和挫折来增强学生的意志品质。
2. 培养学生战胜困难、迎接挑战、勇于担当的精神。

问题聚焦

1. 你知道大学生主要面对哪些压力吗?
2. 你知道哪些应对挫折的方法?

心理热身

一份休学申请引起的关注

这个周末F栋127宿舍的6位同学展开了热火朝天的卧谈会。这缘于一份风靡网络的休学申请，而该申请的提出者正是建筑城规学院、高她们一个年级的学长阿超。阿超是建筑城规学院有名的才子。

熙熙："朋友圈你们都看了吗？‘阿超晒了他的休学申请，洋洋洒洒数千字，不愧是我们学院的才子。

棋棋："真想不到，入学典礼时学长还作为代表发言呢。听学姐说他是因为忙于创作而落下了很多功课，要休学继续搞创作呢。"

晶晶："你们说学校会批准吗？他的理由听起来很充分，可是休学去搞课外活动对吗？"

兰兰："只能说他很有想法，是对是错谁又能判断呢？"

熙熙："从自我营销的意义来看，我敢说他成功了。"

棋棋："也许真的是不能兼顾吧，学习、就业、考试，我们的压力都很大，只是他勇敢地说出来了，并付诸行动。我支持他！"

熙熙：“国外大学生中有一种很流行的减压方式，叫作‘哈佛式裸奔’。”

兰兰：“呵呵，我们还没那么前卫。我们期中考试后集体去踏青，放松一下如何？”

人在压力下，会有不同的表现和应对。人们的身体具有一种自我平衡系统，这种天生的自我保护系统往往可以帮助人们识别压力、应对压力。兰兰提议的集体踏青就是一种常规的压力应对方法。大学生要有效释放压力，首先要了解压力。

任务一 不能承受之重——压力

一、身体和心理信号：压力的定义及生理和心理反应

1. 压力的定义

“压力”的概念首先由加拿大心理学家谢尔耶提出。他认为压力是产生于个人无能力、无资源应对“外在需求”时的一种非特定的生理反应。

理性情绪行为疗法的创立者艾利斯认为，应激情境本身很少作为压力存在，压力来自人类的内部认知系统，与个人的认知系统及价值系统相关，如果适当修正自我的完美主义，很多压力情绪即可减轻。

我国学者黄希庭认为，心理学上所说的压力有三种含义：一是现实存在的具有威胁性的刺激，即压力源；二是人对压力事件的反应，即压力反应；三是威胁性刺激带来的一种被压迫的主观感受，即压力感。

压力和意义无法分割。对于不在乎的事情，你不会感受到压力；不经受压力，你也无法开创有意义的生活。

2. 压力的生理和心理反应

人在压力状态下会出现一定的生理反应和心理反应，这些身体和心理信号提示人们要关注自己的压力水平。

压力的生理反应主要表现在自主神经系统、内分泌系统和免疫系统等方面，例如心率加快、血压增高、呼吸急促、激素分泌增加、消化液分泌不足、出汗等。谢尔耶在20世纪50年代以白鼠为研究对象，进行了多项有关压力的实验研究，指出压力状态下的身体反应分为三个阶段，如表5.1所示。

表5.1 压力状态下的身体反应阶段

阶段	特征
警觉	因刺激的突然出现而产生情绪紧张和注意力提高，体温与血压下降，肾上腺素分泌增加，身体进入应激状态

续 表

阶段	特征
抗拒	身体试图对受损的部分加以维护，并使其复原，因此产生大量调节身体的激素
衰竭	压力存在太久，应对压力的精力耗尽，身体各功能突然缓慢下来，以适应能力的丧失

压力的心理反应包括积极反应和消极反应两类。压力的积极反应体现在：在压力适中的情况下，压力可以激活个体的潜能，使个体能以更积极、更有效的状态投入压力情景，更好地完成任务。压力的消极反应体现在：当压力过大时，个体表现出的认知、情绪和行为反应，具体如表5.2所示。

表5.2　压力的消极心理反应

不同反应	具体表现
认知反应	注意力下降、难以专心，容易分心；记忆力、分析能力和逻辑思维能力下降，容易思维阻塞、遗忘等
情绪反应	精神紧张、焦虑、不安、烦恼；易怒、攻击性增强；恐惧、无助、悲观失望、自责等，情绪控制力下降，工作成就感降低
行为反应	学习、生活的兴趣下降；活动计划性、目标感降低，经常顾此失彼、被动应对；存在回避倾向，不愿与人交流，想要一个人待着

压力的生理反应和心理反应有明显的性别差异。美国一项研究显示，面对压力，男性多以生理疾病的形式表现，譬如心肌病和溃疡，而女性多表现在情绪上，譬如焦虑、沮丧等。面对压力、男性和女性大脑的反应不同：男性左脑血液充足，启动“战斗/逃跑”机制，他们想要独处；女性则启动情绪机制，更想找人聊一聊。

拓展阅读

心理压力的10种无声信号

现代人充满压力，要想活得轻松，就必须解压。要想有效减压，就必须了解压力。美国拉什大学医学中心行为科学部的斯泰万·E.霍博佛尔博士总结出了压力的10种无声信号：①周末头痛；②痛经；③口腔疼痛；④怪梦；⑤牙龈出血；⑥突然出现痤疮；⑦偏爱甜食；⑧皮肤瘙痒；⑨过敏加重；⑩肚子痛。

自我认识

心理测验

压力知觉量表

本测试询问近一个月，你个人的感受和想法，请你在作答时，指出你的感受和想法发生的频率。虽然有些题目看着相似，实则有差异，所以每一题均需作答。尽量快速、不假思索地作答，不要去思考每一题分数背后的意义，以反映你真实的压力知觉状况。

每一题皆有5种选择：1——从不，2——偶尔，3——有时，4——时常，5——总是。

1. 因一些无法预期的事情发生而感到心烦意乱。（ ）
2. 感觉无法控制自己生活中重要的事情。（ ）
3. 感到紧张不安和压力。（ ）
4. 成功地处理恼人的生活麻烦。（ ）
5. 感到自己能有效地处理生活中所发生的重要改变。（ ）
6. 认为有能力处理自己私人的问题。（ ）
7. 感到事情顺心如意。（ ）
8. 发现自己无法处理所有自己必须做的事情。（ ）
9. 有办法控制生活中恼人的事情。（ ）
10. 常觉得自己能驾驭很多事情。（ ）
11. 常生气，因为很多事情不是自己能控制的。（ ）
12. 经常想到有些事情是自己必须完成的。（ ）
13. 常能掌握时间安排方式。（ ）
14. 常感到困难的事情堆积如山，而自己无法克服它们。（ ）

评分

该量表由14道题组成，分为6个正向计分题目和8个反向计分题目，其中反向计分题目分别是4、5、6、7、9、10、12、13。该量表具有两个维度，分别是紧张感和失控感，请统计出你的总得分。

分析

总分范围在14～70分，得分越高说明你的心理压力越大。

14～28分：知觉到的压力较低。你当前的压力处于低水平，你对自己当前的生活有足够的掌控和控制，不会因为一些无法预期的事情发生而感到心烦意乱和惊慌失措。

29～42分：知觉到的压力适中。你偶尔会有一段时间压力太大，但你也许有能力去应对，并且很快地回到平静状态。因此，你面临的压力对你的健康并不会造成威胁，不过，做一些放松练习对你来说仍是有益的。

43～56分：知觉到的压力较高。你当前面临较大的压力，它可能已经对你的身心健康造成了负面影响，你需要采取措施进行调节。

57～70分：知觉到的压力非常大。你的压力过大，身体可能出现了一些症状，急需减压。你可以寻求专业人士的帮助。你在面对那些模糊的、难以改变的、长期的压力问题时，会显得束手无策和焦灼不安。①

二 外在与内在：压力源概述

1. 压力源分类

压力源是引起压力的具体人和事，大致包括非人为的压力源和人为的压力源两种。非人为的压力源又称为“自然逆境”，如地震、泥石流、台风、海啸等自然因素，不以人的意志为转移；人为的压力源又称为“社会逆境”，如经济压力、社会竞争、就业压力、人际压力等。

压力源也可以按照内外来分。外压力源指学习、就业、贫困、人际关系、情感等各方面的客观事件，而这些客观事件是否成为真实感受到的压力，还要看个人内在的抗压素质。压力的大小，是由压力源事件的客观性和自我感觉的主观性两种因素共同决定的。在这两个重要因素中，起主导作用的，还是人们的主观态度。用公式表达就是压力的大小=压力源/承受力。同样一个事件，不同的人承受力不同，他们感受到的压力大小是不一样的。当然，生活事件大小的不同给人带来的压力感受会有所不同；而人对压力的承受力，则决定了压力事件最终的影响力。

内压力源分为挑战性压力源和阻碍性压力源。挑战性压力源所带来的压力，个人认为能够克服；对自己的工作绩效与成长具有积极意义；阻碍性压力源所带来的压力，个人认为难以克服，对自己工作目标的实现与职业生涯的发展具有阻碍作用。研究证明，个人在面对挑战性压力源时，更多采取问题解决导向的应对策略，如通过提高努力程度或调整工作态度来克服此类压力，从而提高了工作满意度。有研究发现，挑战性压力源与个人的创新行为有密切关系。

2. 当代大学生的压力源

信息化时代，科技和经济飞速发展，对当代大学生提出了更高的要求，带来了更多的挑战；初入大学的环境适应、来自学业的挑战和对未来发展的期待加剧了大学生的压力。大学生自身正处于由青春晚期向青年期的过渡阶段，这标志着他们逐渐走向独立和成熟，即将承担社会责任。不管是外在环境，还是大学生自身生理心理的发展变化，都要求大学生要承受来自各方面的压力。

心理学家基于实证研究，将大学生的压力源分为四大类，分别为发展困扰型压力

---

① 资源来源于网络，略有改动.

源、个人管理型压力源、消极事件型压力源、人际交往型压力源。每个类别下又有具体的项目，如表5.3所示。

表5.3 大学生的压力源清单

压力源类型	具体项目
发展困扰型压力源	①无法合理规划学习时间； ②学习状态欠佳； ③学习方向不明确； ④课业负担重； ⑤复习备考时间不够； ⑥成绩不理想； ⑦考研问题； ⑧已有技能尚不足以实现梦想； ⑨缺乏清晰的职业规划； ⑩对未来的不确定性充满担忧； ⑪做事拖延
个人管理型压力源	①不满意自己的长相； ②不满意自己的身材； ③皮肤不好； ④重视发型； ⑤气质不佳； ⑥缺乏魅力； ⑦缺少经济规划
消极事件型压力源	①社团事务繁杂； ②纠结社团的留任问题； ③与父母存在代沟； ④家庭关系不和； ⑤亲人身体不适； ⑥身体健康状况差； ⑦兼职与学习无法平衡
人际交往型压力源	①社会交际圈受到限制； ②交际能力差； ③人际关系不好； ④缺少异性朋友； ⑤缺少真心朋友； ⑥单身

课堂活动

解析我的压力源

请你从表5.3中圈出5个对你影响最大的压力源，并将其填写在表5.4中，完成对自己的压力源解析。

表5.4　压力源解析

压力源	压力源分类	大学生压力源类型	我的应对方法
例如做事拖延	内压力源（挑战型压力源）	发展困扰型压力源	设定最后期限；积极自我对话；记录行为进度

三、有益与有害：关于压力的认知

压力对人们的影响比我们想象的更复杂。神经科学家布鲁斯·麦克尤恩认为压力有三种不同的情况：良性压力、耐性压力及毒性压力。压力对人类的影响是有益的还是有害的，并没有一致的结论，其中，关于压力的认知发挥了重要作用。

1．压力有益论：压力可以激发个人的潜能

压力通常被认为对人体有害，可引起各种疾病，如神经衰弱、溃疡等，但适度的压力其实可以激发人们的潜能，让人们高效率地完成任务，帮助人们更好地应对生活的挑战。理想压力水平可以激发人的热情、敏锐度，让人充满干劲，获得较好的绩效。那些在考场上超常发挥的同学、在实践项目中表现出色的同学、在运动场上尽情挥洒的同学，都是将压力调适到了适度水平。压力水平与绩效的关系如图5.1所示。

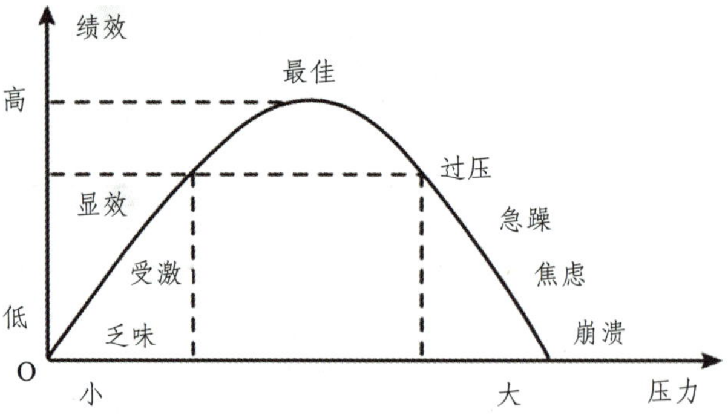

压力与绩效的倒U关系

图5.1　压力水平与绩效的关系

2. 压力有害论：压力过大影响健康

如果压力超过了人们的承受限度，会带来严重的后果，影响人们的身心健康。研究发现：“无论是长期的心理压力，还是短期的心理压力，都会影响免疫系统的活力。”心理压力可能会让人处于情绪低落、焦虑、恐慌、不耐烦、易激惹等情绪状态，行为表现可能是学习成绩、工作效率下降。压力过大还可能会导致睡眠问题、饮食失调、免疫力下降及身心疾病等。压力过大造成的影响如图5.2所示。

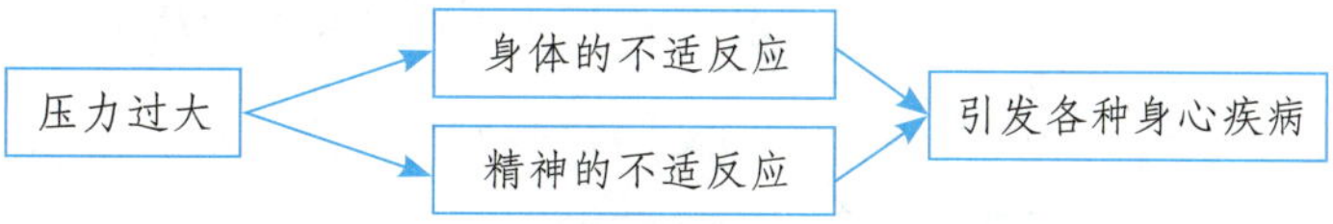

图5.2 压力过大造成的影响

3. 压力的影响取决于认知方式

20世纪60年代，拉扎勒斯指出了认知评价在压力中的重要性。事件是否会产生压力就看人们如何诠释它，只有人们感觉到他们无法应对环境的要求时才会产生压力。认知评价分为初级评价和次级评价，初级评价是评估压力来源的严重性，评价结果通常有不相关、良性积极的、有害威胁的、有害挑战的4类。如果初级评价认为压力来源比较严重，则继续进行次级评价。次级评价是对自身应对压力情况的评价。认知评价决定了人们的压力反应。

研究表示：压力对人的影响取决于个人的认知方式。相信压力有促进作用的人，比那些认为压力有害的人，更少抑郁，更有活力，更少出现健康问题，更快乐，工作更高效，对生活更满意。他们更乐于视压力为挑战，而不是打垮自己。他们对自己的能力更自信，能够积极应对。美国学者凯利·麦格尼格尔在专著《自控力》中介绍了她曾做过的一项研究，她连续8年追踪了美国30000名成年人，询问他们两个问题：“去年你感受到了多大压力？”“你相信压力有碍健康吗？”8年后，她查看了公开的死亡记录数据，并找出了那些已经去世的参与者，结果让人大吃一惊。那些相信压力有害健康的参与者，会经常失眠、内分泌失调，并且诱发癌症或心脏病，最终使死亡的风险增加了43%，严重影响了身心健康。如果承受极大压力的人不认为压力有害，死亡的风险就不会升高，甚至比压力较小的参与者死亡风险还低。研究揭示了真正有害的不是压力，而是认为“压力有害”的想法。真正对人有影响的是人对于压力的想法。

课堂活动

我的压力圈

1. 在图5.3中的大小圈内写下你的各种压力（大圈代表大压力，小圈代表小压力）。

2. 分享与交流。

（1）你的压力源有哪些？

（2）它为什么给你带来这么大的压力？

（3）每个压力圈让你产生怎样的感受？

图5.3 挫折压力圈

任务二 生命的低谷——挫折

课堂案例

无法再放飞自我的舟舟

舟舟是一名大二的女生，随着学习任务的加重，学业压力剧增，舟舟感觉自己越来越力不从心了。高中的自己专注于学习，两耳不闻窗外事，是妥妥的“学霸”，现在自己怎么开始畏惧学习，开始怀疑自己了呢？自己是怎么一步一步陷入当下的状态的呢？

高中时，为了父母和老师的期待，本性活泼、爱好交际的舟舟放弃了许多社交、玩耍的时间，来到大学之后，终于解放了，可以玩自己喜欢的游戏，可以熬夜看剧，有时候睡得太晚第二天起不了床，索性第二天上午的课不去上。没有人管的感觉真好，大一的舟舟如同鸟笼里被放飞的小鸟。随着期末考试的来临，舟舟的内心隐隐担心起来，内心有着不祥的预感，果然期末挂了两门课。大一快乐的日子很快就结束了。进入大二后，课程任务重了好多，想要开始学的时候才发现无从下手，困难如大山一样向自己压过来，焦虑、挫败接踵而至，学习效率很低。最近，舟舟的睡眠质量开始变差，晚上经常醒来，想到有很多学业任务不知如何应对，就更加烦闷了，是不是自己的学习能力有问题呢？想到这些，曾经的游戏也没那么有吸引力了。最近，舟舟常常陷入思考。

案例中的舟舟大一时放飞自我，缺少对自我的管理，学业任务加重后，便不能很好地应对，开始怀疑自己，陷入挫败的情绪中。学习困难是挫折情境，舟舟对于挫折的认知是，曾经在学业上表现优秀的自己竟然陷入了学业困难的境地，怀疑自己的能力有问题，她的挫折反应表现为焦虑、烦闷及睡眠质量变差。

挫折带给个人的影响因人而异。挫折，可以让人一败涂地，也可以使人更加成熟有力。让我们一起来认识挫折、直面挫折吧！

一、问题面面观：挫折概述

《现代汉语词典》（第7版）对挫折的解释有两种：第一种是“压制，阻碍，使削弱或停顿”，第二种是“失败”“失利”。《辞海》（第7版）对挫折的解释是“失利”“挫败”。在生活中，挫折常指挫败、阻挠、障碍。

在社会心理学和行为科学中，挫折指一种情绪状态，指人们在某种动机的推动下，为实现目标而采取的行动，遭遇到无法逾越的困难和障碍时，所产生的一种紧张、消极的情绪反应和情绪体验。挫折包含以下三种成分。

（1）挫折情境。挫折情境指阻碍个人行为的情境，比如考研失利、笔记本电脑被偷、受讽刺打击等。

（2）挫折认知。挫折认知指个人对挫折情境的认知、态度和评价，比如有的人认为失败乃成功之母；有的人却认为失败了就说明自己一无是处，以后也不会成功。

（3）挫折反应。挫折反应指个人在挫折情境下产生的烦恼、困惑、焦虑、愤怒等负面情绪交织而成的心理感受，即挫折感。

挫折认知是核心成分，挫折反应的性质及程度主要取决于个人对挫折情境的认知。一般来说，挫折情境越严重，挫折反应就越强烈；反之，挫折反应就轻微。但是，只有当挫折情境被个体所感知时，个体才会在心理上产生挫折反应。如果出现了挫折情境，而个体没有意识到，或者虽然意识到了但并不认为很严重，那么也不会产生挫折反应，或者只产生轻微的挫折反应。

课堂活动

直面挫折

根据自己的实际情况，填写表5.5，仔细分析自己面临的挫折。

表5.5 我的挫折

挫折情境	挫折认知	挫折感受	改变后的挫折认知	改变后的挫折感受
例如期中考试有1门课不及格	真倒霉	沮丧	没有复习好	平静

二、自我、关系和环境：挫折的来源

大学生常见的挫折有很多，根据来源不同，可概括为三类，即与自我有关、与他人有关、与环境有关。

1. 与自我有关：理想与现实的冲突

大学生往往因为周围人或者自己对自己的期待太高，对自己有着近乎完美的要求，当现实任务太多时，压力逐渐增加，在无法胜任当下的任务时，体验到挫败感。这种与自我有关的挫折容易让人灰心、失望，进而否定自己。与自我有关的挫折主要表现为理想自我和现实自我存在差距。比如，理想的我是坚强的，现实的我很爱哭；理想的我是乐观向上的，现实的我是抑郁的；理想的我是卓越出众的，现实的我是常常感到挫败的。如果说理想是一朵盛开的美丽的花，现实就是被太阳暴晒后的样子。

课堂案例

自我发展挫折

小刘对自己要求严格，学习勤奋刻苦，性格开朗自信，要强好胜，对自己期望很高，具有远大的抱负。大一学年结束的考试中，小刘的学习成绩在全年级排名第十，他期待自己不仅在学业上要拿到靠前的排名，还希望自己可以在社会工作上有优秀的表现，为升本或找工作做准备。为此，进入大二后，小刘积极竞选学校学生会主席并顺利当选。一切都是好的开始，却也是忙到飞起的开始。在老师和同学们的期待中，小刘开始投入学生会的工作，3月大学生越野赛、4月志愿者服务月、5月鲜花合唱节、6月送别毕业生等大型活动都有他的身影。随着课程任务的加重、学习时间的压缩，学业压力越来越明显，以至于临近期末的小刘不能像以往那样淡定，总是心神不宁，无法将注意力集中在学习上；更让他烦恼的是，学生会的工作也并非一帆风顺，最近学生会指导老师找他谈心，委婉地告诉他做事情要注意方式方法，多听取大家的意见。小刘郁闷极了。

案例中的小刘是一个好胜心强的人，不仅要求自己在学习上名列前茅，还要求自己在社会工作方面也有优秀的表现，期待自己总是做到最好，有完美主义倾向。然而，现实的情况是，每个人的时间和精力都是有限的，当过高的期待与略显苍白的现实相遇时，心中的失落和郁闷是难免的。

2. 与他人有关：走近你并不容易

我们都是生活在关系之中的，我们与他人的关系会影响我们对世界的认知方式，更会影响到我们的情绪和我们解决问题的方式。下面案例中的阿东正经历一场由关系带来的挫折。

课堂案例

关系带来的挫折

最近，棋棋在自己的QQ空间里收到了高中同学转发的一则“寻人启事”，寻找的是高中同学阿东。阿东春节回家见到高中女同学阿碧——他心目中的“女朋友”，便不断地联系她，想和她建立正式的男女朋友关系。被阿碧拒绝后，阿东心中一直闷闷不乐。开学返校后，他在宿舍整日以泪洗面，不吃不睡，一会儿哭，一会儿笑，情绪起伏非常大。同宿舍的同学关心他，但是从他口中什么也问不出来。辅导员劝解他，他也不说话，大家不知道如何帮助他。阿东在开学第三天的晚上悄然离开宿舍，一去不复返。家人找了很久都没有找到，阿东的妈妈从高中的班主任那里要来了同学的联系方式，给每个同学都发了这封“寻人启事”。看了QQ空间中高中同学们的交流，棋棋感慨万千。印象中的阿东是一个不爱讲话、自尊心很强的人，高中的时候只是忙于学习，几乎不和女生讲话，想不到他喜欢阿碧。恋爱关系是双方的，这次他肯定受打击不小，不知他身处何方，是否能想得开呢？

3．与环境有关：谋事在人，成事在天

外在环境带来的挫折很多时候是不可控的，也是最让人感觉无助的，下面案例中的小勇就体会到了有些事情不是自己可以把控和预料的。

课堂案例

天有不测风云

小勇是一个踏实、肯干、爱学习的学生，不仅学习成绩优秀，而且每年的社会实践他都积极带队。大三的时候大部分同学还在享受大学的美好时光，他已经到一家小有名气的企业实习了。4年下来，小勇在专业上打下了扎实的基础。在就业竞争激烈的情况下，大家都是“广泛撒网，重点捕鱼”。小勇对自己很有信心，他在参加了一家知名企业的面试后，认为自己一定会被聘用，便不再四处找工作，而是等这家企业通知签约。小勇想到未来工作的场景还有一些小兴奋，毕竟要告别学生时代，转变为职场新人。时间总是在美好的畅想中流逝，一转眼到了6月中旬，身边同学的工作一个个尘埃落定，小勇有些着急了：那家企业怎么迟迟不通知签约呢？小勇终于接到了那家公司人力资源部打来的电话，却被告知名额没有了。这个消息使小勇措手不及，他尝到了天有不测风云的滋味。

三、深度解读：挫折的防御机制

挫折的防御机制指人在遇到挫折时，有意无意地寻求摆脱由挫折产生的心理压力、减轻精神痛苦、恢复正常情绪和心理平衡的自我调节与自我保护方式。挫折的防御机制一般可以分为两大类：积极心理防御和消极心理防御。

1．积极心理防御

积极心理防御是正视挫折、承认挫折，正确分析挫折产生的主客观原因，总结经验教训，争取积极的行为方式，最后战胜挫折。积极心理防御主要表现在以下几个方面。

（1）坚持。

坚持指个人发现目标难以达到，要求自己做出加倍努力，并要求自己通过不断努力，使目标最终实现。例如美国电影《阿甘正传》中的主人公阿甘智商并不高，他应对挫折的方法是忽视它，坚持不懈地努力实现自己的目标，最终他赢得了人们的尊重，取得了事业的成功，也过上了自己想要的生活。

（2）认同。

认同指个人在现实生活中无法获得成功时，将自己想象成某一位成功者，以在心里减轻因挫折产生的痛苦；或者迎合能满足自己需要的人，按照他们的希望支配自己的思想、行动，来冲淡挫折感，以求得内心的满足。例如，大学生常以一些历史名人、科学家、老师甚至同学作为自己效仿的对象，建立自己心中的榜样，并依照榜样进行积极的自我激励与自我暗示。

（3）补偿。

补偿指当个人行为受挫时，或因个人某方面的缺陷而使目标无法实现时，个人往往以新的目标代替原有目标，以其他方面的成功来补偿因失败而丧失的自尊与自信。如某大学生没有当上班干部，无机会表现自己的能力，于是便努力使自己的成绩名列前茅。又如，某大学生恋爱失败了，于是积极参加文体活动，用活动中取得的成功来缓解失恋的痛苦。

（4）升华。

升华指个人用一种比较崇高的具有创造性和建设性的目标作为替代，借以弥补因受挫而丧失的自尊与自信，减轻痛苦。升华是积极的行为反应，如屈原放逐赋《离骚》、左丘失明写《左传》、孙膑跛脚修《兵法》、司马迁受辱著《史记》。德国文学家歌德23岁时爱上朋友的未婚妻夏绿蒂，夏绿蒂没有接纳歌德并把歌德的求爱原原本本地说给未婚夫听。歌德在听到夏绿蒂举行婚礼后，痛苦万分，用4个星期的时间，把自己的故事写成了《少年维特的烦恼》，歌德因此一举成名。现实中一些大学生最初在社交活动中受到制约，于是他们在学问、个人思想道德修养上下功夫，学习成绩出类拔萃，品德优秀，为同学所瞩目。

（5）幽默。

幽默是积极的行为反应，不是所有人都能达到，必须有积极的生活态度，表现出睿智与从容。这种幽默不是拿别人开玩笑，而是自嘲。一个人会自嘲了，说明他的心理成熟了，也说明他认识了自己，社会适应能力强了。幽默很容易缩短你与周围人的距离，而且能够帮助你有效地寻求社会支持。

2. 消极心理防御

消极心理防御指当个人遭受挫折后表现出来的带有强烈情绪色彩的非理性行为。常见的消极心理防御有压抑、攻击行为、退化、逃避、冷漠。

（1）压抑。

压抑指把不愉快的经历和体验压抑到无意识中，不去回忆，主动遗忘。适度的压抑有利于情绪的调整，但长期的压抑会导致更强的挫折与心理不适。

（2）攻击行为。

攻击行为指个人在遭受挫折后，在情绪与行动上会产生一种对有关人或物的攻击性的抵触反应，以消除来自挫折的痛苦。攻击是一种破坏性行为，这种行为可分为直接攻击和转向攻击。直接攻击指一个人受到挫折后，把愤怒的情绪直接发泄到使自己受挫的人或物上，如学校里发生的打架斗殴、损害公物等情况。转向攻击指一个人受到挫折后，把愤怒的情绪指向其他的人或物，如某个学生受到老师批评后，把怒气发泄到别人身上或物品上。

（3）退化。

退化又称“回归”，指当个人受到挫折时，往往表现出与自己的年龄、身份不相称的幼稚行为，或盲目地轻信他人、跟从他人等。表现出这种行为方式的大学生往往对自己缺乏信心，看不到自己的力量，像孩子一样依赖他人，多指大人小孩状。如某个大学生参加学生会干部竞选失败了，他感到很委屈，无法进行理智分析和对待，不吃饭，也不上课，整天蒙头大睡。

（4）逃避。

逃避指个人受到挫折后，不敢面对挫折情境，而逃避到比较安全的环境中的行为。一是逃到另一种现实中，如学习不好就玩游戏，沉溺其中；二是逃向幻想世界。如某个大学生因为英语口语较差，每次上课从不开口说英语，甚至拒绝上英语听力课，不参加考试，以此来逃避失败。

（5）冷漠。

冷漠即个人表现出对于挫折情境漠不关心、无动于衷等情绪反应。如有些大学生的社会活动能力较差，多次失败，他们渐渐地对大学生活、同学关系、社会活动持冷漠的反应行为，表现为死气沉沉、缺乏集体感。

总之，积极的心理防御有助于大学生适应挫折、化解困境，有利于他们的成长；消极的心理防御只能起暂时平衡心理的作用，不能解决问题，有时会使大学生在一种自我欺骗中与现实环境脱节，降低适应能力，形成一些恶习，埋下心理疾患的种子，影响其身心健康和全面发展。大学生应该树立积极的心理防御机制，增强自己的耐挫力，以适应社会的发展。

课堂活动

我的挫折应对方式

回想最近一个月你的经历，你遇到的一件对你影响比较大的挫折事件是什么？你面对这个挫折的反应是什么？这个挫折的来源是自我、他人还是环境？你通常应对挫折的方式是什么？如果你还可以采用本课程所讲的应对挫折的积极心理防御，你会怎么做？

任务三 逆境中前行——积极应对压力与挫折

课堂案例

蝴蝶的蜕变

草地上有一个蛹，被一个小孩发现并带回了家。过了几天，蛹上出现了一道小裂缝，里面的蝴蝶挣扎了好长时间，身子似乎被卡住了，一直出不来。天真的小孩看到蛹中的蝴蝶痛苦挣扎的样子，十分不忍，于是就拿起小剪刀把蛹壳剪开，帮助蝴蝶脱蛹而出……结果蝴蝶死了。蝴蝶为什么会死去？因为蝴蝶没有成长经历。蝴蝶必须在蛹中经过痛苦挣扎，直到它的翅膀强壮了，才会破蛹而出。否则，它很快就会被环境所吞噬。

毛毛虫变蝴蝶、丑小鸭变白天鹅并不是童话故事，而是生命必经的一段历练，正是这种历练，正是生命本身给予的考验，让它们得以蜕变，成就了它们自身的美丽。对大学生而言，压力与挫折或许正是他们成长路上的必修课，他们必须要应对。正如巴尔扎克所言："苦难对于天才是一块垫脚石，对能干的人是一笔财富，对弱者是一个万丈深渊。"

压力和挫折是两个既相联系又有区别的概念。压力是心理压力源和心理压力反应共同构成的一种认知和行为体验过程。挫折是人们在有目的的活动中遇到的阻碍人们达成目的的障碍。压力过大，个体应对失败时，可能产生挫折感。压力和挫折的共同之处在于，它们都是伴随负面情绪的心理反应过程。

下面从认知、行为、人格品质等方面探讨如何积极应对压力和挫折。

一、压力管理：与压力做朋友

1. 评估压力

管理压力的前提是你感受到一定压力，压力水平的高低及压力对你的影响都应该在考虑范围内。事实上，人总是生活在各种各样的压力之中，只是有些压力不易察觉，有些压力可以是动力，有些压力会成为压垮骆驼的最后一根稻草。评估压力，可以帮助我们更好地管理压力。经过评估，当发现压力过大，影响过大时，我们可以采取合适的应对策略。压力觉察日记是一种有助于我们评估压力的工具。

课堂活动

压力觉察记录

请记录压力事件、面对压力时自己的生理反应和心理反应（认知反应、情绪反应和行为反应），并判断压力水平的高低，1代表压力水平最低，10代表压力水平最高。评估压力对自己的影响，1代表影响最小，10代表影响最大。填写表5.6。

表5.6 压力觉察记录表

压力事件	生理反应	认知反应	情绪反应	行为反应	压力水平（1～10）	对自己的影响（1～10）
例如：期末考试即将来临	心慌、胃口差	自己学习状态差，肯定考不好	烦躁、担忧	走神、效率低	7	8

2. 应对压力的策略

人在压力面前有两种不同的应对方式：问题指向的应对和情绪指向的应对。前者是指通过直接的行动或问题解决行为来改变应激源（压力产生的“罪魁祸首”），后者指通过行为上的努力改变或减轻因应激源产生的不良情绪。

（1）问题应对策略。

①完成压力任务。在竞争激烈的现代社会，压力是一种必然的存在，直接降低压力的方法就是完成压力任务。对于容易的任务，我们需要提高效率。困难的任务容易让人产生畏难心理，我们需要通过学习或求助，提高完成任务的能力，当任务带来的挑战和我们的能力达到平衡时，我们就容易进入一种得心应手的状态。

②减少压力源。避免压力过大的方式之一就是要懂得量力而行，不要凡事都揽到自己身上。应该自己承担的，当尽力做好；不该自己承担的，要学会拒绝。

（2）情绪应对策略。

①对压力的积极定义。压力是一把双刃剑，压力对个人的影响与个人对压力的认识有很大关系。凯利·麦格尼格尔在《自控力：和压力做朋友》一书中指出：“压力是一种资源，痛苦经历的好处，并非来自压力或创伤事件本身；它来自困境唤醒的力量，来自化艰难为意义的人类自然本能。”书中还介绍了一项盖洛普世界民意调查，调查结果令人诧异：压力指数越高，幸福度也越高。压力可以激发人的潜能，带来动力和挑战。改变对压力的思维方式，重新定义压力，心态和行为也会跟着转变。

②找到适合自己的减压方法。每个人的减压方法都不同，适合自己的减压方法才能真正起到减压作用。但有的时候，我们不知道适合自己的减压方式是什么。那么，可以尝试。比如尝试看一场电影，尝试阅读一本自己喜欢的书，尝试去旅游一段时间等。

运动是比较有效的减压方法。运动能缓解压力是有科学依据的。当运动达到一定量时，身体就会产生一种激素，这种激素被称为“快乐因子”，能愉悦神经，把你的压力和不愉快带走。通常来说，有氧运动能使人全身得到放松。如果你想通过运动来缓解压力，那么你可以进行一些缓和的、运动量小的运动，使心情先平静下来，如跳绳、跳健身操、游泳、散步、打乒乓球等，运动时间可控制在每天半小时左右。

减压的方法有很多，你可以每一种都试一遍，最终你一定能发现适合自己的减压方法。

拓展阅读

15分钟卸下压力的7种方法①

每个人都有不知所措的时候，有时甚至感到压抑。也许你需要更多的时间和精力关注家庭，也许你或你爱的人生病了。当你无法控制事情时，你会生气、不知所措、压抑，你该怎么办？我相信，如果你在日常生活中进行预防性压力管理，你就可以轻松地应对你面临的压力。

当你面对压力时，你可以优雅、内敛和积极地处理它们。有一些简单的方法可以使你生活和谐、平静。

1. 勤锻炼

减压和缓解焦虑的好方法之一就是运动，哪怕只是散一会步。运动可以让人感觉快乐。

2. 常微笑

微笑和大笑都是帮助你迅速放松和舒缓情绪的最佳途径之一。与朋友开玩笑、和你的伴侣看一部热映的电影，甚至遇到一个好天气都能让我们微笑，关键是要学会找到生活中的“小确幸”。

3. 多听音乐

倾听音乐是放松、减压最便捷的方式，各个年龄阶段的人都适用。当你选择听一些安静的音乐，你会感到放松、平和。尝试听几种不同的曲风，你就会知道，一些作品好像专门为你而作。任何时候，只要你想安静、放松，都可以听一听。

4. 爱阅读

阅读也是减压的好方法。读一本轻快、浪漫或充满哲理的书让人感觉良好。任何有助于人以积极健康的态度看待世界的书都能让人心情舒畅。

5. 尝试冥想法

想象你在一望无垠的大草原或广袤的沙漠。你能嗅到空气中弥漫的淡淡的茉莉花香吗？你能听到鸟儿欢唱，感觉到清风拂面吗？你能区分哪一个是想象图景哪一个是现实吗？下次焦躁不安时，你可以尝试冥想，它会让你心平气和，化解你的负面情绪。

6. 懂得感恩

当你感到压力时，试着去细数幸福，把它们记载在感恩日记本上。总有一些东西值

---

① 资料来源于网络，略有改动.

得你感恩——有时即使起床这样简单的事情都值得，因为你爱的人一直陪在你的身边。当你怀有一颗感恩的心，你会感到生活更美好。当你用负面的眼光看周围的世界，就更容易变得愤世嫉俗。乐观地思考，有助于化解怒气，让你享受更多美好的事情。

7. 深呼吸

当你陷入伴随压力而来的强烈情绪中，甚至快被压垮时，停下来，深呼吸。在深呼吸时，更多的氧气被输送到大脑，使你的思维清晰，肌肉放松，让你有时间进行有效的心理调适，慢慢地平静下来。

压力的背后是生活的意义。压力的存在，让我们重新思考如何处理问题，让我们过得有意义。压力在现代生活中是不可避免的，我们不能消除压力，但是我们可以选择时刻觉察压力对自己的影响，可以选择如何看待压力，可以选择主动地应对压力。管理压力，就是管理自己的生活。管理好压力，它可以成为你成长道路上的朋友。

二、挫折应对：在意义中重建

1. 发现挫折的意义

我们常常能在社会新闻中看到一些极端的案例，有些人因为一点小挫折而采取了非常不理智的行为。有的大学生因为父母的溺爱，无形中养成了不能延迟满足、不能忍受挫折的负面性格，甚至一有不如意就用偏激的反应来表达。一个人要能够正确地认识挫折，并不是一件容易的事情。当一个人处在旁观者的位置、看到别人的遭遇时，自己或许还能做出一些正确的分析，而当挫折降临到自己的头上时，要做出正确而清醒的认识就很不容易了。在挫折情境中许多不理智的反应、不正确的行动，都是与缺乏对挫折的正确认识有关的。我们要看到，挫折会给人以打击，带来损失和痛苦，但也能使人奋起、成熟，得到锻炼。挫折既有消极的一面，又有积极的一面。

曼德拉年轻时因反对种族隔离制度被捕入狱，白人统治者把他关在荒凉的小岛上整整27年，3名看守人员总是寻找借口欺侮他。1994年，曼德拉当选南非总统，当年在监狱看管他的3名看守人员也应邀参加他的就职典礼，曼德拉恭敬地向他们致敬。如此博大的胸襟让所有到场的各国政要和贵宾肃然起敬。后来，曼德拉解释说，他年轻时性子很急，脾气暴躁，正是漫长的牢狱岁月让他有时间思考，让他学会了控制自己的情绪，学会了如何处理自己的痛苦。磨难使他清醒，使他克服了个性的弱点，也成就了他最后的辉煌。

课堂活动

挫折对大学生有利还是有害?

将学生分成两个小组进行辩论：挫折对大学生的影响是积极的还是消极的？如何看待挫折对个体的影响？如何更好地应对挫折？

辩论题目：挫折对人的影响是正是负？

正方：挫折不利于大学生的成长发展。

反方：挫折有利于大学生的成长发展。

2. 提高心理复原力

如果阿拉丁神灯能许的愿望不是3个而是100个，你有多少愿望要许呢？

如果有1000个工作机会等你来挑，你会选哪一个？

如果这100个愿望都落空、1000个工作履历都被退回，你有从挫折中复原的能力吗？

复原力指个人面对逆境、创伤、悲剧、威胁或其他重大压力时的良好适应过程，也就是对困难经历的反弹能力，也有人称其为“抗逆力”“压弹”“心理弹性”等。下面以电影《贫民窟的百万富翁》中的主角贾马尔为例，说明复原力的三个基本特征。

电影《贫民窟的百万富翁》中的主角贾马尔具有极高的复原力。贾马尔经历过很多重大创伤事件，但他最常忆起的是一个无比美好的画面：阳光下、月台上，身着鹅黄色裙衫的女孩卡提姆仰起头微笑着注视他，她是那么明媚灿烂，那么满怀信心。从贾马尔身上我们可以看到复原力包含的三个基本能力。

（1）接受并战胜现实的能力。贾马尔在隐忍地面对悲惨命运的同时努力与命运抗争。从最初的设法逃命，到后来的设法生存，再到后来的设法兑现自己的承诺，都体现了他的这个能力。

（2）在危难时刻寻找生活真谛的能力，即个人对自身价值观和人生信念的坚守。贾马尔不论遇到什么样的不幸，都始终保持善良、仁爱和对友情的忠诚，尤其与他后来走上黑道又回头的哥哥相比，贾马尔所表现出的始终如一的对弱者的同情和关心，以及对正道的坚持，都体现了他把握生活真谛后所拥有的勇气和力量。

（3）随机应变的能力。贾马尔在5岁的时候，就想到利用电视传媒寻找好友，体现出一种非常强的问题解决能力。

美国临床心理学家布鲁克斯与戈尔兹坦博士在《挫折复原力》一书中指出个人拥有挫折复原力的10个要素。

（1）改变生活：更改负面脚本。

（2）选择抗压，而不是被压力击垮。

（3）用别人的观点观察生活。

（4）有效沟通。

（5）接纳自己及他人。

（6）贴近他人及发挥怜悯心。

（7）有效处理错误。

（8）培养特长，欣然面对成功。

（9）训练自律及自制力。

（10）维持心智坚韧的生活形态。

拓展阅读

你是谁？——胡萝卜、鸡蛋、咖啡[①]

胡萝卜入锅之前是强壮的、结实的，毫不示弱，但进入开水之后，它变软了，变弱了。鸡蛋原来是易碎的，它薄薄的外壳保护着它呈液体的内脏，但是经开水一煮，它的内脏变硬了。粉状咖啡豆则很独特，进入沸水之后，反倒改变了水。“哪个是你呢？”父亲问女儿，“当逆境找上门来时，你该如何反应？你是胡萝卜、鸡蛋，还是咖啡豆？”

3. 提升抗逆力

挫折有时候可以磨炼一个人，使个体的抗逆力得到提升。通俗地说，抗逆力也可称为“逆商”。逆商是指人们面对逆境时的反应方式，即面对挫折、摆脱困境和超越困难的能力。保罗·史托兹在《逆商：我们该如何应对坏事件》一书中指出，逆商由四个维度构成，即掌控感、担当力、影响度和持续性。这四个维度能够决定个体的总体抗挫折能力。

（1）掌控感。

要探究的问题是个体觉得自己对于不利事件的掌控能力。个体要想拥有掌控感，首先就要坚信“任何事情自己都能做到”。即使身处最糟糕的境地，个体也总是有一些可掌控的部分。个体始终能掌控自己。掌控感强的人会这样想：“这真的很难，但我见过更难的”“总会有办法的”“我必须想个办法去解决这个问题”。

（2）担当力。

担当力衡量的是个体在多大程度上会承担起责任，为改变负责。与逆商较低的人相比，高逆商的人更愿意承担困境所产生的后果。这种担当力促使他们采取行动去努力改变现状，而不是回避问题和责备他人。

（3）影响度。

影响度探究的是挫折对个体生活会产生多大的影响。影响度得分低的人会让挫折蔓延到生活的方方面面；影响度得分越高，个体就越有可能把问题的影响范围控制在当前的事情上。限制挫折对你的影响范围，可以让你思路更清晰并采取更有效的行动。

（4）持续性。

挫折会持续多久？逆商较低的人会无限拉长逆境的影响时间。对挫折的起因进行归因也是一个重要的因素，将失败归因于自身努力的人，比那些将失败归因于自身能力的

---

① 资料来源于网络，略有改动.

人更能坚持。

了解了逆商的构成，那么如何提升逆商呢？可以借助“LEAD”工具是，四个字母代表了四个步骤。

L（listen）：倾听自己对逆境的应对心声。

首先需要掌握的技巧是迅速地觉察逆境的降临，当你感受到自己出现负面情绪的时候，就要提醒自己注意挫折这件事，让大脑保持警惕，觉察之后才能应对。要觉察挫折对自己的影响有多大，挫折持续了多久，可能还会持续多久，挫折是否在自己的掌控中，以及与以往的挫折相比，自己战胜挫折的信心如何。

E（explore）：探索自己对结果的担当。

过分自责和推卸责任都无法增强我们的掌控感，反而会让我们陷入推卸责任的惯性，但我们也不能沉没在自责或愧疚中。当我们接受适当的责备，决定从自己的行为中吸取教训，并对结果的一部分承担起责任时，我们就能够重拾掌控感，让事情朝着问题解决的方向发展。

A（analyze）：分析证据。

分析证据是一个简单的质疑过程，让你得以审视、质疑并最终摆脱自己对于逆境反应的消极部分。我们可以从以下三个问题入手分析逆境。

有什么证据表明我无法掌控？

有什么证据表明逆境一定会影响到我的生活？

有什么证据表明逆境必然会持续过长时间？

答案通常是否定的，即使有肯定的回答，也没有关系，生活中总是有多种可能性，当你不能改变过去的时候，你可以看一看当下可以做些什么，如果你愿意，你总是可以找到可利用的资源。

D（do）：做点事情。

当你完成前三个步骤，你大概率会拥有相对平和的心态和情绪，但还不够，你需要有下一步的行动。通过漏斗法，你就会从列清单转向采取某个行动。你要选出一个需要率先实施的行动，然后确定在哪一天的什么时候实施这个行动。最后的这个步骤会让你的各种想法经过漏斗变成一个明确的、有计划的前进行为。

本章小结

1. 谢尔耶认为压力是产生于个人无能力、无资源应对“外在需求”时的一种非特定的生理反应。

2. 压力状态下身体反应分成三个阶段：警觉、抗拒、衰竭。

3. 压力的心理反应主要从认知、情绪、行为各方面来表现。

4. 压力的大小，是由压力源事件的客观性和自我感觉的主观性两种因素共同决定的。

5. 压力有益论：压力可以激发个人的潜能；压力有害论：压力过大影响健康。

6. 挫折包含三种成分：挫折情境、挫折认知、挫折反应。

7. 大学生常见的挫折的种类：与自我有关、与他人有关、与环境有关。

8. 挫折的防御机制可以分为两大类：积极的心理防御机制和消极的心理防御机制。

9. 挫折应对的方法有发现挫折的意义、提高心理复原力、提升抗逆力。

认识自我

测量心理弹性水平

指导语：选择合适的选项，以表明你对表5.7中每一项陈述同意或不同意的程度。

表5.7 心理弹性量表

情况陈述	从不（0分）	很少（1分）	有时（2分）	经常（3分）	总是（4分）
1. 当事情发生变化时，我能够适应					
2. 无论人生路途中发生何种事情，我都能处理					
3. 面临难题时，我试着去看到事物积极的一面					
4. 历经磨难会让我更有力量					
5. 我很容易从疾病、受伤、困难中恢复过来					
6. 我相信即使遇到障碍，我也能够实现目标					
7. 压力下我仍然能够集中精神思考问题					
8. 我不会轻易地被打倒					
9. 在处理生活中的失败和困难时，我觉得我是个坚强的人					
10. 我能够处理一些不愉快或痛苦的感觉，例如悲伤、害怕和生气					

评分

将各项得分相加，得到总分。得分越高，说明心理弹性越高。

心理训练

逆商提升行动

请你回顾最近生活中发生的挫折事件，运用“LEAD”工具分析自己对挫折事件的处理过程，填写表5.8。

表5.8　我的逆商提升行动

挫折事件	L：倾听自己对逆境的反应	E：探索自己对结果的担当	A：分析证据	D：做点事情
举例：期末挂科	难过、焦虑，期待自己补考通过	认识到偷懒的代价，决定好好复习	消极情绪不会一直持续，生活依然会继续	制订复习计划并执行

心理自助餐

1．凯利·麦格尼格尔：《自控力：和压力做朋友》，北京联合出版公司2016年版

这是一本帮你与压力共存的实用指南。拥抱压力会使你在面对挑战时更主动，运用压力的能量，而不是被其耗得油尽灯枯。

2．电影：《勇敢的心》

人生难免会遇到挫折，这是不可避免的，而挫折有着正面和负面的影响。它既可使人走向成熟、取得成就，也可能破坏个人的前途，关键在于你怎样面对挫折。

项目六

“爱”需要能力——大学生恋爱与性心理

学习目标

1. 帮助大学生树立正确的恋爱观，理解亲密关系需要哪些爱的能力，以及如何培养这些爱的能力。
2. 帮助大学生面对失恋，以及用适当的方式应对失恋。
3. 帮助大学生了解大学生性心理的特点，以及常见的性心理问题。
4. 掌握常见的性心理困扰及其应对的方法。

思政目标

使大学生树立积极正确的恋爱观，培养其社会责任感和奉献精神。

问题聚焦

1. 很多大学生都谈过恋爱，你想谈恋爱吗？你具备爱的能力吗？
2. 人们常说“相爱容易，相处难”，如何与你的爱人建立长期稳定的亲密关系？
3. 大学生对于性充满了好奇，如何正确面对性？

心理热身

某高校女大学生与男友恋爱两年，非常地依赖对方，每天都要通电话、发短信，每天都想知道对方在做什么。对男友与其他女孩的正常交往很反感，希望男友与其他异性朋友断绝联系。开始的时候，男友认为这是女友在乎自己，并没把这种表现放在心上，时间久了，男友觉得自己被这份感情压得快要窒息了，完全没有自己的空间。于是在女友的无理取闹之下提出了分手。该女生无法走出失恋的困境，决定要见男生最后一面，但接下来却发生了让人揪心的一幕：女孩捧着一束花向男友冲去，用隐藏在花中的刀刺伤了男友，男生倒在血泊中，女孩却只是安静地站在原地等待警察将她带走。[①]

思考并回答：

1. 你怎么看待这个女生的行为？
2. 如果你是这个女生，你会怎么做？

---

① 张仲兵，丁志强，李慧萍．大学生心理健康教育与素质训练 [M]. 北京：高等教育出版社，2014. 略有改动．

心理讲堂

步入大学，越来越多的同学开始了甜蜜的爱情。可是，当激情消散、浪漫不再，甜蜜变成了困扰，浪漫变成了争吵，曾经相爱的恋人分道扬镳。感情的问题困扰着一届又一届的学生，不少学生不知道如何区别爱情和友情，更不懂得如何与异性交往，也不明白要如何排解失恋的痛苦。那么，什么是爱情？如何走出爱情的困惑？作为大学生，无论是否开始恋爱，我们都要用知识、修养、爱心来丰富自己，树立正确的恋爱观，积蓄爱的力量、学习爱的语言、培养爱的能力。

任务一 爱情密码

一、爱的本质

（一）爱情定位

爱情是一个古老而常新的话题。弗罗姆在《爱的艺术》一书中将人类的爱分为五种：兄弟之爱、父母之爱、异性之爱、自我之爱和神明之爱，我们这里要讲述的就是异性之爱。

1. 什么是爱情

爱情是建立在传宗接代的本能基础之上，男女双方产生的特别强烈的肉体和精神的相互仰慕，并渴望对方成为自己终身伴侣的高尚感情。爱情是人际吸引最强烈的形式，是身心成熟到一定程度的个体对异性产生的有浪漫色彩的高级情感。其特点包括：（1）相异性：爱情一般产生于异性之间。（2）成熟性：爱情有其生理基础，包括性爱因素，不是纯粹的精神之恋。（3）高级性：爱情是一种高级情感，不是低级情绪。（4）利他性：爱情的基本倾向是奉献。衡量一个人对异性有无爱情、强度如何，可以通过“是否发自内心帮助所爱的人做其期待的事情”这个指标来衡量。

2. 爱情的基本内容

生物因素：指爱情产生于男女两性之间，异性相吸的生物本能使人产生性欲，从而具有与之相结合的强烈愿望。

精神因素：指爱情是一种高尚的情操，健康的爱情会愉悦身心，使人产生美好的心理体验。

社会因素：指爱情是社会现象，一方面受社会道德、法律规范的制约；另一方面，爱情涉及养儿育女、传宗接代的社会功能。

拓展阅读

红玫瑰的由来①

阿弗洛狄忒是古希腊神话中的人物，是爱与美的女神。爱神阿弗洛狄忒诞生的时候，上天同时创造出了玫瑰，不过只有美丽的白色玫瑰。而玫瑰枝上之所以会长有尖刺，是出于众女神对爱神天生美貌的嫉妒。阿弗洛狄忒曾经爱上了人间的一位猎人阿多尼斯，他英俊、体贴、完美，酷爱打猎。即使阿弗洛狄忒反对，阿多尼斯仍然不肯放弃。终于，悲剧出现了，阿多尼斯在一次狩猎时被猎物撞成重伤。阿弗洛狄忒得知后慌忙跑去救他。路途中，白玫瑰的刺划破了阿弗洛狄忒的赤足，鲜血流出。她跑过的地方逐渐开满了鲜红的玫瑰，这就是红玫瑰的由来。最终，她的爱人死了，阿弗洛狄忒失去了她的爱情，完美的爱神却有着不完美的爱情。直到今天，人们在祈求爱情的时候，总是会使用鲜红的玫瑰，因为人们希望阿弗洛狄忒在看到鲜红的玫瑰的时候，会想起自己与恋人曾经追求的幸福。

（二）爱情三角理论

斯腾伯格的爱情三角理论认为，爱情包括三个基本要素，激情、亲密、承诺，它们相辅相成，互为补充。具体地说，激情指恋人之间相互吸引、倾慕、爱恋、朝思暮想等感受；亲密指恋人之间相互关心、呵护、照顾、终日厮守的愿望；承诺指恋人之间相互信守诺言、不逢场作戏的决心。一段真心投入的爱情，这三者缺一不可。

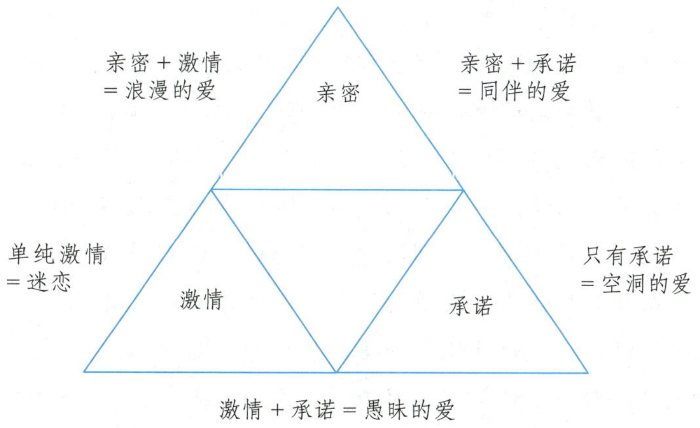

图6.1 爱情三角理论

根据两性间三种关系的强弱程度，我们可以将人类的爱情分为如下几类。

第一类是喜欢。有亲密，缺乏激情和承诺的爱。由于长期相处，异性间产生了相知

① 成光琳，李玲玲．大学生心理健康教育 [M]．2 版．北京：高等教育出版社，2020．

感，彼此了解对方的经历、兴趣爱好，有一种朋友般的默契感。

第二类是迷恋。有激情，但缺乏亲密和承诺的爱。男女双方在某一特定的时空不期而遇，由于强烈的性吸引，或出于其他原因，双方并无深刻的了解，也无对未来的承诺，在身体上的亲近接触之后，大家又形同陌路。

第三类是承诺之爱。有承诺，但缺乏激情和亲密的爱。男女之间既无生理方面的吸引，又缺乏相互的了解，仅由于某种承诺而被强扭在一起。例如旧时的很多“包办婚姻”就属于这一类。

第四类是浪漫之爱。有激情和亲密，但缺乏承诺的爱。男女之间有着性的激情和深刻的了解，但由于种种原因，无法做出爱的承诺。

第五类是伴侣之爱。有亲密和承诺，但缺乏激情的爱。双方的关系既亲密，又有婚姻的承诺，不过，由于生理的疾病或衰老而无法进行性生活。

第六类是闪电之爱。有激情和承诺，但缺乏亲密的爱。男女之间并无深刻的了解，但由于强烈的性吸引而闪电般地结为夫妻。

第七类是圆满之爱。既有亲密、激情又有承诺的爱。即男女的关系既有相知的亲密、生理的吸引，还有对婚姻的追求与承诺。

拓展阅读

爱情的几个误区①

每个人都渴望爱情，然而大学生首先需要清楚什么不是爱情。以下几种情况都不是真正的爱情。

一是偶像化的爱情。一个没有达到产生高度自我知觉的人，倾向于把自己所爱的人“神化”，他把自己的力量异化并把其反射到他爱的人身上，将他爱的人当作一切爱情、光明与祝福的源泉而受到他的崇拜。这一过程中，人失去了对自己力量的觉悟，在被爱者身上失去了自己，而不是找到自己。从长远观点看，没有一个人能符合崇拜者心愿，当然不可避免地会出现失望，而解决这一问题的方法是寻找新偶像——这种偶像式的爱情在最初的体验是强烈性与突发性。这种爱常常被看作是真正的与伟大的爱情。恰恰是这种所谓的强烈性和深度却表现了那些恋爱者的饥渴和孤独。

二是完美的爱情。这种爱情的本质只能存在于想象之中，而不是存在于同另一个人实实在在的结合之中，这种爱情往往是用代用品使自己满足；另一种表现是我们常常将恋爱的对方想象得极其完美。特别是校园爱情被称为“真空爱情”或“玻璃爱情”，就是因为大学生扩大了爱情的完美性而忽视了其现实性。当真实的生活摆在面前时，大学生的爱情显得脆弱不堪，因为完美本身拒绝缺点。

① 张仲兵，丁志强，李慧萍．大学生心理健康教育与素质训练 [M]．北京：高等教育出版社，2014．略有改动．

三是爱的投射。当恋爱失败或受挫后，将注意力放到“所爱者”的错误和缺点上，对他人的细微错误的反应十分灵敏，而对自己的问题与弱点却不闻不问。他们考虑更多的是如何指责对方或者教育对方。那么，二者之间的爱情关系就成为相互投射。事实上，当恋爱受挫后，当事人需要认真反思自我，而非投射。

四是爱情的非理性观念。认为爱情意味着甜蜜，意味着没有冲突。恋人之间的相互冲突，那些属于人的内在现实并能在人的心灵深处体验到的冲突绝不是毁灭性的，这些冲突会带来净化，会带来心灵的沟通与理解。关于爱情的非理性观念主要有以下十类：一类是没有爱情的大学生活是失败的；二类是爱情是靠努力可以争取到，即付出总有回报；三类是爱不需要理由；四类是因为相爱而发生性关系无可非议；五类是恋人是完美的，爱情是至高无上的；六类是爱是缘分也是感觉；七类是不在乎天长地久，只在乎曾经拥有；八类是爱情重在过程不在结果；九类是爱情能够改变对方；十类是失恋是人生重大的失败。由于受非理性观念的影响，部分大学生将恋爱置于其他重要人生任务比如学业之上，甚至因为爱而荒废了学业。有的大学生坚信爱情中付出总有回报，做爱情的守望者，耐心地等待，有的甚至采取极端举措。

爱情的非理性观念常常影响着大学生的人生选择，经常听到他们讲：“我一直在努力，为什么得不到她的爱？我的爱可以感动神灵，唯独不能令她感动。”还有单相思的“我只是默默地爱他，我不在乎他是否在乎我”；“为什么随着交往的深入，我发现他不是我生命中等候的人”等，都是受到自己头脑中非理性观念的影响。

五是产生于孤独无助时的爱恋。爱情产生于何时？我们无法精确计算。但很多悲剧产生于开始，因为开始本身就意味着错误。特别是大学新生，来到陌生的城市，面对陌生的环境，显得无助与孤独。此时，可能一声问候、一束鲜花都会令孤独无助之中的你感动。要记住：在孤独无助时，更需要广泛的社会支持，如友情，而不一定是爱情。

二、健康与不健康的爱情

心理学家根据恋爱中对爱情的追求，进一步把爱情分为健康和不健康两大类。

（一）健康的爱情

健康的爱情主要有三个方面的表现：（1）不过分痴情，不咄咄逼人，不显示自己的爱情占有欲，能够充分尊重对方。（2）将爱情给予对方比向对方索取爱情更使自己感到欢欣，并以对方的幸福为自己的满足。（3）是彼此独立的个性的结合。

（二）不健康的爱情

不健康的爱情主要有四个方面的表现：（1）过高地评价对方，将对方的人格理想化。（2）过于痴情，一味地要求对方表露爱的情怀，这种爱情常常显得病态和夸张。

（3）缺乏体贴怜爱之心，只表现自己强烈的占有欲。（4）偏重对外表的追求。

三、大学生恋爱心理的发展

（一）大学生恋爱心理特点

1. 恋爱自主性较强，恋爱动机多元

大学生文化层次相对较高，独立意识强，思想开放，受传统习俗的约束较少。他们在确定恋爱关系前、恋爱关系后，一般很少征求父母的意见，大多自己做主。另外，与社会上受结婚动机驱使而恋爱的现象不同，大学生的恋爱动机更多元。大学生恋爱动机可简单地划分为以下几类。

（1）满足情感需求。

有些大学生步入大学后，在宽松的环境和放松的心情下，对寻求心灵归宿和情感寄托的需求日益强烈，他们中的一部分人便到异性中去寻找情感寄托，通过恋爱消除寂寞，或期望从恋爱中获得温暖、保护，弥补自己成长经历中的情感缺失。

（2）从众心理。

校园里，恋爱已经成为一道独特的风景。一些人盲目跟风，甚至有学生误认为，大学不谈一场恋爱，就等于没上过大学。

（3）渴望自身价值得到认同心理。

很多大学生把有异性朋友作为体现自身价值的一个方面，甚至认为被越多人追求越有价值感，说明自己有人爱，值得人爱，证明了自身的价值和魅力。这时候恋爱难免成为“可以炫耀的资本”了。

（4）积累经验心理。

有些大学生在校园追求的并非真正的爱情，而是获得恋爱和性的体验，想尝一尝爱情的滋味，把恋爱看作成长的过程，通过在学校的恋爱积累与异性相处的经验，为以后恋爱打基础。这类学生在恋爱中会更加注重过程，对结果很少考虑。

（5）欲望和冲动心理。

有些大学生为了满足性生理和心理的需求而恋爱。这种基于原始的欲望冲动的恋爱是不会结出幸福之果的。同时，这种恋爱关系中的男女对自己的性行为的放纵，最终会使双方都受到伤害。

（6）功利和实用心理。

有些大学生受到某种利益的诱惑，或者因为对方条件优秀而追求对方，甚至不惜付出任何代价。这样的爱情动机不纯，脆弱易碎，很难长久。

2. 注重恋爱过程，轻视恋爱结果

“不求天长地久，只在乎曾经拥有，爱过恨过已经足够。”这句大学生中流传的顺口溜反映了部分大学生的恋爱心态，那就是过程经历更重要，至于结果如何已经不太

在意。由于受将来职业的不确定性和未来人才的流动性等各种因素的限制，很多大学生在恋爱时很少考虑将来是否要结婚的问题。因此，在恋爱对象选择的时候，对于对方是否是一个志同道合、能够长久生活的人没有慎重考虑，而是更加关注当时当地的情感体验。一方面，注重恋爱过程，有利于更深层次地了解对方，增加心理相容度；另一方面，这种强调“爱的进行时”，忽视“爱的将来时”，从爱情的实质来讲，是只强调了爱的权利，忽视了爱的责任，遮蔽了理想与现实之间存在的矛盾，实际上反映了这些大学生逃避承担责任的随意性。

3. 恋爱观念开放，传统道德淡化

一些大学生受西方“性解放”“性自由”思想的影响，性观念、性道德正在发生巨大的变化。大学生正值青春年华，性观念容易出现偏差，常常表现为对于爱情的过度解读。

有些大学生对婚前性行为持开放、理解和宽容的态度。一方面，在爱的激情下，往往会选择暂时摆脱道德观念的束缚，放任自己的情感，追求爱情的缠绵悱恻并乐在其中，时时沉浸在两人的世界里；另一方面，大学生受到内心深处伦理道德的谴责，经常处于理智与感情矛盾的漩涡中。

4. 恋爱行为公开，浪漫色彩浓厚

现在一些高校对大学生恋爱基本上采取“既不提倡，也不反对”的态度，大学生的恋爱一改以往传统的含蓄、内敛的形式，呈现在大家面前的是：公开场合手拉手、肩并肩，甚至搂搂抱抱、爱抚亲吻。他们既不担心同学的议论，也不担心老师的批评，有的甚至以谈恋爱为荣。爱情的表达形式、内容更加多样。

5. 以自我为中心，态度轻率化

在恋爱过程中，大学生更加强调自身的感受，对周围同学的情绪知觉较迟钝，因此易引发一些同伴矛盾。有些大学生恋爱，情绪化色彩很重，与一位异性建立恋爱关系的时间缩短，缺乏持久性。有些大学生对某位异性有些许好感，就认为是自己爱上对方了，便展开追求，过不了多久，发现原来自己错了，一场恋爱便旋风般地结束了。过了不久，又投入到另一场恋爱中去了。这种轻率的恋爱可能会对一方或者双方的心理造成很大的伤害。

拓展阅读

大学生可以恋爱吗？①

大学生经常问：大学生可以恋爱吗？恋爱利大于弊，还是弊大于利？这既有个体差异，也有社会环境的影响，后者的影响更大。比如说，在农业社会，年轻人的结婚年

① 张仲兵，丁志强，李慧萍．大学生心理健康教育与素质训练[M]．北京：高等教育出版社，2014．略有改动．

龄普遍偏小。而在现代社会，快速的生活节奏与自我发展的双重压力使更多的人先立业后成家。而大学生尽管生理成熟，但承担繁重的学业任务与未来发展的任务，他们需要更多的时间发展自我。当爱情的脚步走近时，你可能无法逃避，你拥有选择的权利。但是，大学生恋爱也是一把双刃剑，因为大学的时间是一个常量，你精力的分配将决定你未来的发展。因而是否可以恋爱并非一个绝对的规定，它与个体的身心成熟与社会性成熟有关。最简单的一点是，有恋爱就有失恋，你对恋爱的心理预期与失恋的心理承受力是需要提前考虑的。

所以，大学生是否可以谈恋爱，以及是利多还是弊多的问题，实际上是一个什么样的大学生具有谈恋爱的资格的问题。大学生恋爱至少需要具备以下条件：一是心理断乳的完成；二是对爱情的真谛有较深的理解；三是具备了失恋的忍耐力。

（二）大学生恋爱中常见的心理困扰

1．猜疑心理

猜疑心理，指在爱情中缺乏基本的信任，总是怀疑对方在做或做了对不起自己的事，以至于发展到跟踪对方、“约法三章”等。这实际上是缺乏对对方尊重和理解的一种表现。真正的爱情，双方应该坦诚相待、真诚相爱。

培根说：“心思中的猜疑就像鸟中的蝙蝠，永远在黄昏里飞。”猜疑的心理使人迷惘，疏远朋友。“猜疑，使君王易施暴政，为夫者易生嫉妒，有智谋者寡断而抑郁。”那么，如何克服恋爱中的猜疑心理呢？

（1）增进了解。

要克服猜疑心理就要增进恋爱双方的相互了解，多了解对方的兴趣爱好，增强彼此的信任，避免轻易地被闲言碎语所左右。

（2）增强自信。

不论男女，要努力提升个人修养，增强自信，襟怀坦荡，宽以待人，与人为善。

（3）学会冷静。

要学会冷静、全面地看问题，避免一时的冲动、感情用事和偏听偏信；要学会坦诚地保持相互间的思想沟通，一旦产生疑问，敢于开诚布公地交换意见、正视矛盾，尽早地消除误解、化解疑心。

2．自卑心理

自卑心理是由于自我评价偏低而引起的害羞、不安、内疚、胆怯和失望等消极的情绪体验。自卑感过重的人，在对待恋爱问题上，常会怀疑自己的能力、惧怕自尊受到伤害，而无法敞开心扉。一旦在恋爱中受到挫折，又往往会采取自我封闭、不再与人交往的方式，逃避现实。大学生恋爱中的自卑心理大部分都是因为自身的“缺陷”和“不足”造成的，如自己的相貌、身材和经济条件等不够理想，或感到自己的学习成绩和社交能力等不如人。

怎样克服恋爱中的自卑心理呢?

（1）认识自我。

克服自卑心理首先要正确认识自我。在现实生活中，我们要勇于正视自身的缺陷和不足，同时也要看到自己的优点与长处。俗话说：“骏马能历险，犁田不如牛；坚车能载重，渡河不如舟。”“直木可为梁，曲木可为犁。”我们要做到客观地评价自我，愉悦地接纳自我。

（2）磨炼意志。

我们要有敢于面对挫折与困境的百折不屈的勇气和毅力，要树立积极的人生态度，加强自身修养，以乐观积极的态度对待生活和人生。

（3）增强自信。

我们要时常看到自己的优势，多做自己有把握的事，不断地以各种方式来激励自己奋发向上。我们可以用自我暗示的方法来增强自信，例如“我是一个聪明、漂亮的人。”“在我所从事的专业领域，我是出类拔萃的。”“我是最棒的。”

3．嫉妒心理

嫉妒心理是指在异性关系中，由于他人比自己强而对自己在异性心目中的位置构成某种威胁，所产生的苦涩、羞愤、愤懑，甚至敌视对方的情绪状态。

男女之间一旦确立了恋爱关系，双方都会要求对方专注于自己，而绝不能容忍第三者的插足或其中一方同时涉足于第三者。有人说，嫉妒是爱情的标志，爱得越热烈，嫉妒得越厉害。

在大学生的恋爱中，嫉妒心理使得一些恋人限制和干涉对方与他人的正常往来，也有的情侣因嫉妒心理而整日陷入无休止的猜疑、矛盾纠葛之中，还有的人出于嫉妒，不顾社会的道德伦理，对他人无中生有地进行诽谤、攻击，甚至个别人在嫉妒心的驱使下与“情敌”发生流血事件。严重的嫉妒心理往往表现为与爱情根本不相容的自私、狭隘的占有欲望，它是一种不良的情绪，是大学生恋爱的心理障碍之一。

如何克服恋爱中的嫉妒心理呢?

（1）充分认识自我。

分析自己是否过于敏感、缺乏自信。自卑的人容易产生嫉妒心理。

（2）分析嫉妒产生的根源。

嫉妒心往往是误解所引起的，要搞清楚是不是误解了自己的恋人。另外，要增强自身的心理素质，提升修养，消除爱情中的自私心理。爱情是排他的，但并不等于对方是你的私有财产、只能受你支配。

（3）转移注意力。

要主动进取、充实生活、转移注意力。比如，将更多的精力放在工作和学习上。就像培根说的："一个埋头沉入自己事业的人，是没有工夫去嫉妒别人的。"

（4）尊重对方的感情。

恋爱时，要允许对方有自己的人际交往空间。嫉妒的危害是很大的。心理学家弗洛伊德曾经说过："一切不利影响中，最能使人短命夭亡的，就是不好的情绪和恶劣的心境，如忧虑和嫉妒。"嫉妒心理会危害人们的身心健康。

拓展阅读

大学生恋爱中的心理误区①

误区一：爱情可以征服一切

热恋中的大学生认为，爱情是可以征服一切的，只要彼此相爱，爱情就是美满的，未来的婚姻就会幸福。甚至有学生扬言："只要我爱他，他酗酒我不在乎；他游手好闲、不务正业也没关系，我只要一直爱他就好了，我对他的爱能征服一切。"但这一切都为今后两人的生活埋下了隐患。其实，爱情并不能征服一切，只有爱情的婚姻并不能使感情长久。

误区二：爱情就是人生的全部

在大学里，有些同学把爱情放在了人生最高的位置，认为爱情就是人生的全部，奉行爱情至上主义，一切都应该以爱情为中心。崇尚爱情至上的同学认为："世界和生活只有你和我，还有我们之间的爱情。"他们认为，没有爱情就没有意义，对周围的事物都漠然处之。但是，爱情并不是我们人生的全部，只是人生的一部分，我们的人生除了爱情还有友情、亲情，同学们在大学还要努力学习、努力拼搏，将来为自己的事业努力打拼。在大学里，应该把学业放在第一位，爱情放在第二位，因为学业是未来事业成功的基础。爱情是以互相爱慕为基础的，爱情意味着相互的责任，任何时候对待爱情都不应该草率。

误区三：只有初恋才是真爱

有部分大学生认为，只有初恋才是真爱，在他们心中，只有初恋才是单纯的喜欢，付出的是纯真的感情，彼此之间是真诚的，没有任何不正当的想法，却有一生一世要和对方在一起的幻想。他们会为对方付出自己的一切，却不求一丝回报。现代社会很少有爱情是一步到位的。很多人经历了多段恋情才修成正果。每一段恋情都能教会我们一些道理，比如，暗恋失败教会我们爱情是两个人的事；激情的爱情失恋，教会我们平淡的情感有时候更浓……爱情不是得到就是学到，真爱是不断进化发展的。所以，每一次爱对我们来说都是新的，都可以是真爱。初恋是一种情怀，每个人都可能经历过这种懵懂的、纯纯的初恋，虽然不见得会成功，但初恋却是一生永远的回忆。希望同学们不要走

---

① 成光琳，李玲玲．大学生心理健康教育[M]．2版．北京：高等教育出版社，2020．

进这样的心理误区，初恋可以是真爱，但不能武断地认为只有初恋才是真爱，因为真爱可以有很多次。

（三）大学生恋爱中常见的问题

恋爱在给人带来幸福的同时，也给人带来烦恼和苦涩。

1. 单恋与爱情错觉

单恋是一方的倾慕情感苦于不被对方知晓和接受而造成的一厢情愿或对恋爱的渴望，俗称“单相思”。它仅仅停留在个体单方面爱恋而无法发展成双方相恋的状态，是一种深沉而无望的爱情，有的甚至充满了毁灭性的激情和疯狂。爱情错觉指在异性间的接触往来关系中，一方错误地认为对方对自己“有意”，或者把双方正常的交往和友谊误认为是爱情。爱情错觉是单相思的另一种形式，它常会使当事人想入非非，自作多情。

很多大学生心理尚未完全成熟，单恋现象比较常见，且较多地出现在性格内向、敏感、富于幻想、自卑感强者身上。自己爱上了对方，于是也希望得到对方的爱，在这种具有弥散作用的心理支配下，就会把对方的亲切和蔼、热情大方当作是爱的表示，并坚信不已，从而陷入单恋的深渊，不能自拔。

深刻的单相思是一种难以矫正的心理障碍，会使人一度丧失自尊，不顾人格尊严地乞求于所恋对象，严重影响人的知觉判断和理性选择，同时也干扰了所恋对象的学习和生活，陷入单相思的人有时会走向极端，以伤人的方式终结单恋。

单恋形成的原因很复杂，主要与单恋者的幻想特质、信念误差和认知念头等有密切的关系。

（1）幻想因素。人的幻想特质与先天气质类型和后天的心理发展过程有密切关系。一个从没有被人爱过、敏感、内心体验丰富的人，就难以爱上别人，即使爱上别人也羞于承认，也不敢奢望被爱。但是，人人都有爱和被爱的渴望，如果对爱的需要的满足受阻，往往转向自己，回到内心，自编自导一个玫瑰色的梦，并在梦中满足自己对爱和被爱的渴求。当他们进入青春期，开始真正的异性交往时，就很难适应正常的恋爱，于是只好退回到过去那种满足方式上，以儿童的反应把爱的渴望当成现实的异性之爱，以丰富的想象力在幻想中得到异性爱的一切满足。

（2）信念误区。单恋者往往信守“伟大的爱充满艰辛和痛苦，它往往是得不到回报的”的信念，于是在得不到对方的爱时，就在单恋中自我暗示：爱不仅仅是为了爱，不要承诺，不要回报，认为这种不顾一切的爱才是最伟大的爱。

（3）认知偏差。单恋者对于倾慕对象一往情深，希望得到对方的动机十分强烈。在这种心理的支配下，单恋者往往会把对方的言行举止纳入自己的主观需要的想象中，造成对他人的认知偏差。另外，有的单恋者不能正确地对待被拒绝的事实，认为如果承认，就意味着自己配不上对方。因此，为了自尊和面子，就强迫自己坚持求爱到底。

单恋者固然会体验到一种深刻的快乐，但更多会体验到情感的痛苦，因为他们无法正常地向自己所钟爱的异性倾诉柔情，更不能感受到对方爱意的温馨。单相思的痛苦不仅仅为情，真正让自己痛苦的是自我否定，比如，我怎么就那么笨啊，我怎么就没有争取到啊，我是不是很差啊。

克服单相思可以从以下几个方面进行努力。

第一，正确理解恋爱的真正含义，明白爱情是男女双方自愿的事，任何单方面的情感都不是真正的爱情，从而否定自己单方面的恋爱。

第二，向所爱的人表达。如果所爱的人根本不可能爱自己，则要尊重对方的选择，学会放弃，或看书，或交友，把注意力转移到其他事情上。

第三，当单相思者出现严重的失眠、寡言少语、无法安心学习和生活时，可以到医院寻求心理治疗或药物治疗。

2. 失恋

失恋是指恋爱的一方被另一方抛弃或者恋爱关系的持续性被中断，或一方重新选择了恋爱对象。很多大学生在失恋后一蹶不振，似乎失去了对方就像失去了整个世界。这是因为大多数人在谈恋爱时把大部分精力都放在对方身上，对对方有很大的依恋，失恋后生活中突然少了一个人就会觉得心里空落落的，这种心情很容易理解。对于失恋，时间是最好的疗伤药，但首先你需要学会关心自己、照顾自己，并且要明白爱情是相互的选择，而不是单方执着。学会放手，你的幸福需要自己的成全。其实，面对失恋，与其让自己痛苦地煎熬，不如放开心态去接受其他的事物，让自己尽快投入到其他的事情中。比如，积极参加各种活动，被快乐的氛围所感染，忘却失恋的痛苦，或者将自己的注意力放在更有意义的创造性活动上。

失恋后，尽快理性地分析失恋的原因，针对具体的问题选择不同的调整办法。

（1）对方变心、移情别恋，找出自己的一些缺点当借口。

对于这种情况，失恋者没有必要自责。既然对方不再喜欢自己，以后就“你走你的阳关道，我过我的独木桥”，重新选择自己的伴侣。

（2）对方觉得你配不上他（她），将你抛弃。

针对这种情况，首先要让自己从痛苦中走出来，可以运用一些心理防御机制，以产生代偿迁移效应，也就是把失恋造成的痛苦或者紧张迁移到其他方面。天涯何处无芳草，认识到适合自己的异性并不止他（她）一个人。

（3）双方的思想、态度、兴趣、价值观等方面存在很大的差异，导致矛盾激化，不能解决。

针对此种情况，首先要注意以后再恋爱前要以朋友的身份与对方相处，趁早了解对方，如果能够接受对方的个性则继续相处，如果双方不能磨合，则不要开始恋爱关系。

其次，要认识到，既然对方抛弃自己的借口是“自己不够优秀，配不上对方”，那么，在各方面提升自己，就不会在以后的恋爱中处于被动地位。

人生路途上我们会遇到许许多多的人，有些是陪我们走到最后的人，有些是生命中的匆匆过客。当那些人不能再陪伴我们的时候，与其低落地处在失恋的痛苦中，不如感谢那个人一路上带给你的欢乐与成长，更要感谢他（她）让你能更坚强地开始新的生活。失去一份恋爱关系，意味着你又获得了新的开始。所以，当你失恋的时候，就把它当作一次或长或短的旅程结束了而已。在这段路途中，我们欣赏了许多风景，我们欢笑过，我们悲伤过，最重要的是，我们曾经拥有过。有的时候放弃是需要勇气的。所以，勇敢地选择，勇敢地放弃吧！

3．网恋

越来越多的怀有浪漫情怀的学子投入到网恋爱情，他们希望在网上找到一个情投意合的白马王子或白雪公主。有些大学生在现实生活中不善于和异性打交道，不敢涉足爱河，但内心又极其渴望。网络特有的虚拟帮助他们克服了面对面的尴尬和羞怯，使他们能够轻松地面对爱情，这种吸引力在现实生活中是很难找到的。但我们的恋爱并不会一直满足于网络的虚拟模式。当一段时间的心灵沟通后，就不得不面对面沟通了。某调查研究表明，网友的单独会面有80%以上的可能会使双方失望。在异性网友接触中，这一统计数字还要有些上浮。从虚拟的网络爱情走向现实的爱情，有的美梦成真，有的无疾而终，有的上当受骗。年轻的大学生要细细辨别，增强自我保护意识，慎重处理网络爱情。

4．多角恋

所谓多角恋是一个人同时被两个或两个以上的异性所追求或自己同时追求两个或两个以上的异性，并建立了爱情关系。

多角恋是爱情纠纷的主要原因之一，实质上是比单恋更复杂、更严重的异常现象。由于性爱具有排他性和冲动性，因此任何一种多角恋都潜伏着极大的危险性，一旦理智失控，就会给对方及社会带来恶果。

导致多角恋的原因主要有以下几个方面。

择偶标准不明确。由于个性不成熟，生活经验不足，择偶前没有一个较为明确的标准，不知如何才能断定与自己关系密切的异性中哪一位与自己更合适，因此只好颇费心思地多方交往，多头追逐，从而出现了选择性多角恋。

择偶动机不良。有的人一开始和异性交往就出现了动机冲突，一会认为张三英俊、潇洒，一会又觉得李四深沉、稳重；今天认为王某开朗可爱，明天又觉得赵某妩媚、艳丽，在不同角色中周旋以寻求快乐，有的甚至发展到玩弄异性的程度。

虚荣心强。总以为追求者越多，自己就越重要。若退出竞争，就是承认失败，承认自己比别人差，这是导致恋爱上的自私自利，对别人和自己感情不负责任的多角恋的主要原因。

盲目崇拜。明知对方已有对象，但由于盲目崇拜，加上嫉妒好强、固执任性，从而导致冲动性、竞争性的多角恋。

拓展阅读

探讨：同性恋是一种心理疾病吗？①

同性恋是指一个人持久性地对同性产生情感、浪漫和性的吸引，无论这样的吸引是否从外显行为中表露出来。那些与同性产生爱情、性欲或恋慕的人被称为“同性恋者”。

现代科学研究显示，各种少数性倾向（男同性性倾向、女同性性倾向、双性性倾向）和精神病理不存在任何内在联系，故同性恋不是一种精神疾病或心理障碍，只是一种不同于大多数人，特殊的性倾向。

1973年，美国精神医学学会将同性恋自精神障碍诊断与统计手册（DSM-3）中去除；1993年5月17日，世界卫生组织（WHO）将没有自我不和谐性障碍的同性恋从国际疾病分类（ICD-10）中除名，并指出一些同性恋者对自己的性取向感到焦虑、抑郁，或者感到犹豫不决，希望改变为异性恋者的情况属于性心理障碍。

1. 同性恋的成因

（1）生理因素。

现在越来越多证据证明生理因素乃同性恋的主要成因。研究结果显示，以下的因素与同性恋有着莫大的关系。

男性大脑中负责性取向的中枢神经系统若未能与身体其他部位同时男性化，男性荷尔蒙的分泌出了问题，则他成为同性恋者的可能性大增；女性若有过多的男性荷尔蒙和较低的动情激素，则易成为女同性恋者。

（2）家庭因素。

弗洛伊德派的学者将同性恋归因于儿童时期的压力，特别是一个强势、过度保护的母亲配上一个软弱、无力而又有敌意的父亲，会使得男孩缺乏对男性形象的适当认同。心理学家波尔比和其同事通过研究（1962），认为以下原因使男性成为同性恋者：

①缺乏对父亲的性别认同，而对母亲过分依赖。

②母亲表现出对其他女性的不信任，而把这种情绪移转给儿子。

③周围有太多的女性，如母亲、姐妹、姑姑、阿姨等，使该男孩的思想言行都倾向于女性化，而习惯于女性的行为模式。

④父亲希望生个女儿但生的却是儿子，因此有意无意地把他教养成女孩。

---

① 张仲兵，丁志强，李慧萍. 大学生心理健康教育与素质训练[M]. 北京：高等教育出版社，2014. 略有改动.

⑤一个经常被父亲轻视责骂、被贬损了男子气概的儿子。

⑥双亲对性都有恐惧感，对性有强烈排斥，在这种家庭里成长，孩子对性产生了歪曲的观念，因此成长后不易适应异性恋的生活。

⑦做母亲的过分宠爱儿子，造成母子间异常的情感联结太强，使做儿子的相信：世界上没有任何人比得上他的母亲，足以成为他的配偶。

造成女同性恋的原因却不同，失去母亲未必会导致其成为同性恋，但不稳定的家庭环境、父母不和则会影响。

①女性有情绪受创的经验，例如被强奸，或被卖为雏妓，认为自己无法与男性相处、缺乏安全感，认为自己和男性相处会不胜任、不相信男人，或痛恨男女间的关系。此外，部分女权运动者也有因敌视男性而出现同性恋行为的例子。

②母亲让女儿有畏惧做女性的感觉，或父母强烈希望她是男性，并安排明显的男性性别社会化经验。

（3）心理动力因素。

一个人如何发展他的内在心理自我，对其性取向和性认同有明显的影响。一个人的性别体认包括：性别认定、性别固定和性别一致性，同性恋者可能是性别认定出现问题。由于生理的需求和亲子的互动，婴儿至儿童期经由大人的接触、抚育和照顾，逐渐发展出对自己身体的基本态度，并培养出对自己性别取向的整合及整体认识。一般的情况是：他或她明了自己是一个独立的个体，也接纳自己的性别，并扮演合适的性别角色行为，但同性恋者在这方面的发展不能符合一般人的期望，未能扮演与原来生理性别一致的社会角色。

今天，同性恋、异性恋和双性恋被认为是同时存在的“性倾向”，而并不存在角色倒错现象。性倾向被认为是：“持久地对某一特定性别成员在性爱，感情或幻觉上的吸引”；因此，同性恋指的是“对自身性别成员基本的或绝对的吸引”。要消除公众对同性恋者的歧视，主要靠普及的教育，其中既要有感性的关怀，也要有理性的判断。

总之，同性恋是一种复杂的人类社会问题，由此引起争议是随着社会的开放而产生的。某些事物的存在有其必然性，在我们还无法确定孰是孰非的情况下，持谨慎而相互尊重的态度才是正确的。

四、爱情是一种亲密关系

第一次世界大战结束以后，出现了很多孤儿，心理学家送他们到孤儿院的时候做了一项研究。一部分孩子由看护者照顾他们的饮食起居，但是没有任何情感关怀；一些孩子不但有看护者照顾生活，还被情感关怀，如拥抱等。过了不久出现一种情况，大概半年以后有二分之一的小孩死掉了，二分之一的小孩活下来了。这是为什么？心理学家发现死的那些小孩大都是没有人抱的小孩，这不是故意的，可能是照顾当中无形的情况。

另外这二分之一活下来的小孩，在多少年后，有三分之一的小孩发展得特别好，他们快乐、健康，充满自信。为什么会这样？心理学家发现这三分之一的孩子被养育者抱得最多。

美国心理学家格拉泽提出，人都有爱与被爱两种需求，如果它们不能得到满足，人就会出现焦虑、怨恨、自暴自弃等情绪反应，并可能逃避现实。

为什么爱情这么吸引人？因为通过爱情，我们可以与别人建立一种亲密关系，来满足人的爱与被爱的两项基本需求。

（一）关于亲密

人的一生都是处于孤独与分离的状态中的。人类的存在处境是孤独而分离的，人活在自身的皮囊之内，永远不可能完全了解别人，只能了解自己对别人的经验。其实大部分的人寻找关系都是为了克服这种根本焦虑，他们常常试图满足扭曲的需求而找人照顾自己，希望别人能填补自己内心的空虚。他们通常把伴侣当成自己的财产，以控制别人得到虚幻的安全感，就如同婴儿想拥有父母，希望由充实的控制得到安全感，确保父母的陪伴。安全和控制的错觉会妨碍亲密，一旦把心力用来控制被物化的伴侣形象，就会限制自己亲密和爱的能力。

恋爱是发生在两个人之间的事，一个人与另一个人建立起的一种亲密关系。这种亲密关系能否稳固、发展、走向成熟，其实也是大学生自我成长的一个重要标志。

（二）亲密关系对人成长的重要性

心理学家沙力文将青春期到来的心理需要看成是异性亲密关系的需要。他将人的心理发展分成七个阶段：婴儿期、儿童期、少年期、前青春期、青春前期、青春后期、成年期。他认为青春期前是对同性的密友的关系的需要，而到了青春期以后，出现了异性间强烈的吸引，喜欢与爱慕的情感会在某一异性身上产生，随之而来的是渴望与之恋爱，建立起异性间的亲密关系，即恋爱关系。恋爱这一亲密关系，对正处于青春期的大学生有一些特殊的心理意义。

一是亲密关系给大学生以归属感和爱的满足。

在恋爱关系当中，双方会体会到被对方接纳，体会到被关心、照顾、体贴、理解。在这一亲密关系中，既爱着别人，又得到别人的爱。

二是亲密关系使人满足自我价值感。

在亲密关系中，恋人甜蜜的话语常常充满了欣赏与赞美。爱的关系使他们得以满足青春期所期待的来自他人的肯定。他们关心自己是谁，过去怎么样，往哪个方向去。来自异性特别是自己所爱的人的肯定和欣赏，是自我认同的一个重要部分。“情人眼里出西施”，个人发展中一些不理想的部分，在恋人眼里有时也变成了优点，这些会给身在恋爱中大学生以极大的心理满足。

三是性的满足感。

爱情的产生以及亲密关系的建立，一个重要的基础就是人的性的方面成熟与发展。在亲密关系中，许多人用性的关系的深度来表明爱的关系的深度（虽然事实上并不完全如此）。处在青春期的大学生充满了性方面的渴望，恋爱关系也确实提供这一需要的满足。性的接触有若干的层次，第一个层次可以是两人在一起的感觉，一往情深的目光，对对方美貌与强壮的欣赏等；第二个层次是边缘性的身体接触，比如牵手、拥抱、接吻等；第三个层次是更进一步地身体接触，比如爱抚，包括对生殖器官等敏感部位的抚摸；第四个层次就是性交，品尝融为一体的感觉。关于爱的最高境界就是身心交融的说法目前被不少大学生接受。而处于青春期的大学生亲密关系除了对爱的心理满足之外，也使他们性的能量得以宣泄。其中还有的一个重要的心理意义是，前面我们谈到的自我价值感其实也与性有着重要的关联。一些大学生认为，是否处于亲密关系中，似乎也意味着自己是不是一个有性吸引力的人。一些女大学生觉得自己长得不漂亮、身材不好，一些男大学生觉得自己个子不高，没有男子汉阳刚之气，换句话说，他们觉得自己没有性吸引力，所以没有人爱他们，由此产生很深的自卑感。

拓展阅读

亲密关系的阶段——亲密关系是如何发展的？①

亲密关系的发展有五个阶段，分别是浪漫期、权利争夺期、整合期、承诺期和共同创造期，这种分类方式最早见于苏珊·坎培尔的《伴侣的旅程》。这个过程被列为垂直的阶段，然而在《在亲密关系中成长》中却认为这是一个循环的周期。

1. 浪漫期

在这种浪漫期中，彼此并不了解。关系是一种梦想，一个故事，包含了许多希望和期望，伴侣对彼此并没有什么真实的经验。由于不了解彼此，所以一开始的关系是建立在相互投射的形象上：对彼此的物化。这种情形不仅止于传统男女恋爱的浪漫期，其实任何关系的第一阶段都是彼此互不了解的浪漫期，萌芽的友谊、刚生下的小孩、刚起步的事业伙伴，都是如此。浪漫期有强烈的希望和梦想，所以使人清醒的经验在这个阶段没有立足之处。任何关系中最刺激的时刻就是浪漫期，世界似乎变得更明亮，陷入热恋的人觉得自己充满能量，有更明确的目标感，对生命充满热情，愿意去做不寻常的事，每一刻都觉得新鲜。虽然在浪漫期，热烈的爱使人们感觉到彼此的重要和亲近，可是一旦仔细审视，就发现他们只是沉迷于彼此的形象，他们的感觉只是一种假象。他们虽然兴奋，却没有共鸣，充满能量，却不亲密。

---

①资料来源于网络，略有改动.

2. 权利争夺期

在所有关系中，只要有足够的相处时间和经验，就会开始看见对方的本质。发现完美伴侣的浪漫期逐渐消退，了解与自己相爱的伴侣是有特殊怪癖、欲望和习性的人。拥有小孩的浪漫在婴儿夜复一夜哭泣的疲惫中逐渐消退。一般来说，权利争夺期的进行始于温和的劝告，催促对方稍作改变。“亲爱的，如果你用这种方式梳头发，就会更英俊”。伴侣当然不会照单全收，而是坚持保有自己的原貌，于是把伴侣改变成浪漫期待的完美对象的渴望受到挫折，对方并不是能消弭所有不舒服和渴求的拯救者。隐藏的“善意”暗示逐渐变成明显的控制和冲突，隐约的提醒变成不断的责骂，甜蜜的请求变成要求的牢骚。大多数的伴侣都无法跳脱权利争夺期，但仍可以在来回的冲突和相互控制中找到许多刺激，持续多年的指责、退缩、心理游戏。伴侣在这期间的关系就开始出现分歧。有的走向一种偏离状态“冷漠”，两个人看似结束争吵，看似接纳对方，其实却是以一种消极状态来回避彼此的不同之处。第二种偏离状态便是“超越”，这是一种完全脱离现实生活的状态，把兴趣转移到精神生活。在超越状态中，会脱离关系中的日常琐事，完全不投入人际互动。第三种偏离状态便是“分离”，伴侣为了避免更多争吵、歧见和失望，常常决定放弃对方。通常他们会选择开始一段新的浪漫期，再度进入期望的循环，重新点燃希望，相信外界某个人能给生命困境提供解答。

如果双方选择分离，最好能有足够的时间处理痛苦、哀伤、内疚、愤怒和怨恨，平静地结束关系，不要把冲突带入下一份关系。即将分离的人，至少能从过去的所作所为中汲取经验，避免在下一段关系中重复制造类似的僵化、冲突与破坏行为。

3. 整合期

伴侣经历浪漫期的错失，在度过权利争夺期的风暴之后，常常发现两人的关系更有弹性也更稳定，对彼此也有某种程度的了解，能进行新的冒险：使亲密感越来越深的旅程。浪漫期和权利争夺期充满考验和试验，在克服种种障碍后，能以更接纳的眼光和心胸看待彼此，准备好进入关系的后期阶段，跳脱错觉和防卫，开始进入整合的阶段。

经历了权利争夺期激烈的交锋之后，伴侣不会再试图控制、改变或责备对方，而开始以真诚地试图了解对方，真正地靠近对方。整合期的伴侣可以意见不合，但他们并不争辩谁对谁错，能接受彼此的差异，即使观点不同，仍能好好相处，这是逐渐接纳自我和他人的过程。由于接纳度越来越高，所以亲密感就越来越深，不但更了解自己，也更了解彼此。伴侣一起成熟、结果，和谐的过程显而易见。

4. 承诺期

承诺期的伴侣非常了解彼此，包括各自的真诚自我以及各人会玩的心理游戏和权利游戏。他们乐于沟通自己的想法和感受，以这种方式深入了解彼此。他们越来越投入各自和共同的生活，由于了解自己和对方，已准备好做出承诺。

承诺在不断地成熟。浪漫期的承诺常常是梦想、理想，其实浪漫期的伴侣需要的承诺是彼此有足够的时间相互了解。权利争夺期的伴侣则应承诺彼此同在，一起处理冲突，否则关系将进入偏离状态。而达到某种程度的整合之后的伴侣，则是生活和自己做出的坚定的承诺，包括独立和共同的事。他们可以不需要对方，但又确信能依赖自己和对方。

5. 共同创造期

关系周期的最后阶段就是共同创造期。达到整合期和承诺期时，双方对自己和对方的了解会不断深入，知道自己的力量、弱点、愿望和梦想。由于信任双方的承诺，所以能投入真诚的合作。他们在一起时，不论选择任何义务，都会成为创造的过程。

（三）爱情与依恋类型

1. 依恋理论

依恋理论学家指出，不同的亲子关系从长远看影响到孩子以后人际关系的建立。爱因斯沃斯和她的同事在对婴儿和其母亲的研究中界定了亲子关系的三种基本类型。

A型——回避型依恋关系。与身边重要人物很难建立亲密和信任关系的一种依恋类型。孩子对妈妈疏远、冷漠。当妈妈离开时孩子不焦虑，母亲回来也不特别高兴。

B型——安全型依恋关系。与身边重要人物的关系很亲密且从不担心被抛弃的一种依恋类型。体验到这种依恋的婴儿知道妈妈的负责和亲切，甚至妈妈不在时也这样想。安全型婴儿一般比较快乐和自信。

C型——焦虑—矛盾型关系。很想与身边重要人物亲近但又害怕被抛弃而不敢投入感情的一种依恋类型。婴儿在妈妈离开后很焦虑，一旦分离就大哭。别的大人不易让他们安静下来，这些孩子还害怕陌生环境。

1990年，梅因和所罗门提出了一种新的依恋类型：混乱型不安全依恋，也称作“D型依恋”。这类型孩子一般出生在暴力的家庭，生理上受到侵害，其反应是什么样的呢？当母亲站起来要走的时候，这类孩子不像第二、第三型，他不知道怎么办，当母亲要走的时候，他想要追上去，但又僵在那里，当母亲回来的时候，他们把双手张开，但是却是向后倒退的，为什么会有这样的现象？因为他最爱的人正好就是带给他最大痛苦的人。这种依恋类型被看作是一种最不安全的类型，在这种依恋类型中，A、B、C三种类型的依恋行为以非同寻常的方式复杂地结合起来。例如，中高水平的寻求亲近、回避和反抗的结合。除了这些混合的行为，有的儿童还表现出一些稀奇古怪的行为，如接近陌生人时转过头去，突然或怪异的举动，不规则的姿势，表情茫然，或者僵立不动等。

在这四种依恋类型中，相对于B的安全型依恋，通常将A、C、D三种依恋型统称为“不安全依恋”。依恋理论家就不同的依恋类型做了进一步的观察，他们指出，这种不同的亲子关系从长远看影响到孩子以后人际关系的建立。波尔比认为婴儿会形成一种人际关系的“工作模式”。如果孩子在早期的关系中体验到爱和信任，他就会觉得自己是可爱的、值得信赖的。然而，如果孩子的依恋需要没得到满足，他就会对自己形成一个不好的印象。波尔比是这样解释的，“一个不受欢迎的孩子不只觉得自己不受父母欢迎，而且相信自己基本上不被任何人欢迎。相反，一个得到爱的孩子长大后不仅相信父母爱他，而且相信别人也觉得他可爱”。

安全型依恋的儿童在人际交往中积极主动，与照顾者建立起相互信任的关系，在安全感的支持下饶有兴趣地探究周围环境。对于陌生人也能友好相处，表现出自信、独立、适应性强等积极的心理品质。这些社会品质的发展与积极进取的探索行动促进了儿童认知尤其是智力的发展，改善了其整体素质，增强了其身心发展的和谐性。不安全型依恋的儿童由于被强烈的不安全感和内心冲突所困扰，不能有效地探索环境，难以与人建立友好的交往关系，这在很大程度上阻碍了他们对外界事物的认知与探究活动，限制了他们的经验范围。回避型的儿童虽能进行自主的探究活动，但并不深入。在与人交往过程中又易被强烈的焦虑所困扰。而且由于具有回避型行为倾向，人际交往与活动的机会减少，导致社会经验缺乏，以及社会性发展滞后。焦虑—矛盾型儿童怯于探索，与陌生人交往异常谨慎，这又缩小了人际空间。阻碍了社会能力的发展和对现实世界的理解。混乱型儿童在生活中往往惶惑不安，缺乏自主性，不能进行自我定向，实际上是缺乏自信感、自主性和人际交往的能力。

在这些不安全依恋类型儿童的日后成长发展中，A型儿童（回避型）会很容易表现出攻击行为，这一类型青少年最缺乏独立能力与沟通能力。C型依恋儿童（焦虑—矛盾型）很容易表现为退缩行为。D型依恋儿童（混乱型）则常表现出A型和C型儿童的混合行为，发展的结果常常是产生许多的行为问题和心理障碍。

2. **爱情关系中的“依附理论”**

现在再看一看到这四种孩子将来长大后是什么样子。

根据临床研究，比如安全型的孩子长大之后，只要给他一点爱，哪怕微笑，他也非常地感激，他们会把很多事情解释为善意。在爱情中，当爱人需要空间要离开他们的时候，他们不会觉得被抛弃，他会允许你走，因为他有信心，知道你还会回来。当对方焦虑，或者需要有亲密感的时候，他们有足够的信心，不怕被你黏得窒息，可以让你觉得安全。

逃避型的人怀疑那些说爱他的人，害怕离他们太近会受到伤害，他们因分离的不可避免而害怕付出情感。他们害怕亲密及怀疑他人。他们相信真正的爱不会长久，电影和爱情小说里描写的那种深爱在现实中根本不存在。他们对于电脑和数据比对人更有兴趣，他不太知道人与人怎么相处。

焦虑型的人对同伴的爱缺乏安全感，以至于苛求对方。睡得好好的，会问对方，你爱我吗？再过20分钟，对方又被摇醒了，还是同样的问题。其实他们最需要学习的就是对自己的幸福和快乐负责，要学习，要成长，要建立很多安全型的关系。

混乱型的人心中充满了矛盾和挣扎，一方面非常需要亲密的关系，但是另一方面太怕被爱了，因此明明会爱你，可能会处罚你、推开你，但是一旦你通过了他安全性的测验，他就一下子缠住你，让你不敢走。他们往往受过心理创伤，受伤的人才会以同样的方式伤害别人。所以，希望我们大家都能够得到多一点的爱，让每一个人都可以成为一个有爱的人。

五、如何在爱中成长

大学生恋爱的两个重要心理任务：第一，更好地了解自己；第二，培养爱人的能力。

课堂案例

小兵今年大二了，他学习勤奋，并积极参加学校的各种社团活动。在一次活动中，小兵认识了玲玲，玲玲被小兵的能力所吸引，两人一见钟情，谈起了恋爱。本来小兵是一个有目标、上进心强的男生，不但要参加社团活动，还要考各种资格证，周末还要出去做兼职，而恋爱之后玲玲会要求男友陪自己逛街玩耍，导致小兵的学习成绩直线下滑，两人也经常为此发生争吵，到最后往往是小兵妥协。在玲玲眼中，小兵的光环慢慢地消失，她开始更多地对小兵不满，觉得他很无趣，后来甚至背着小兵和另外一个男生交往。小兵发现后，两人大吵一架便分手了。自那之后，小兵经常借酒消愁，每天都郁郁寡欢，很少和室友说话，甚至经常旷课，在寝室睡觉、打游戏。

思考：你怎么看待小兵和玲玲的恋爱？他们具备爱的能力吗？

（一）爱情是需要学习和准备的

现在几乎所有的岗位都要持证上岗，老师、医生、律师、会计师等都要考证，只有恋爱、结婚、生子不用考证。 很多人不知道怎么与爱人相处，有了下一代时，也不知道怎样与孩子相处。家庭问题处理不好，也很难处理与他人的关系。人出了问题，家庭出了问题，社会也会出问题，所以是一环扣一环的。因此，每个人都有义务去学习如何与爱人相处。而要想有能力爱人，必须先学会爱自己。其实，我们能不能拥有爱情，得看内心有多少爱以及爱的能力如何。

爱是一种给予。要给出爱，首先要看你有多少爱。贫瘠的土地上开不出肥沃的爱情之花。所以，我们首先应该让自己心灵的这块爱的土地肥沃起来。

课堂活动

思考：舍己的爱是真正的爱吗？

（二）爱的能力的培养

什么是爱的能力？所谓爱的能力是指和他人建立亲密关系的能力，它对人的一生发展有着重要的意义。具备了爱的能力会引导一个人去真正地爱他人，也真正地爱自己，能真正体验到爱给人带来的快乐和幸福。恋爱的过程也是培养爱的能力的过程。

爱的能力包括哪些内容呢？怎样培养爱的能力呢？

1．表达爱的能力

当你爱上一个人时，能否用恰当的方式和语言向对方表达出来呢？表达爱需要勇气，需要信心。有的大学生喜欢上某位异性，又很爱面子，怕对方拒绝，迟迟不敢大胆地表白，有时候甚至表现出对异性不屑一顾的样子，这是外在行为和内在心理的反向。有的将对方神圣化，将自己矮化，每当遇到对方就手足无措，词不达意，这样反而给对方留下不好的印象。羞怯和自卑会影响一个人的自信心。现实生活中有很多人因为不会表达而错失获得爱情的机会。因此，大学生在遇到自己倾慕的对象时，要鼓足勇气向对方表白。这样对方至少知道了你的爱意，你也才有与对方发展爱情的可能。表达爱是在表明爱一个人也是幸福的，即使可能得不到回报。你让对方知道自己被一个人爱着，这也是对对方的一种肯定和认可，让对方觉得自己是有魅力的，有吸引力的，这是一种崇高的境界。适时、适地、适度地表达爱，尽量不给对方造成紧张和不适。

2．接受爱的能力

当期望的爱来到身边能否勇敢地接受也是爱的能力的表现。有的大学生在别人向自己示爱后，内心挺高兴，但又不敢接受别人的爱，或者对爱缺乏心理准备，或者觉得自己不配，不值得被爱，因此失去发展爱的机会。当期望的爱来到身边，缺乏接受爱的能力的人，就会错失很多美好的东西。大学生要具有接受爱的能力，就要懂得什么是爱，知道自己喜欢什么，适合什么。能主动关心他人，热爱他人，能及时、准确地对爱的信息作出判断，坦然做出选择。

3．拒绝爱的能力

懂得拒绝爱非常重要。有爱的能力的人不是对爱来者不拒，或者将爱简单地拒之千里，或是当别人向自己示爱时优柔寡断，既怕伤害对方，又怕对方误会。 拒绝爱也是有技巧的，首先要尊重他人，感谢对方对自己的欣赏和感情，不要用带有伤害或刺激性的语言；其次要态度明确，表达清楚，让对方明白自己与对方只能是什么样的关系，同学还是一般朋友，或者什么都不是，避免让对方误以为你的拒绝只是一种矜持；最后是言行一致。可能有些同学怕对方受伤害，虽然语言上拒绝了对方，但是行动上还与对方有较亲密的接触，如单独去看电影、吃饭等，使对方误解，认为还有机会，还纠缠在与自己的情感中。

4. **鉴别爱的能力**

学会识别爱的真伪，是迎接爱情的必要准备。什么是真爱？真爱应该是一种给予，一种奉献的激情，而并非只想占有；真爱应该是专一的，同时对几个人有好感是可能的，但同时爱几个人是不太可能的。我们对待爱情一定要慎重，学会适时地追求和放弃。

拓展阅读

探讨：如何鉴别爱情？①

（1）好感不是爱。

莫把好感当爱情。男女青年在交往中，有的人往往把好感当爱情，只要对方对自己好，就认为对方对自己“有意思”，有的人甚至把对方一颦一笑误认为是暗送秋波，有心示意，结果往往导致一些错误的行为。好感作为人际交往中的一种情感，是对他人言行、品质、举止表示肯定的一种态度，他的对象是广泛的。异性之间的好感，有时颇像爱情，但好感并不就是爱情。二者之间的区别在于，爱情除了感情的萌动之外，还需要有各方面的深入了解，理想、志趣等的高度一致；而好感却不一定有这些因素。对异性的强烈好感可能会转变为爱情，但并不是所有对异性的好感都能转为爱情。

（2）误把友谊当爱情。

友情与爱情的区别，有时的确很难判断。日本一位心理学者提出了五个指标，可供参考。五个指标是：

支柱不同。友情的支柱是“理解”，爱情则是“感情”。

地位不同。友情的地位“平等”，爱情却要“一体化”。

体系不同。友情是“开放的”，爱情则是“关闭的”。

基础不同。友情的基础是“信赖”，爱情则是纠缠着“不安”。

心境不同。友情充满“充足感”，爱情则充满“欠缺感”。

（3）误把喜欢当作爱情。

与爱情最容易混淆的一种人际吸引形式是喜欢。社会心理学家鲁宾对爱情和喜欢的关系进行了系统的研究，他发现爱情不是喜欢的一种特殊形式，爱情与喜欢根本就是两种不同的情感。确实，生活中“我喜欢他（她），但不爱他（她）”的现象经常发生。爱情通常表现为：

① 依恋：卷入爱情的双方在感到孤独时，会强烈地想让对方来陪伴和安慰，而喜欢的双方不会有同样的表现。

---

① 张仲兵，丁志强，李慧萍．大学生心理健康教育与素质训练 [M]．北京：高等教育出版社，2014．略有改动．

② 利他：恋爱中的双方会高度关心对方的情感状态，觉得让对方快乐和幸福是自己义不容辞的责任。在对方有不足时，也会表现高度的宽容。即使是以自我为中心、自私自利的人，在恋爱中也会表现出某种理解、宽容、关怀和无私。

③ 亲密：恋爱的双方不仅对对方有高度的情感依赖，而且会有身体接触的需求。性是爱情的基础，是爱情的核心成分。相比之下，喜欢通常表现为：对同伴持有好评、好感和高度尊重；设想对方与自己相似。

（4）崇拜不是爱。

如果有这样一个人，他在你的心目中是绝对完美的，没有一丝缺陷，你敬畏他却又渴望亲近他，这种感觉不叫作“爱情”，而是“崇拜”。当你崇拜一个人时，认为只要能待在对方身边，不论做什么都可以。其实，这种仰望姿态的爱是一种畸形的爱。

（5）误把同情当爱情。

莫把同情当爱情。青年人在正确处理友谊与爱情的关系时，要特别注意区别同情与爱情。男女青年在长期的工作、学习、生活中，经过了解、接触、彼此之间产生一种亲密的情谊，往往在思想上产生共鸣，相互之间交流情感，成为知心朋友。无论哪一方，当思想上产生什么矛盾，心中有什么苦闷，生活当中出现什么困惑，都毫不保留地向对方诉说，以此来得到对方的同情，使自己的思想得到解脱，对于朋友之间的这种真挚情感，是无可非议的。可是有些人往往把这种同情理解为爱情，以为对方向我说了知心话，就是对我有意，就自以为有了爱情，做出错误的选择，造成不良的后果。

（6）感激不是爱情。

假如有人追求你，希望得到你的爱情，他在你生日时为你唱赞歌；在你淋雨时给你送上一把伞；在你被风吹时为你披上外衣；在你哭泣时给你擦去泪水；他还每天清晨提醒你天气如何；傍晚等好久接你下课……你不可能无动于衷，你被他一次次地感动，然后你想和他开始爱情。但是你是不爱他的，你知道吗？你只是被他特别的关心打动了，你以为你找到了爱情，但当那个真正你爱的人出现时，所有的感动就会全部消失，爱情不是感激，不是他处处想到你，处处为了你，你就会快乐，你就会爱上他，你就会对他付出爱。

5. 建设爱和解决爱的冲突的能力

恋人之间经常会生气，没谈恋爱时心情很好，谈恋爱之后经常是晴转多云，多云转阴，然后突然变暴雨，之后雨过天晴，会有很多的变化。特别是女生，女生在恋爱中会有被宠的感觉，但这种宠一定是不平等的、是被保护的，被宠的女生会变得无比任性，把特别粗糙的自我表达出来。如果处理不好爱的冲突就会造成一些不好的，甚至恶劣的影响。

课堂案例

丽丽和男朋友兵兵是大学同学，从大一时两人就开始谈恋爱，见过双方家长，也打算毕业后就结婚。然而丽丽在关系中比较强势，要求男友什么事情都要听她的，两人出去玩什么、吃什么、去哪里等，都是丽丽说了算，甚至男友穿什么衣服、鞋子，丽丽都要管。如果男友不愿意，不听她的，丽丽便会发脾气，甚至以分手相威胁，让男友感觉特别累，两人也经常为此吵架。

思考与讨论：

你怎么看待丽丽？你会如何帮助她呢？

6. 面对失恋的心理承受力

失恋是指恋爱过程的中断。失恋带来的悲伤、痛苦、绝望、忧郁、焦虑、虚无等情绪使当事人受到伤害。失恋所引发的消极情绪若不及时化解，会导致身心疾病。失恋可以算是人生中一个很大的挫折，考验的是人的抗挫折能力。失恋使人产生痛苦的感觉是很自然的事，每个人都会有，只是程度有差别。失去爱会使人感到一种重要关系的丧失，一种身份的丧失，需要一定的时间去面对和适应。

拓展阅读

苏格拉底与失恋者的对话[①]

苏（苏格拉底）：孩子，为什么悲伤？

失（失恋者）：我失恋了。

苏：哦，这很正常。如果失恋了没有悲伤，恋爱大概就没有什么味道。可是，年轻人，我怎么发现你对失恋的投入甚至比对恋爱的投入还要倾心呢？

失：到手的葡萄给丢了，这份遗憾，这份失落，您非个中人，怎知其中的酸楚啊！

苏：丢了就是丢了，何不继续向前走，鲜美的葡萄还有很多。

失：等待，等到海枯石烂，直到她回心转意向我走来。

苏：但这一天也许永远不会到来。最后你会眼睁睁地看着她和另一个人走了。

失：那我就用自杀来表示我的诚心。

苏：但如果这样，你不但失去了你的恋人，同时还失去了你自己，你会蒙受双倍的损失。

失：踩上她一脚如何？我得不到的别人也别想得到。

苏：可这只能使你离她更远，而你本来是想与她更接近的。

失：您说我该怎么办？我可真的很爱她。

---

①资料来源于网络，略有改动.

苏：真的很爱？

失：是的。

苏：那你当然希望你所爱的人幸福？

失：那是自然。

苏：如果她认为离开你是一种幸福呢？

失：不会的！她曾经跟我说，只有跟我在一起的时候她才感到幸福！

苏：那是曾经，是过去，可她现在并不这么认为。

失：这就是说，她一直在骗我？

苏：不，她一直对你很忠诚。当她爱你的时候，她和你在一起，现在她不爱你，她就离开了，世界上再没有比这更大的忠诚。如果她不再爱你，却还装着对你有感情，甚至跟你结婚、生子，那才是真正的欺骗呢！

失：可我为她所投入的感情不是白白浪费了吗？谁来补偿我？

苏：不，你的感情从来没有浪费，根本不存在补偿的问题，因为在你付出感情的同时，她也对你付出了感情，在你给她快乐的时候，她也给了你快乐。

失：可是，她现在不爱我了，我却还苦苦地爱着她，这多不公平啊！

苏：的确不公平，我是说你对所爱的那个人不公平。本来，爱她是你的权利，但爱不爱你则是她的权利，而你却想在自己行使权利的时候剥夺别人行使权利的自由。这是何等的不公平！

失：可是您看得明明白白，现在痛苦的是我而不是她，是我在为她痛苦。

苏：为她而痛苦？她的日子可能过得很好，不如说是你为自己而痛苦吧。明明是为自己，却还打着别人的旗号。年轻人，德行可不能丢哟！

失：依您的说法，这一切倒成了我的错？

苏：是的，从一开始你就犯了错。如果你能给她带来幸福，她是不会从你的生活中离开的，要知道，没有人会逃避幸福。

失：可她连机会都不给我，您说可恶不可恶？

苏：当然可恶。好在你现在已经摆脱了这个可恶的人，你应该感到高兴，孩子。

失：高兴？怎么可能呢，不管怎么说，我是被人给抛弃了，这总是叫人感到自卑的。

苏：不，年轻人的身上只能有自豪，不可自卑。要记住，被抛弃的并不是就是不好的。

失：此话怎讲？

苏：有一次，我在商店看中一套昂贵的西服，可谓爱不释手，营业员问我要不要。你猜我怎么说，我说质地太差，不要！其实是我口袋里没有钱。年轻人，也许你就是那件被遗弃的西服。

失：您真会安慰人，可惜您还是不能把我从失恋的痛苦中引出。

苏：是的，我很遗憾自己没有这个能力。但我可以向你推荐一位有能力的朋友。

失：谁？

苏：时间，时间是人最伟大的导师，我见过无数被失恋折磨得死去活来的人，是时间帮助他们抚平了心灵的创伤，并重新为他们选择了梦中情人，最后他们都享受到了本该属于自己的那份人间快乐。

失：但愿我也有这一天，可我的第一步该从哪里做起呢？

苏：去感谢那个抛弃你的人，为她祝福。

失：为什么？

苏：因为她给了你忠诚，给了你寻找幸福的新的机会。

说完，苏格拉底走了。

思考：失恋有好处吗？[①]

1. 失恋只是一种选择的结果。一个人不选择自己不等于自己就一无是处。每个人在爱的关系中心理需要不同，看重的关键点不同。每个人都有可爱的一面，只是每个人欣赏的角度不同。

2. 在失恋中学习，把失恋作为一种人生的财富。也许失恋给人带来的强烈的内心冲击是其他事件所不能代替的，这个过程中所体会到的情感，那份挣扎与痛苦，实为一笔人生财富，使人有了更多的人生体验，人会在失恋中变得更加成熟。

3. 失恋给人再恋爱的机会。一次失恋不等于整个爱情生命的结束，人还会再恋爱，体验美好的爱情，只要用心去体验、去建设、去学习、去感受。

4. 恋爱是自我认识与成长的过程。通过恋爱，更好地认识自己。恋人对一个人来说是一个重要人物，重要人物对自己的看法无疑是了解自我的重要途径，并有着巨大的影响力。恋人就像一面镜子，会照出自己的许多东西，从中发现自己。另外，对大学生来说，在恋爱关系中，他们会不断发现自己的情感世界和个性特点，发现自己为人处世的方式，发现自己的以往经历对自我的影响。这种美好的情感使人乐于承担责任，爱可以改变人的趣味，升华人的人格，开发人的潜能，促进人的新生。

恋爱就有可能失恋。失恋有时会带来严重的后果，必须学会调适，使痛苦的情绪得到疏导和发泄，避免心理失调。

爱情不是生活的唯一内容，不应该为它耗费所有精力甚至放弃生命。可以尝试运用以下的方法进行自我调适。

（1）适当运用酸葡萄心理效应。当一个人失恋之后，如果总是回想过去恋人的种种优点，就会越发思念过去的恋人；同时也就越发否定自己，觉得自己一无是处。结果形成恶性循环，变得越来越消沉，越来越压抑。当一个人失恋后，如果难以从失恋的阴

---

① 张仲兵，丁志强，李慧萍．大学生心理健康教育与素质训练 [M]．北京：高等教育出版社，2014．略有改动．

影中走出来，不妨运用酸葡萄心理机制。所谓酸葡萄心理机制，就是对自己无法得到的东西降低好感和对自己的重要性，吃不到葡萄就说葡萄是酸的。也就是说，当一个人失恋后，可以尽量多想想过去恋人的缺点，少想或者不想过去恋人的优点，心理就容易平衡。

当然，一个人对酸葡萄心理机制的应用必须适当，酸葡萄心理机制毕竟是一种心理防御机制，如若过分运用，容易形成一种不符合实际的观念。久而久之，容易导致一些非理性思维方式，不利于自己的心理健康。如果一个人具有足够的心理强度，即使在失恋的时候，也能够客观地分析对方的优点和缺点，并且能够在不贬低对方的情况下调控自己的消极情绪，这才是心理的强者。

（2）学会积极地自我暗示。当一个人失恋后，如果总是责备自己，觉得自己不好才导致分手，就只会使自己越来越压抑。这时应学会积极地自我暗示，如用“幸亏他（她）现在提出分手，如果他（她）结婚后才提出分手，岂不更糟”“他（她）不爱我，并不说明我不可爱，只是说明两人的性格和观念不和”“天涯何处无芳草”等。

（3）转移注意力。失恋后如果总是想着失恋这个沉重的打击，那就很难尽快地从失恋的阴影中走出来。这时，应当设法把自己的注意力从失恋这件事情转移到自己比较感兴趣、能够分散自己注意力的事情上去。例如，听音乐、看电影、跳舞、打球等，以冲淡内心因失恋而造成的挫折感和压抑感。

（4）升华法。古今中外，有不少著名的历史人物恰恰是受到失恋的打击后才努力追求事业，从而流芳百世、名垂青史的。大文豪歌德如果不失恋，也许就写不出《少年维特之烦恼》。因此，把因失恋而产生的挫折感、压抑感升华为奋斗的动力是十分有益的。一旦你全身心地投入一项更有意义的事业时，你一定会变得充实、自信。

（5）失恋不失德，失恋不失命，失恋不失志。失恋不失德，是一个大学生应当有的态度和品质，也是恋爱的重要原则。要做到：不报复、不打击、不伤害，不破坏对方的名誉，不破坏对方重新建立生活的努力。失恋不失命，爱情是人生的重要内容而非全部，因为失恋而毁掉自己是愚蠢的行为。人生除了爱情之外，还有其他一些美好的东西，爱情虽离你而去，事业却永远伴随着你，只要你有追求精神，爱情之花迟早为你再开放。失恋不失志，不能因为失恋而丢掉自己的理想和志向。理想是个人进步的动力目标，在为理想而奋斗的过程中，逐渐平复由失恋造成的心理创伤，就会重新获得幸福的爱情。

7. 保持爱情长久的能力

美国著名诗人惠特曼说：“爱，不是一种单纯的行为，是我们生活中的一种气候，一种需要我们终身学习、发现和不断前进的活动。”相恋只是爱情生活的第一步，在人生的漫长道路上，积极发展爱的能力，是整个人生的任务。缺乏这种能力，爱就不能维持，更不能发展。

首先，爱情需要不断输入新鲜血液才有生命力。要保持爱情的常新，需要智慧、耐力、持之以恒及付出心血，同时又有自己的个性，有自己的追求与发展。学新的东西，善于交流，欣赏对方，是爱的重要源泉。一个人越深刻、越丰富、越完善，他的爱情就越丰富多彩。

其次，学会克己与宽容。爱情生活中并非总是阳光明媚，恋爱过程中，总会有分歧、争吵，还有来自各方面的压力和困难。在面对这些问题的时候，只有互相尊重，宽容克己，真正地关心对方，走进对方的内心世界，以对方的快乐为自己的快乐，才能使爱情得到发展，家庭和睦。

任务二 性心理

心理热身

夏娃的诱惑

大一女生玲玲在参加社团活动时认识了一个大二的男生，两人经常一起参加活动，慢慢互生爱慕，开始谈起了恋爱，后来在一次约会中他们因为一时冲动发生了性行为。在这之后，玲玲一直处在一种焦虑不安的状态，担心被室友发现，担心怀孕，担心被父母知道，担心男友抛弃自己。

思考：你怎么看待玲玲以及大学生的性行为？

性是一种生理和心理现象，它与人一生的健康和幸福密切相关。大学生是处于青春期的高知群体，个体性日益成熟，其这一时期的个体性心理、生理的发展充满了风险和挑战性。

一、性心理与性心理健康

1. 何为性心理和性心理健康？

所谓性心理，是指在个体性生理成熟的基础上所形成的与性特征、性欲、性行为有关的心理状况和心理过程。简而言之，就是与性生理、性行为有关的心理现象。性生理是性心理发展的生物学基础，性生理发育的障碍或缺陷，会使性心理的发展出现偏差。大学生正处于性生理发育成熟、性心理逐渐趋向成熟的时期，也是性生理需求与性的社会规范之间的冲突阶段。

性心理健康是指个体具有正常的性欲望，能够正确认识性的有关问题，并且具有较强的性适应能力，能和异性进行恰当交往，在免受性问题困扰的同时，还能增进自身人格的完善，促进自己身心的健康发展。世界卫生组织对性心理健康所下的定义是：通过丰富和完善人格、人际交往和爱情方式，达到性行为在肉体、感情、理智和社会诸方面的圆满和协调。性心理健康是人类健康不容忽视的重要组成部分，近年来正越来越受到人们的重视。

2．正确认识性

（1）性的自然属性。

《易经》有言：“太极生两仪，两仪生四象，四象生八卦。”也就是说，世界由混沌未开化的状态到生出万物。其中两仪指阴阳，在阴与阳的内在关系中，协调、统一、和谐是其基础和底蕴。在两性关系中，男子属性为阳，女子属性为阴，阴阳和谐、统一才是男女之道。中国传统文化也承认性是人的大欲和天性，对待性的态度是非常自然和人性的。现代科学认为，人类在进化过程中，性集中体现在男与女生物学意义上多维度的差别：性染色体、性腺、性激素、生殖系统等。此外，性的自然属性还反映在性欲望和本能上。性是自然存在于世上的。两性的结合统一是人最本真、最自然的欲望与动力。性是人类繁衍生存的方式，从某种程度上来说象征着生命。人不能排除自己的生理性而成为纯粹精神上的人，因此不应对性有任何诟病与鄙视。

当然，我们不能仅仅把人类的性降低到动物生存意义上去讨论。人的性行为受到社会的制约和规范，以确保人类健康有序地发展。

（2）性与爱的不可分割性。

性不仅仅象征着肉体上的结合，它是两个人最紧密的结合方式。性与爱是不可分割的，是两个人在精神与肉体上彼此交融。只有爱与性的完美结合才是真正的爱情，饱含爱的性是圣洁的、高贵的；拥有性的爱是愉悦的、完整的。反之，没有爱做基础的性是原始的、不文明的、不理智的；不接受性的爱是不包容的、苍白的、没有生命力的。

（3）遵守性道德。

由于性所涉及的关系较为私密与亲密，道德成为约束“性”的主要途径与方法。性道德标准主要有以下三条：首先，性应该建立在双方自愿的基础上；其次，性应该建立在不会对双方及第三方造成伤害（身体和心理）的基础上；最后，性应该建立在爱的基础上。性道德的讨论范畴一般适用于婚姻家庭，由于社会与文化意识的进步，婚前性行为已不再被视作洪水猛兽，试婚、同居是很大一部分年轻人的新选择。一些较为开放的大都市对这种新思想的接受比较快，但同样也有很多人保持传统婚后性行为的态度。对于这两种态度我们认为并无所谓对错，只是观念不同。由于中国传统思想对人们的影响根深蒂固，婚前性行为对于人们尤其是女性来说仍然是一个值得慎重考虑的问题，这一点我们在后面会具体谈到。

二、当前大学生性心理的特点

1．性生理的成熟和性心理不成熟的矛盾

大学生已步入青春期，在性的发育上，由于下丘脑和垂体前叶迅速发育，促性腺释放因子和促性腺激素分泌量增加，性腺激素的分泌水平相应提高到成人水平，性开始成熟。随着性发育日趋成熟，大学生的性欲意识越来越强烈。但是他们既是成熟的，又是不成熟的。从社会学的角度看，大学生的社会心理并没完全成熟，他们的社会责任感、道德观念、恋爱态度以及他们对恋爱与学习关系的处理等都是不成熟的。

2．性意识的不断强烈和羞愧感之间的矛盾

当前大学生性意识不断加强，对于性的渴望日益增强。但是由于传统思想、社会道德和法律的约束，许多大学生羞于表达自己的性意识，同时他们的性欲望也无法得到满足。性的道德性与性的压抑性之间的矛盾日益加深。

3．男女性心理存在差异

男生与女生的性心理往往是不同的。一般来说，男生对异性的追求与渴望通常表现得直接而且热烈，而女生对异性的爱慕往往是比较含蓄、羞涩的。

三、大学生性心理的常见问题

大学阶段是一个人性意识发展的旺盛期。此时的大学生，对性的渴望与对性的恐惧交织在一起，形成一种复杂的心理活动。加上科学性教育的缺乏，以及大学生个体的掩饰性，性意识一直困扰着相当一部分大学生。

1．性体像的困扰

已经进入青春期的大学生，男女生的体像发生了很大的变化。几乎所有的男生都希望自己身材高大，体魄健壮，声音浑厚，以吸引女性的注意；而女性也几乎都希望自己容貌美丽，身材苗条，声音柔美，来显示女性魅力，以吸引男性的关注。然而，这些只是我们心目中的理想情况，绝大部分同学都不会拥有这样一副近乎完美的体像。因此，有些同学因自己的个子不高或太胖而自卑，甚至还有同学为自己的声音不符合心意而烦恼。

根据中国性学会副理事长崔以泰教授等专家学者对北京、天津、贵州、广东8所高校1711名大学生的调查表明，让男生感到烦恼的前五个原因分别为：

（1）没有满意的朋友（23.29%）。

（2）体型不健美（17.88%）。

（3）个子不高（13.88%）。

（4）阴茎太小（6.24%）。

（5）对异性缺乏吸引力（4.59%）。

可见，令男生感到烦恼的后四个原因都与性体像有关。

而让女生感到烦恼的前五个原因分别为：

（1）有粉刺、雀斑（21.23%）。

（2）个子不高（13.23%）。

（3）乳房太小（12.88%）。

（4）肥胖（12.65%）。

（5）没有满意的朋友（9.05%）。

可见，令女生感到烦恼的前四个原因也都与性体像有关。

2. 遗精恐惧和月经焦虑

遗精是指男性在无性交状态下的射精现象，是青春期男子常见的正常生理现象，“精满则自溢”，是性成熟的标志。由于受传统观念的影响，不少人认为遗精会失去身体的精华、伤元气、肾亏。因而一有遗精，有些男生便感到焦虑不安，惊恐失措，这种不良心态和情绪，严重影响了大学生的正常学习、生活和身体健康，容易产生不良后果。

月经来潮是女性进入青春期的标志，是正常的生理现象。尽管正常，但女性的月经期及来月经的前几天，女性身体的耐受性、灵活力下降，易疲劳、感冒，同时，有些女性容易产生情绪波动，如果遭遇较大的压力，甚至会引起痛经、闭经。因此，女大学生经期的生理和心理卫生是一个不容忽视的问题。

3. 性幻想与性梦

性幻想是指在某种特定因素诱导下，自编、自导、自演与性行为的内容有关的心理活动过程。如幻想在日常生活中不能满足地与异性一起约会、接吻、拥抱、性交等性活动。这是青春期常见的一种自慰行为，是一种正常的普遍的心理反应。当大学生与异性交往强烈的渴求不能实现时，性幻想就有可能发生。性幻想又叫“性的白日梦”。这种白日梦可以导致生理上的性兴奋，偶尔也会出现性高潮，这在一定程度上可以缓解人们的性需求。国外有关研究发现，到青春期从来不做性幻想的，在调查的男性中只占1%，女性只占2%；另有学者调查发现，70%的男女大学生都曾有过性幻想。但是，性幻想不能过头，如果成天沉溺其中，甚至把幻想当成现实，那就会成为病态，就会有碍青年的健康成长。

性梦是指在睡眠状态中所做的以性内容为主的梦。性梦的内容十分广泛，但大多是清醒时在精神和肉体两方面都做不出来的。发生原因是青春期开始前后，人体内的性激素迅速增加，大脑中调节性活动的神经中枢日渐成熟，性梦就是伴随着此时性心理活动的增多而产生的。处于青春期的男女，做性梦是很正常的，人们通过梦的方式部分达到自己白天被社会规范限制的性冲动的满足，从而缓解性紧张。

根据崔以泰等人的调查显示：有85%的男生和51%的女生做过性梦。有些同学脑子里出现一些与性相关的想法、念头时，会产生自责和焦虑，但事实上无须这样，上述研究及调查结果告诉我们，这是正常的生理、心理现象，大部分同学都有过类似的经历，只不过大家都无法说出口罢了。

4. 性自慰

性自慰，也叫“手淫”，是指用手或工具刺激生殖器而获得性快感、获得性满足的行为。21世纪初，上海一综合大学对693名大学生性心理和性行为的调查显示，有85.9%的大学生有手淫行为，其中，男大学生手淫者占被调查人数的90.5%，女大学生占被调查人数的66.3%。可见，手淫在青春期男女中是普遍的现象。手淫是一种性冲动的发泄方式，一种性的补偿行为。但大学生中有许多人对手淫持有不正确的认识。调查发现很多大学生认为手淫有伤身体，会导致性功能障碍；有的大学生认为手淫难为情、下流，甚至有罪恶感。受“手淫有害”观念的影响，手淫成了困扰大学生的主要性心理问题之一。事实上，适度手淫并不带来害处。美国著名性医学权威玛斯特斯和约翰逊博士根据实验，证实了手淫与标准的性交对身体的影响完全一致。

一般说来，适度手淫不影响性功能，也不影响未来的生育功能。手淫的危害不在于手淫本身，而在于对手淫的担忧、恐惧、羞愧和罪恶感。但是，手淫无罪无害，并不意味着手淫必须，更不是说手淫可无度。“纵欲伤身”，过度手淫对身体也会造成一些不良影响。如对生殖器的过度刺激可能会习惯性地形成局部的感觉麻痹，使少数人性唤起难度增大。此外，有的人手淫时不注意卫生、方法，容易导致性器官感染或受损，给未来正常性生活埋下隐患。

5. 婚前性行为的烦恼

婚前性行为是指男女双方在恋爱期间发生的性交行为，其特点是双方自愿进行，不存在暴力逼迫；没有法律保证，不存在夫妻之间应有的义务和责任；容易产生一些纠纷和严重后果。随着时代的变化，恋爱中的性行为也发生着相应的变化。大学生们对婚前性行为的态度不一，有的持保守的态度，有的持开放的态度。一些大学生，尤其是女大学生对一时激情下发生婚前性行为后悔不已，存在种种担心和顾虑，影响自己的学习和生活。

对大学生的恋爱教育和性教育需要社会、高校和家庭的共同探索和通力配合，在潜移默化中引导和培养大学生健康理性的婚恋观念和行为。社会教育将持续影响人的社会化过程，发挥正确舆论的导向作用，净化社会舆论环境，减少低俗文化对大学生的侵蚀，促进大学生形成良好的婚恋观。家庭也是传送健康理念、知识的重要载体，父母有着义不容辞的责任，起着不可替代的作用，在家庭教育中要引导孩子树立正确的婚恋观。

课堂活动

辩论：大学生可以发生婚前性行为吗？

将8名学生分成正方和反方两个组，开展辩论：

正方：大学生可以有婚前性行为

反方：大学生不可以有婚前性行为

拓展阅读

爱，该不该是公共景观？①

年长的人很看不惯恋爱学生在校园公共场所的公开亲昵行为，如拥抱、勾肩搭背、接吻等。对此类行为，有些同学说："这是感情真诚奔放的表现"；有些同学认为很浪漫；还有同学说："爱是自己的事，别人管不着。"真的是这样吗？西方奔放、暴露的恋爱方式与中国人温文尔雅、含蓄、内秀的恋爱方式，到底哪一种更符合中国的国情和审美心理？

对于大学生是否可以发生性行为，有人赞同，有人反对。但总的说来，尽管社会的宽容度在增加，但婚前性行为毕竟不受法律保护，与恋人发生性关系要特别慎重，轻易不要突破最后一道防线。即便是双方感情深厚，情不自禁，也要有所准备，包括心理上的准备和避孕方面的准备。

关于未婚同居的一些研究表明，未婚同居者与婚后才有性关系的人相比，性关系满意程度较低、出现婚外情的概率较高、离婚率较高、容易出现婚姻暴力的行为、忧虑与焦虑症比例较高。

怀孕了，该怎么办？②
——人流的伤害和预防

对某市中心妇产科医院的调查显示，到该院做未婚人流手术的人次，4年间竟增加了2～3倍。什么原因？许多年轻女性的回答是："我不知道和男友这样做就会怀孕。"这是典型的性无知、性愚昧。

在不想生育的前提下受孕，其补救措施就是人工流产。流产对女大学生的心理与身体伤害极大。一是身体不能得到很好恢复。手术后，由于集体住宿又担心被老师同学发现，还要应付繁重的课业负担，身体与心理的恢复困难。二是容易损伤外生殖器，发生意外。有的女大学生不敢去医院做手术，便找那些没有资质的"医生"，在极不规范的条件下手术，使生殖器受到很大损伤，有的甚至送了命；还有的遭到那些品质恶劣的"医生"的凌辱和敲诈，身心均受摧残。三是引起许多并发症。医学研究和临床资料表明，人流可导致女性月经量少、闭经、性冷淡、不孕，再次妊娠易导致流产、子宫内膜异位症、生殖器官炎症、子宫穿孔、流产后大出血，甚至引起宫颈癌等。

简单的避孕知识：

---

① 张仲兵，丁志强，李慧萍．大学生心理健康教育与素质训练［M］．北京：高等教育出版社，2014．略有改动．

② 张仲兵，丁志强，李慧萍．大学生心理健康教育与素质训练［M］．北京：高等教育出版社，2014．略有改动．

（1）使用避孕套（一种男用避孕工具）。

（2）口服避孕药。

从心理学角度看，婚前性行为给双方带来巨大的心理压力，如恐惧、焦虑、自卑、心理冲突加剧等，当发生性行为后，双方更容易争吵，但当事人并不知道性行为是其中的重要原因。由于两性心理的差异，女性在有亲密行为后，容易以身相许，希望与对方走向婚姻，由于性行为使女性由心理上的优势转化为劣势；而对男性而言，婚前性行为会增强他们的心理优势，不珍惜并不想承担由此带来的后果，对女性造成更大的心理伤害。

思考：艾滋病离校园有多远，离大学生又有多远？①

艾滋病是AIDS的音译，AIDS是人类获得性免疫缺陷综合征的英文缩写，艾滋病的医学全称为“获得性免疫缺陷综合征”，由感染“HIV”病毒引起。HIV是一种能攻击人体免疫系统的病毒。它把人体免疫系统中最重要的T4淋巴组织作为攻击目标，大量破坏T4淋巴组织，产生高致命性的内衰竭。这种病毒在地域内终生传染，破坏人的免疫平衡，使人体成为各种疾病的载体。HIV本身并不会引发任何疾病，而是当免疫系统被HIV破坏后，人体由于抵抗能力过低，丧失复制免疫细胞的机会，并感染其他的疾病导致各种疾病复合感染而死亡。

感染艾滋病病毒4~8周后才能从血液中检测出艾滋病病毒抗体，但在能测出抗体之前其血中已有病毒，可以传染给别人 。艾滋病病毒感染者的血液、精液、阴道分泌液、乳汁、伤口渗出液中含有大量艾滋病病毒，都具有很强的传染性。已感染艾滋病病毒的人平均经过7~10年的时间（潜伏期）才发展为艾滋病病人，在成为艾滋病病人以前，外表看上去正常，他们可以没有任何症状地生活和工作很多年，但能够将病毒传染给他人。当艾滋病病毒感染者的免疫系统受到病毒的严重破坏，以至不能维持最低的抗病能力时，感染者便发展成为艾滋病病人，出现原因不明的长期低热、体重下降、盗汗、慢性腹泻、咳嗽等症状。

艾滋病可以通过性交、血液制品、污染针头、母婴等进行传播，皮肤和黏膜破损也可能导致传播，其中，性行为是主要传播途径之一。目前，大学生的性观念逐渐开放，在这一特殊群体中，发生未做任何保护措施的性行为便成为感染艾滋病最主要的原因。中南大学医学院艾滋病防治实验室曾在一份调查报告中表明：过度开放的性观念有可能成为大学生群体中艾滋病传播的高危因素。

HIV偶尔也存在于其他体液中，如眼泪、唾液和汗液中，但是一般情况下存在的数量很少，不足以导致HIV的传播。所以，在社交场合偶尔接触，诸如握手、公用设备或

① 张仲兵，丁志强，李慧萍．大学生心理健康教育与素质训练[M]．北京：高等教育出版社，2014．略有改动．

卫生间、一起进餐、打喷嚏、拥抱和礼节性接吻，一般不会传染HIV。据研究表明，艾滋病病毒在蚊子体内既不发育也不繁殖，所以不可能通过生物性的方式进行传播。而机械的传播方式，在蚊子身上也不可行。这是因为，蚊子在吸血前，先由唾液管吐出唾液（作为其润滑剂以便吸血），然后由食管吸入血液，而血液的吸入是单向的，吸入后不会再吐出。另外，蚊子嘴上残留的血液因其仅有0.00004毫升，要反复叮咬2800次后，才能引起HIV感染。而且，即使蚊子吸入了带有艾滋病病毒的血液，艾滋病病毒在2～3天内即可被蚊子消化、破坏而完全消失。根据蚊子的生理特点，蚊子一旦吸饱血后，要待完全消化后才会再叮人吸血。目前，世界范围内尚未发现蚊子或是昆虫叮咬而感染艾滋病的报道。因此可不必担心蚊子传播艾滋病。唾液能引起艾滋病传播吗？可以，但需要达到一定的量。有人推算过，如果要使唾液中的病毒达到致感染量，恐怕要一次吞下20毫升以上感染者的唾液。另外美国科学家发现，人的唾液中有一种“分泌性白细胞抑制蛋白酶”的蛋白质，这种蛋白在试管中可以有效抑制艾滋病病毒感染人体免疫细胞，所以一般性接吻、共同进餐、咳嗽或打喷嚏都不可能感染艾滋病。目前的报道中也无经唾液感染的病例报告。但是热烈地深吻并伴有感染者口腔牙龈出血或发生溃疡；口交中，感染者的精液排放到健康人的口腔中时，就有可能发生艾滋病毒通过口腔黏膜而进入血液的传播。

艾滋病的高危因素有：同性恋；多个性伙伴；无保护的插入性性交；同时患有性传播疾病；静脉注射吸毒；输血传播。从感染艾滋病病毒到发病有一个完整的自然过程，临床上将这个过程分为四期：急性感染期、潜伏期、艾滋病前期、典型艾滋病期。不是每个感染者都会完整地出现四期表现，但每个疾病阶段的患者在临床上都可以见到。四个时期不同的临床表现是一个渐进的和连贯的病程发展过程。由于目前尚无预防艾滋病的有效疫苗，因此最重要的是采取预防措施。主要有：

（1）洁身自爱，避免婚前、婚外性行为。

（2）严禁吸毒，不与他人共用注射器。

（3）不要擅自输血和使用血制品，要在医生的指导下使用。

（4）不要借用或共用牙刷、剃须刀、刮脸刀等个人用品。

（5）受艾滋病感染的妇女避免怀孕、哺乳。

（6）使用避孕套是性生活中最有效的预防性病和艾滋病的措施之一。

（7）要避免直接与艾滋病患者的血液、精液、乳汁和尿液接触，切断其传播途径。

预防艾滋病的最简单的办法就是每次性交的时候，为了避免有体液的交流，一定要使用避孕套。艾滋病的传播主要与人类的社会行为有关，完全可以通过规范人们的社会行为而被阻断，是能够预防的。

四、解决性心理困扰的对策与建议

（一）科学地掌握性知识

大学生应该对“性”有一个科学的认识。性是一门综合性的科学。它包括性生理学、性心理学、性社会学、性伦理学、性美学等。大学生应当努力学习和掌握性科学知识，避免性无知，消除把性仅仅看作是生物本能的片面认识。

打破对性的神秘感，以积极的态度迎接生理上的突变。回避这些问题只会适得其反，因为，大学生渴望了解、掌握性知识，如果不能通过正规渠道了解科学的性知识，就会想方设法通过一切非正规渠道探索性知识，有的甚至走上性犯罪的道路。

（二）男女生共同活动，满足与异性交往的需求

男女生共同活动对促进其身心健康发展与形成良好的群体心理气氛均有积极的作用。在男女生共同的活动中，他们相互交往，学对方之长，补己之短，达到个性互补。此外，相互吸引的心理，使青少年均有在异性面前呈现“完美”形象的愿望，因此，男女生在一起学习、活动，一方面会尽自己所能干好每一件事情，充分发挥自己的聪明才智和潜在能力，另一方面还可形成一种无形的内在约束力，尽量约束、控制自己不恰当、不文明的言行。这不仅有助于青少年自身个性的健康发展，而且有助于形成团结一致、积极向上、对集体有一定情感依恋的良好心理氛围，有助于提高群体活动效率。因此，大学生应多组织和参加男女生共同参与的活动，以满足他们与异性交往的合理需求，促进身心健康发展。此外，男女大学生相处，还要做到自尊自爱，学会自我保护。

（三）培养选择信息的能力，抵御不良性刺激

随着大众传播媒介的发展，大学生不仅能从课堂上获得信息，而且能从电视、广播、报纸、杂志、图书等传播渠道接受大量的信息。大学生应选择内容充实、格调高雅，能催人奋进的影视、文艺作品，例如阅读文学名著，可使青少年的审美品位得到提升，他们会逐步品出什么样的影视、文艺作品是优秀的，从而自觉选择。自觉抵制不健康的书刊、影视内容的消极影响，接受优秀的书刊、影视内容的积极影响。

（四）充实精神生活，转移兴奋点

开展丰富多彩的课外活动，可丰富大学生的精神世界。学校可以成立科技、文艺、体操、写作、电脑等兴趣活动小组，举办摄影、书画展览，定期举办演讲比赛，开展书评、影评活动，组织学生对社会热点问题进行讨论、辩论等。在这些有益的活动中，青少年大学生可以开阔视野、增长才干、陶冶情操，生活得充实，对未来产生美好的憧憬。因此，充实的精神生活，可以使大学生的“兴奋点”得以转移。

（五）增强自制力，用意志调节情感、控制性冲动

大学生自我控制性心理能力的大小，在一定意义上是由个人意志品质的强弱决定的。意志作为达到既定目的而自觉努力的一种心理状态，具有发动和抑制行为的作用。尽管有的年轻人有很强的性冲动，尽管在外界性刺激的情况下，人会急于寻求性的满足。但是，人不同于动物，人有意志力，人可以抑制和调整自我的冲动，那些放纵自己的人往往缺乏坚强的意志品质。鲁迅先生曾经说过："不能只为了爱——盲目地爱，而将别的人生的意义全盘忽略了。"为了自己长远的幸福和个人的发展，应当努力培养自己良好的意志品质。自制力的培养同纪律教育密切相关，因此，遵守纪律、遵守学校的规章制度和学生行为规范，对培养大学生的自制力至关重要。树立崇高的人生目标，可增强大学生的自制力，一个具有远大理想和奋斗目标的人，当遇到外界诱惑时，能不为其所动，潜心学习、工作，当身处逆境时，能冷静对待，依然奋力拼搏、执着追求，表现出极强的自制力。

（六）对性骚扰的自我保护

首先，大学生应当维护自尊、自重、自爱的自我形象，做到举止大方、行为得体、作风正派、衣着打扮不轻浮。其次，大学生应当学会自我保护。女生尽量晚上不要单独外出，更不要单独在男性家中或住所长时间停留。面对异性的非分要求，不要畏惧，要勇敢地说"不"。要以严厉的态度制止和反抗性骚扰，必要时向别人呼救或向公安部门寻求帮助。对于性骚扰事件的经历，不要过分恐惧和自责，因为你是无辜者。为了更快地排除自己的心理困扰，可以向父母、老师、知心朋友宣泄自己的情绪，也可以寻求心理咨询的帮助。

本章小结

1. 爱情包含亲密、激情和承诺三个成分，根据不同成分的组合，爱情可以被分成不同的类型。

2. 大学生恋爱的特点：恋爱自主性较强，恋爱动机多元；注重恋爱过程，轻视恋爱结果；恋爱观念开放，传统道德淡化；恋爱行为公开，浪漫色彩浓厚；恋爱以自我为中心，态度轻率化。

3. 爱情是一种亲密关系，给大学生以归属感和爱的满足，自我价值感的满足，性的满足感。

4. 人要培养表达爱的能力、接受爱的能力、拒绝爱的能力、鉴别爱的能力、建设爱和解决爱的冲突的能力、面对失恋的心理承受力、保持爱情长久的能力。

5. 所谓性心理，是指在个体性生理成熟的基础上所形成的与性特征、性欲、性行为有关的心理状况和心理过程。

6. 性心理健康是指个体具有正常的性欲望，能够正确认识性的有关问题，并且具有较强的性适应能力，能和异性进行恰当交往，在免受性问题困扰的同时，还能促进自身人格的完善，促进自己身心的健康发展。

7. 当前大学生性心理的特点：性生理的成熟和性心理不成熟的矛盾、性意识的不断强烈和羞愧感之间的矛盾、男女性心理存在差异。

8. 大学生常见的性心理困扰有：性体像的困扰、遗精恐惧和月经焦虑、性幻想与性梦、性自慰、婚前性行为的烦恼。

认识自我

● 心理测验

了解自己的恋爱观：恋爱观测试

爱为人生提供巨大的动力，使人们的感情需求得到充分满足；人在恋爱时通常会按照自己的恋爱观来选择和经营爱情，不同的人具有不同的理想、信念、人生观及心理素质，进而形成了不同的恋爱观。正确的恋爱观念对于收获一份美好的爱情是不可或缺的。

下面的测试可以帮助你了解自己的恋爱观。每个问题下都有四种不同的选择，请你选出最符合自己想法的选项，每个题只有一种答案。

（1）你想象中的爱情是：

A. 具有令人向往的浪漫色彩

B. 能满足自己的情感需求

C. 使人振奋向上

D. 没想过

（2）你希望同你恋人的相识是这样开始的：

A. 在工作和学习中逐渐产生感情

B. 青梅竹马

C. 一见钟情

D. 随便

（3）你对未来妻子的主要要求是：

A. 别人都称赞她的美貌

B. 善于理家

C. 顺从你

D. 能在多方面帮助你

（4）你对未来丈夫的主要要求是：

A. 有钱或有地位

B. 为人正直，有事业心

C. 不嗜烟，体贴自己

D. 英俊，有风度

（5）你认为完美的结合应是：

A. 门当户对

B. 郎才女貌

C. 心心相印

D. 情趣相投

（6）你认为巩固爱情的最好途径是：

A. 满足对方的物质需求

B. 柔情蜜意

C. 对爱人言听计从

D. 不断提升自己

（7）在下列表达中，你最喜欢的是：

A. 生命诚可贵，爱情价更高

B. 爱情的意义在于帮助对方，同时也提高自己

C. 有福同享，有难同当

D. 为了爱，我什么都愿意干

（8）你希望恋人同你在兴趣爱好上：

A. 完全一致

B. 虽不一致，但能相互照应

C. 服从自己的兴趣

D. 互不干涉

（9）当你发现爱人的缺点时，你的态度：

A. 无所谓

B. 嫌弃对方

C. 内心十分痛苦

D. 帮他（她）改进

（10）你对恋爱中的曲折怎么看：

A. 不要出现

B. 自认倒霉

C. 想办法分手

D. 把它作为对爱情的考验

（11）你对家庭的向往是：

A. 能同爱人天天在一起

B. 人生归宿

C. 能享天伦之乐

D. 激励对生活的新追求

（12）自己有一位异性朋友时，你将：

A. 告诉恋人，在其同意下继续交往

B. 让恋人知道，但不准干涉

C. 不告诉恋人

D. 看恋人的气量和态度

（13）一位异性比恋人条件更好，且对自己有好感：

A. 讨好对方，想法接近

B. 保持友谊，说明情况

C. 持冷淡态度

D. 听之任之

（14）当你迟迟找不到理想的恋人时：

A. 反省自己的择偶标准是否实际

B. 一如既往

C. 心灰意冷，甚至绝望

D. 随便找一个

（15）当你所爱的人不爱你时：

A. 愉快地和他（她）分手

B. 毁坏对方的名誉

C. 千方百计地缠住对方

D. 不知所措

（16）你的恋人以不道德的理由变心时，你会：

A. 报复

B. 散布谣言诋毁对方

C. 责怪自己看人不准

D. 吸取教训

（17）当发现恋人另有所爱时，你会：

A. 更加热烈地求爱

B. 想办法拆散他们

C.若他们尚未确定关系就公平竞争

D. 主动退出

● 评分

根据表6.1，将左边的选项对应分数相加。

表6.1 计分表

题目	选项计分				你的得分
	A	B	C	D	
(1)	2	1	3	0	
(2)	3	2	1	1	
(3)	1	2	1	3	
(4)	0	3	2	1	
(5)	1	1	3	2	
(6)	1	0	2	3	
(7)	2	3	2	1	
(8)	1	2	0	3	
(9)	1	0	2	3	
(10)	1	2	0	3	
(11)	2	1	1	3	
(12)	3	2	1	1	
(13)	0	3	2	1	
(14)	3	1	0	1	
(15)	3	0	1	1	
(16)	0	1	2	3	
(17)	1	0	3	2	

● 结果

总分在46分以上，说明你的恋爱观恰当；总分在42~46分，说明你的恋爱观基本恰当；总分在42分以下，说明你的恋爱观需要调整。①

① 资料来源于网络，有改动.

心理训练

● 训练1

爱情到底是什么?

小游戏：拿出一张16开的纸，对折，一边撕五条，在没撕的纸上写五个重要的方面（如爱是需要、关怀），再分别写到窄条上，排序，将你认为重要的保留三条，首先放弃什么？其次是什么？将不要的撕下来，与周围的同学交流，说明理由，谁要可以交换。忍痛割爱再去掉两条，只剩一条，好好看一看，这就是你的爱情价值观，珍藏于心。

讨论：

1. 你选择了什么?
2. 你放弃了什么?
3. 在放弃的过程中有什么感受，别人的选择对你有什么影响?

● 训练2

秘密问题游戏

从表6.2中找出你认为与性有关的词汇，匿名写在一张纸条上。将全班同学的纸条收集上来，每个同学再抽取一张纸条。

表6.2 秘密问题游戏词汇

1．快乐	2．好玩	3．污秽	4．生育	5．恐惧
6．爱	7．美妙	8．信任	9.羞耻	10．不满足
11．委身	12．忠贞	13．尴尬	14．压力	15．例行公事
16．表现	17．欢乐	18．实验	19.释放	20．难为情
21．舒服	22．无奈	23．罪	24．伏悲	25．内疚
26．无助	27．享受	28．压抑	29.乏味	30．满足
31．美丽	32．征服	33．沟通	34．禁忌	35．亲密
36．融洽	37．遗憾	38．自卑	39.自信	40．和谐

活动1：班上同学5～6人一组，每人在小组中交流对于纸条上别的同学写下的对性的词汇的看法。

活动总结：秘密问题游戏可以让同学们放下戒备，去探讨一些私密的话题。

活动2：将全班同学分为男生和女生两个组，发给每人两张纸条，一张黄色，一张绿色。黄色纸条是写给男生的问题，绿色纸条是写给女生的问题。每个同学分别在不同颜色的纸条上匿名写下你想问男生／女生的关于性的问题，可以写下多个，也可以只写一个。将全部纸条收上来，按颜色分开。每个女生抽取1～2张绿色纸条（如果纸条不够，可以2个人抽一张纸条），每个男生抽取1～2张黄色纸条（如果纸条不够，可以2个人抽一张纸条）。匿名回答纸条上的问题。最后，将纸条收上来，每人抽取一张黄色纸条和一张绿色纸条。5～6人一组，讨论纸条上的问题和答案。

心理自助餐

1．弗罗姆：《爱的艺术》，上海译文出版社2008年版

在《爱的艺术》一书中，弗罗姆认为，爱情不是一种与人的成熟程度无关，只需要投入身心的感情。如果不努力发展自己的全部人格并以此达到一种创造的倾向性，那么每种爱的试图都会失败，如果没有爱他人的能力，如果不能真正谦恭地、勇敢地、真诚地和有纪律地爱他人，那么人们在自己的爱情生活中也永远得不到满足。

2．昆德拉：《生命中不能承受之轻》，上海译文出版社2003年版

该小说描写了托马斯与特丽莎、萨丽娜之间的感情生活。但它不是一个男人和两个女人的三角恋故事，而是一部哲理小说，小说从“永恒轮回”的讨论开始，把读者带入了对一系列问题的思考，比如轻与重、灵与肉。

3．查普曼：《爱的五种语言》，王云良、陈曦译，江西人民出版社2010年版

每个人都有爱与被爱的需要，但不同的人却使用不同的语言来表达和接收爱。查普曼博士发现人们基本上有五种爱的语言：肯定的言辞、精心的时刻、接受礼物、服务的行动和身体的接触。如果爱情是一则神话，那么这本书可以使美梦成真；如果爱情是一颗蜜糖，那么这本书将教你如何防潮防腐，永不褪色。

4．电影《当哈利遇到莎莉》《独自等待》《早熟》《蒂凡尼的早餐》《克莱默夫妇》《爱情故事》《美丽心灵之永恒阳光》《泰坦尼克号》《真爱至上》《和莎莫的500天》《情书》《乱世佳人》《红白蓝》等

● 项目七

识“网”不盲，知己知彼——健康网络心理

学习目标

1. 了解网络的特征。
2. 大学生上网的心理需求。
3. 让大学生理解掌握网络对大学生心理发展的影响。
4. 通过学习，大学生能够培养健康的网络心理。

思政目标

1. 培养大学生正确认识网络信息的能力，提高正向信息的捕捉能力。
2. 树立积极网络心理健康的信念和态度。

问题聚焦

1. 为什么网络容易使人上瘾？
2. 关于网络心理健康，你了解多少？
3. 在你身边是否有网络成瘾的案例？

心理热身

今年9月1日，原本准备升高三的陈某不得不推迟入学，他被母亲第5次送进了专门的封闭式医疗机构进行戒网瘾治疗，戒断时间从1个月到5个月不等。由于网瘾，过去几年来，陈某的中学生涯变得断断续续，当网瘾“上头”时，如果母亲不让他上网，他甚至会对母亲拳脚相向，母亲也因此多次报警；长期玩游戏用眼过度，陈某的神色略显呆滞，说话似乎也慢一拍，记者问他一个问题，他有时要思考好几秒才能做出回答……

说起“网瘾少年”，广州仁泰医院张治华医生感慨万千。因为设置有戒网瘾专科，该院每年都能接收上百位前来接受治疗的青少年，年龄多在12～18岁。目前仍有十多位“网瘾少年”在这里接受专业治疗。“这些花季少年原本应该在学校认真读书，但却因为网瘾中断了学业，每次接收这样的患者，我心里都很沉重。”

张治华介绍，网瘾同酒瘾、烟瘾一样，会让人产生心理与生理上的依赖，网络成瘾与物质成瘾的机制类似，所以要戒掉网瘾，其难度并不比戒掉烟瘾和酒瘾小。由于长时间面对电脑、手机等电子产品，失去了和社会接触的机会，会导致孩子们将现实幻想为

网络虚拟世界，在做事时容易冲动，也容易有暴力行为。从张治华接触的案例看，多数“网瘾少年”都能从父母身上找到原因，比如家中父母不和睦，或者父母忙着工作没空照顾孩子，手机就成了孩子打发空虚时光的工具，久而久之，成瘾难戒。①

任务一 网络心理概述

一、网络及其特征

（一）网络的普遍性

网民不仅可以通过互联网了解世界、学习、购物，而且可以在网上交友、谈恋爱、聊天、开会，甚至玩游戏、赌博等，互联网正在改变网民的学习方式、工作方式和生活方式。

根据调查研究表明：大学生网民群体作为众多虚拟社群中的一种群体，在虚拟社群结构中具有独特的地位和“中介”意义，如果将大学生网民定义为平均每周使用互联网1小时（包含1小时）以上的在校大学生，目前在校大学生中有90.2%是网民。大学生网民每周上网的时间以3至4小时者居多，每天上网时间在30分钟左右，只有6.5%的大学生网民每周上网11个小时以上，即每天上网时间在90分钟以上。在网站类型上，“娱乐网站（占64.2%）”“新闻网站（占49.9%）”和“教育网站（占34.4%）”成为大学生网民上网的前三项选择；“看新闻（占65.4%）”“发电子邮件（占58.1%）”和“聊天（占51.3%）”是大学生上网的主要目的。据另一项调查，大学生上网主要用于聊天者占34%，主要用于玩游戏者占28%，主要用于查资料者占30%，其他占8%。如此看来，62%的大学生在互联网上从事与学习和工作无关的活动。

（二）网络的特征

（1）开放性。任何一台计算机只要支持TCP/IP协议就可以连接到网络上。

（2）自由性。在网络上信息的流动自由、用户的言论自由、用户的使用自由。

（3）身份的不确定性。在网络上，你是怎样的人仅仅取决于你通过键盘操作而表现出来的你。如果你说的话听起来像一个聪明而有趣的人说的，那么你就是这样一个人。你的年龄、长相、身份、性格等都不太确定。

（4）免费性。绝大多数的网络服务都是免费提供的，而且在网络上有许多信息和资源也是免费的。

① 走近网瘾少年们：他们沉迷网络的病根何在？[N]. 广州日报，2021-10-08. 略有改动.

（5）合作性。网络是一个没有中心的自主式的开放组织。网络上的发展强调的是资源共享和双赢发展的发展模式。

（6）平等性。网络是平等自由的信息沟通平台，信息的流动和交互是双向式的，信息沟通双方可以平等与另一方进行交互，而不管对方的年龄、身份等。

（7）虚拟性。网络一个重要特点是它通过对信息的数字化处理，通过信息的流动来代替传统实物流动，使得网络通过虚拟技术实现了许多传统现实技术才具有的功能。

（8）个性化。网络是一个新的沟通虚拟社区，它可以鲜明突出个人的特色，引导的是个性化的时代。

（9）全球性。网络从商业化运作一开始，就表现出无国界性，信息流动是自由的，无限制的。因此，网络从一诞生就是全球性的产物。

（10）持续性。网络是一个飞速旋转的涡轮，它的发展是持续的，网络今天的发展给用户带来价值，推动着用户寻求进一步发展，以实现更大的价值。

二、大学生上网的心理需求

（一）积极的心理需求

1. 追求开放性与求知求新心理

网络是一个开放的信息源，多种文化、思想观念共生，为大学生追求开放性和多元性提供了平台。

2. 满足自我实现欲望

在网络世界里，不再强调相貌的作用，每个网民在一个非以貌取人的环境下拥有平等的发言权，人们不需要过多的面具。

3. 满足归属感的需求

对人类来说，寻求归属感是一种基本需求。通过互联网，大学生交往范围扩大，选择性明显增强。

（二）消极的心理需求

（1）猎奇心理，追求感官刺激。一些大学生上网的目的是猎奇，即追寻一种在现实生活中难以了解，通过正当渠道难以获得的奇、艳事物或信息，并借以获得感官刺激。他们往往会出于好奇或冲动的心理刻意去寻找一些色情、暴力信息。

（2）急功近利心理。网络信息的丰富与快捷使一些大学生把上网当作通往成功的捷径和有利条件。在他们眼里，网络就是商机，网络就是生财之道。同时，一定程度上的社会误导（包括网络上基于商业目的的信息误导）也使大学生对“成功”的理解产生了偏差。于是，电子商务、留学资讯、成才捷径、求职之路就备受一部分大学生的关注。他们渴望凭借这些信息省一些力气，走一步险棋，成为网络时代的成功人士。

（3）发泄欲求心理。在互联网上，大学生们可以比在学校、家庭更随便地发表自己的意见，抒发自己的爱与憎，表达自己的思想感情，而不必担心会受到限制或承担责任。平时对学校不敢提、无处提的意见可以贴到网络论坛，平时对女同学不敢表达的感情则可以在聊天室里淋漓尽致地抒发。

（4）逃避现实的解脱心理。大部分学生在大学生活中都会遇到这样或那样的挫折和危机，诸如学习上的、感情上的、人际关系上的。同时，复杂的社会生活也会使思想相对不成熟的青年学生感到难以应对。但遗憾的是，部分学生在现实中受挫时，往往愿意到虚幻的网络空间去倾诉，互联网成了他们逃避现实、寻求自我解脱的渠道和环境。

（5）虚拟的自我实现心理。强烈的自我意识是大学生群体的一个显著特征，虚拟的网络可以成为大学生实现自我的一个理想王国。在网络上，大学生可以享受到网络特有的平等、自由、成功、刺激的感觉，宣泄学习与就业的压力、社会与家长的希望造成的心理上的压抑。

课堂案例

在天津上大学的大连女孩小许被网友骗走了手机等财物；湖北一师范类院校女生小何在与和她聊天达一年之久的湖北省一网友见面时被对方骗了8000元；网名为沙子的南京某大学英语专业学生，在聊天时被聊天经验丰富的小毕的“网上形象”深深吸引，在与他第三次会面时被杀害了。

思考：这些案例，你怎么看？

三、网络对大学生心理发展的影响

（一）网络对大学生心理过程的影响

历史证明，技术是一柄锐利的双刃剑。英国历史学家阿诺尔德·J.汤因比认为：技术每提高一步，力量就增大一分，这种力量可以用于善恶两个方面。在看到互联网给人类带来巨大好处的同时，我们也应当看到，其负面效应正在影响着人类的生活。

1. 网络对大学生认知发展的影响

（1）网络对认知的积极影响。

网络拓宽了大学生的认知视野，提高了大学生的认知效率，激发了大学生的认知潜能。

（2）网络对大学生认知的消极影响。

铺天盖地的信息对大学生现有的接受能力和判断能力提出考验和挑战。没有明确价值指向的信息长期充斥大学生的大脑，干扰大学生的学习、思考和价值取向，必将影响大学生思维的深度和广度，阻碍大学生认知中对信息的准确选择和内化过程，以及良好判断力的形成。

2. 网络对大学生情感的影响

（1）网络对情感的积极影响。

网络极大地拓展了大学生情感交流的空间，也是大学生情感宣泄的重要渠道。

（2）网络对情感的消极影响。

当大学生的一些不良情绪、情感在网络中得到宣泄并获得其他网民的支持时，其不良情感可能会得到强化。网络虽然缩小了人们之间的时空距离，却拉大了人们之间的情感距离。

3. 网络对大学生意志的影响

（1）网络对意志的积极影响。

有助于培养独立的意志品质。

（2）网络对意志的消极影响。

无节制地上网消磨人的意志。无节制上网通常都是大学生的自制力弱造成的，这种上网方式反过来又强化了原有的弱自制力。一些大学生终日沉迷于虚拟世界，他们存在明显的意志减退和意志缺乏问题，对学习产生厌恶感，并逐步失去信心。

4. 网络对大学生人格的影响

（1）网络对人格的积极影响。

自我意识是人格的核心内容，大学生正处于自我意识不断增强而又不稳定的时期，注重自尊、自信、自我展现，网络增强了大学生的平等意识和民主观念。

（2）网络对人格的消极影响。

网络可以导致大学生自我意识的膨胀和集体意识的淡薄。网络游戏中角色的扮演，容易使大学生分不清现实和虚拟世界，导致大学生人格的分裂和异化。

（二）网络对大学生行为心理的影响

1. 网络对大学生交往心理的影响

（1）对交往心理的积极影响。

网络扩大了大学生人际交往的范围，有助于满足大学生强烈的交往需求。网络丰富了大学生交往的方式，提供越来越多的方便快捷的交往方式。

（2）对交往心理的消极影响。

大学阶段是人际交往能力和人际关系形成的重要时期，过多依赖于网络交往会使大学生与现实生活中的人际交往脱节。网络交往难以形成真实可信和安全的人际关系，大学生在网络交往中一旦受骗上当就容易对现实产生怀疑、悲观和敌意的态度。

2. 网络对大学生道德心理的影响

（1）对道德心理的积极影响。

大学生在网络这个自由空间最大限度获取各种道德体验，可以积累丰富经验，有助于增强主体的道德选择、自我评价的行为能力，使道德个体的个性化和主体性得到强化，从而拓展、延伸和强化人性中的品德结构和伦理气质，促进了人的完善和发展。

（2）对道德心理的消极影响。

网络容易引发大学生道德选择和道德评判的冲突。网络信息污染弱化了大学生的思想道德意识，威胁着大学生的道德伦理。网络的隐蔽性使道德行为的自由度和灵活性显著增强，认为在网络世界里不需要对自己的行为负责，将自我凌驾于社会法律之上，无视道德的存在，不忌伤害别人，甚至违法犯罪。

3．网络对大学生性心理的影响

（1）对性心理的积极影响

网络能及时提供丰富的性知识，最大限度地满足大学生对性奥秘的探究心理。

（2）对性心理的消极影响

网络中充斥着大量的不良信息和垃圾信息，对大学生性心理造成极为恶劣的影响。缺乏辨别力的大学生可能产生性认知偏差，一些大学生容易在狭隘的、偏激的性观念的驱使下，放纵自己的性行为，以宣泄和满足自己的性需求。

任务二 大学生网络心理问题的特点

一、大学生网络心理问题的表现形式

1．网络恐惧

大学新生特别是来自经济落后地区的农村学生，几乎没有接触过互联网或接触很少，进入大学后面对色彩斑斓的网络界面，看到层出不穷的各种网络书籍、电脑软件，看着周围的同学熟练地使用电脑，自由地浏览、聊天时，一部分学生感到害怕和迷茫。

另外，一些对网络比较熟悉的大学生也有这样的问题，他们畏惧网络，主要是害怕跟不上网络的快速发展，怕掌握不了新的网络技术而被淘汰。

2．网络依恋

长时间地沉溺于网络游戏、上网聊天、网络技术，醉心于网上信息、网上猎奇，造成对网络的过度依赖和依恋，导致个人身心以及正常学习、工作、生活、社会交往受到严重影响。

3．网络交往障碍

网络交往障碍是指因使用网络交际而引发的现实生活中的社交障碍。网络交际是通过敲击键盘进行文字的交流，这与现实中的人际交往是有很大差别的。由于大学生对网络的眷恋和过分依赖，很多大学生因上网忘记了自己在现实生活中的角色，整日沉迷于网络，心甘情愿地淡出现实生活。他们在网上畅所欲言，但在现实生活中却变得沉默寡言、不善言谈，产生孤独感，从而诱发了现实生活中的交往障碍。很多大学生喜欢沉溺于虚拟的网络情缘，忽视了身边所有的亲情、爱情、友情，在情感上封闭自己，将自己孤立于狭小的生活圈子，以至于产生情感障碍。网络的虚幻性会使大学生意志消沉，精力涣散，导致学习效率下降、记忆力下降、思维能力下降。

4．网络孤独

主要是指希望通过网上人际交往来提高或者改变自己，但未能解除孤独甚至加重了孤独，或反而因为触网而引发孤独感这样一类不良心理状态。一些大学生由于性格内向、自卑、敏感，不愿意或不善于与他人交往，甚至厌恶社会上那种虚情假意的人情来往。他们青睐于网上交往这种匿名、隐匿性别和身份的形式，常向网友发泄自己的不良情绪，排解忧虑，讲自己的“心情故事”。这样他们的心情会得到放松。可下网后他们发现自己面对的依然是四壁空空的孤独，这使得他们感到网络对孤独抑郁的排解只是“隔靴搔痒”。

5．网络的自我迷失和自我认同的混乱

网络的自我迷失和自我认同的混乱又称“网络人格心理失真”，表现为脱离现实、退缩、孤僻、幻想等行为特点。很多大学生在网络中迷失了自我，在网络情景和现实生活情景中交替出现两种或多种不同的性格特征，表现为网上网下缺乏同一性，行为判若两人，人格缺乏相应的完整性、和谐性，从而形成虚拟角色与现实角色相混淆的双重人格冲突。此外，某些大学生对一些社会现象不满，他们想通过上网发泄不满，逃避现实，希望在网上有一个“清洁”的交往环境，构建一个良好的自我。然而网上充斥的色情图文、脏话、无聊的帖子、庸俗的话题，使他们在对社会产生失望之后又对网络产生了失望。

6．网络依赖

主要表现为上网时精神极度亢奋并乐此不疲，获得心理满足且不能自制，通宵达旦上网，对现实生活无兴趣。“网络成瘾症”可造成人的植物神经紊乱和体内激素水平失衡，使免疫功能降低，出现食欲不振、记忆力减退、焦虑、忧郁、情感淡漠、行为怪诞等症状。大学生对网络过度依赖，将发展成为身体上的依赖，最终给大学生身体和心理造成严重的伤害。

7．网络越轨

网络越轨又称“网络自我约束能力降低”。随着上网时间的增加，一部分大学生将猎奇和追求刺激作为网上生活的主要内容。他们会破译他人的网络密码，窃取、篡改他人网上信息，散发、编制病毒，当黑客；或利用计算机技术窃取其他网络用户及一些公司、企业、网站账户，从中谋取非法利益，还有的学生为了发泄自己的不满情绪，揭发他人隐私、毁人形象，在网上散布虚假信息，甚至恶意中伤他人，对领导、老师和同学等进行人身攻击；也有的同学通过网络聊色情话题、通过剪贴黄色影片的镜头等方式传播黄色信息。这些给他人、组织、社会造成极大损失，同时也给其自身带来严重的身心伤害。长期在这种环境中生活，必然使部分学生的自我约束力下降，行为变得越来越无所顾忌。

二、大学生网络心理问题的特点

总的来说，大学生网络心理主要分为好奇心理、需求心理、逃避心理三类。

1．好奇心理

大学生的主要任务是学习，有较多的时间和精力去了解方方面面的信息，去学习未知的事物，去探究热门的话题，而网络具有信息传播速度快、内容新、覆盖面广的优点，这是传统信息传输方式难以匹敌的。所以，网络成为广大学生第一个选择的工具。网络的内容及传输信息的速度极大地刺激了大学生的好奇心，使他们对网络产生了极大的兴趣，这种兴趣一方面促使他们不断地深入挖掘网络资源，寻找新的刺激，另一方面新的刺激又进一步加深了他们的好奇心理。

2．需求心理

大学生的某些需求，如认知的需求、情感交流的需求、不良情绪发泄的需求、自我表现的需求等在现实社会中无法得到满足时，就想通过网络实现。在网络世界，大学生可以在短时间内获得大量的最新、最全面的信息，他们通过轻松点击鼠标便可以和陌生人开始情感交流，发泄不良情绪，还可以通过网络游戏的自动升级展现自我，找到自信，以此来满足自己的需求心理。

3． 逃避心理

在实现自己理想的过程中，大学生难免会遇到很多不顺心的事情，诸如学习生活上的压力、交际和情感上的不如意、激烈的就业形势等。于是一些大学生选择上网来逃避不如人意的现实所带来的恐惧、焦虑和沮丧，然而他们越是想逃避，挫折感就越强；而挫折感越强，就更加想逃避，以致恶性循环。

任务三 大学生健康网络心理的培养

一、网络心理健康的标准

（1）正确认识网络。

（2）面对网络能保持情绪的稳定。

（3）较好的自我控制能力。

（4）虚拟与现实环境中的人格统一。

（5）良好的道德约束力。

（6）信息选择和辨认的能力。

二、大学生常见的网络心理问题及调试

网络心理问题是指由于对互联网的认识和使用不当而引发的不良心理反应。大学生常见的网络心理问题有以下三种。

（一）网络焦虑

1．网络焦虑

网络焦虑是网络时代特有的现象，指对网络信息过多依赖和过多使用导致的心理失调。

2．网络焦虑的治疗与预防

（1）适应焦虑的防治。

首先要学会客观分析自己网络不适应问题产生的原因，其次要看到自己的实力所在，在艰苦环境下可以取得学业上的成功，说明自己缺乏的不是能力，而是锻炼的勇气和机会。

（2）信息焦虑的防治。

首先要有正确的信息意识，其次要提高自身的信息处理能力。

（3）安全焦虑的防治。

首先，要树立安全防范意识；其次，大学生在上网之前需要学习相关的网络安全知识，提高自己网络安全防范水平和技术。

（二）网络依恋

1．网络依恋的产生与调适

网络依恋是指个体由于长时间沉溺于网络而与网络结成的特殊情感关系。

针对网络依恋，一要树立正确的网络认知，认识到过分使用网络对自己的危害，坚持以预防为主。首先，分析自己上网的动机；其次，合理安排上网时间和上网内容，尽量减少无目的地浏览和无意义上网；最后，在现实中主动发展、形成健康的人际关系。

2．网络依恋的六种类型

网络信息收集成瘾：强迫性从网上收集无关紧要的或者不迫切需要的信息，堆积和传播这些信息。

网络交际迷恋：利用各种聊天软件以及网站开设聊天室长时间聊天。

网络游戏迷恋：沉迷于网络设计的各种游戏中。

网络恋情迷恋：沉醉在网络所创造的虚幻的罗曼蒂克的网恋中。

网络制作迷恋：下载使用各种软件，追求网页制作的完美性和以编制多种程序为嗜好。

网络色情迷恋：迷恋网上传播的色情音乐、图片以及影像。

（三）网络成瘾

当今社会，网络给大家的工作、学习和娱乐带来便利的同时也带来很多的问题，一些高校大学生深陷网络不能自拔，自身健康发展受到阻碍。

网络的各种特点与年轻人的性格非常契合，很多人热衷于到网络世界中寻求现实中无法满足的东西。在一开始他们没有认识到可能的危害，凭借自己的喜好在网络世界里任意游荡。一段时间后便发现，离开网络自己就无法保持良好的精神状态，只有在网络虚拟的世界里他们才能找回迷失的自我。长时间的上网使他们与现实世界产生了较大的距离感，以至于他们不愿与人交流。多数网络成瘾的大学生同家人及社会的交流减少、社交圈子缩小、抑郁和孤独感增加，这种孤独感刺激他们逃避现实，躲入虚拟的网络世界寻求解脱。

1. 网络成瘾的含义

网络成瘾是指上网者由于长时间地和习惯性地沉浸在网络时空中，对互联网产生强烈的依赖，以至于达到了痴迷的程度而难以自我解脱的行为状态和心理状态。

2. 网络成瘾的症状

（1）对网络的使用有强烈的渴求或冲动感。

（2）减少或停止上网时会出现周身不适、烦躁、易激惹、注意力不集中、睡眠障碍等戒断反应。

（3）为达到满足感不断增加网络时间和投入程度。

（4）使用网络难以控制，多次努力未成功。

（5）固执使用而不顾其明显危害，即使知道也难以停止。

（6）将上网当作一种逃避问题的途径。

（7）网络成瘾的病程标准为平均每日连续上网6小时，且符合症状标准达3个月。

课堂案例

据报道，小杨以优异的成绩考上哈尔滨工业大学，因家境贫困，得到了学杂费减半的困难补助。遗憾的是，小杨进入大学后迷恋上网交友，经常不假外出，夜不归宿，成绩一落千丈，经学校多次批评教育，仍不改正，最后被学校劝退。小杨回家后，决定第二次考大学，但他还是抵挡不住上网的诱惑，他跟父亲说要去找网友，就离开了家。杨父泪流满面地说："希望那些整天迷恋网络的人，不要像他一样执迷不悟。"

3. 网络成瘾的危害

（1）角色混乱，社会功能严重受损。

大学生沉溺于网络中各种虚拟角色，缺乏对自我客观而全面的认识，很容易迷失自我，他们不自觉地把网上的虚拟角色或网络游戏规则应用到现实生活中，经常与现实发生矛盾，与人发生冲突，出现严重的角色混乱，造成现实生活、学习、人际关系等严重适应不良。

（2）道德感弱化，精神异常。

在网络虚拟世界里，网络成瘾者可以躲避现实社会中师长对他们行为的监督，他们成了绝对自由的人，很容易做出道德失范的行为而不以为意，如有的大学生为了能上网，不惜花掉自己的学费、生活费，或者向朋友借款、骗父母的钱，甚至丧失人格和自尊，严重者出现偷窃、抢劫等违法犯罪行为。

（3）荒废学业。

网络是导致一些自制力差的大学生荒废学业的“罪魁祸首”。一份针对北京市4所高校的调查表明，一所招生规模在5000人左右的大学每年约有50人退学，其中80%的退学大学生都和网络成瘾有关，主要表现为长时间沉迷网络导致旷课或者所“挂”科目过多。

（4）危害身心健康。

网络成瘾会严重影响大学生的身心健康。大学生白天上网冲浪、晚上上网看电影追电视剧、半夜依旧在聊天……这是部分大学生的真实生活写照。在他们眼中，网络就像空气一样重要，一刻也不能少。有的大学生上网后恋恋不舍，饭不吃觉不睡。目前，大学生由过度使用互联网导致睡眠时间严重不足、睡眠质量大大下降的现象很常见，它和垃圾食品一样是影响大学生健康的“杀手”。

“包夜”（通宵上网）成了一些大学生周末必做的一件事，周一的课必受影响。医学调查表明，缺乏睡眠会导致食欲下降、身体免疫力下降、情感冷漠、心理活动异常，感知、记忆、思维、言语等各种反应能力显著下降等问题。武汉某大学21岁的大一学生唐某上午课程结束后，顾不上吃午饭，便和同学直奔校外的一家网吧打游戏。连续上网5小时后，突感头疼，口吐白沫，继而昏迷，最终导致“脑死亡”而离开了人世。老师呼吁，大学生们应珍惜时间、珍惜健康，切不可随意“透支生命”。

（5）网络引发犯罪。

目前网上犯罪主要有四类：“逆流”“黄潮”“黑客”和“蛀虫”。

“逆流”就是境内外反动势力利用互联网进行反动渗透，危害国家安全和人民的利益。

“黄潮”是指通过网络闲聊色情话题、剪贴黄色镜头的影片等方式大肆传播黄色淫秽信息。

“黑客”是指对计算机信息系统进行非授权访问的人员。

“蛀虫”是指利用计算机技术和知识牟取非法利益的人员。

（6）导致人格障碍。

网络成瘾大学生长期“生活”在网上，严重脱离社会现实，易形成孤僻、冷漠、自私、敏感、偏执、多疑等诸多不良的人格特征，引发各种人格障碍，如网上的人际信任危机易导致敏感多疑、过分警惕和充满敌意的偏执型人格障碍；虚拟的网络使一些好奇、叛逆的大学生产生双重或多重人格障碍，他们塑造出自己所希望拥有的或者截然相反的人格特征，并以此虚拟角色进行网络交往，把自己完全想象成另外一个人。

4．网络成瘾的调试

矫正网络心理问题需要社会、学校和个人的三方面配合。

（1）树立科学网络观。

首先，大学生要认识到，尽管网络很先进，但它毕竟是人类发明的一种工具，我们是使用这一工具的主人，而不是网络的奴仆。网络资源是人类社会不可缺少的财富，我们应该很好地利用它。网络实质上还是人类认识世界、创造幸福的一种手段，如果它不能给我们带来幸福，我们就要换其他的手段和工具去创造，而不是深陷其中。除了网络，还有书籍、报刊、广播、电视等媒体帮助我们增长知识、了解世界，不能用上网的快感取代读书独有的快乐。毕竟网络并不是解决一切问题的灵丹妙药。

其次，应该认清网络社会并非真实的社会，而大学生在学校里的学习、生活、恋爱及人际交往才是真实的，网络世界只是现实世界的调剂和补充，有了它，现实生活可以变得更丰富，但它始终在一个次要的地位上，更不能和现实世界混为一体。大学生只有树立正确的网络观，才有可能合理地使用网络资源，准确把握自我，认清自己的真实需要，处理好现实社会与虚拟社会的关系，避免网络成瘾。

（2）加强自律与自我管理。

大学生只有自律才能既充分实现其自尊、自主与自由，又能培养强大的自制力，养成良好的学习和生活习惯。在网络社会里，一方面，信息量巨大，各种文化理念与价值观激烈碰撞，各种论断莫衷一是，诱惑比比皆是；另一方面，由于网络具有极大的隐蔽性和虚拟性，在“匿名效应”的驱动下，人性之“恶”便无所顾忌地暴露出来。父母、老师根本无法监督和管理，此时完全靠大学生的自我约束和管理。如不加约束，造成的危害将无法想象。

（3）丰富课余生活。

大学生要善于利用课余时间，参加一些有意义的讲座、讨论会、学术报告、文娱活动、社团活动等，尽量培养自己的多种兴趣爱好，这样可以使生活充实丰富，人生增添乐趣，也有利于增强自信心和社会适应能力，同时也避免了因为生活空虚单调而陷入网络世界无法自拔的不良倾向，对大学生的身心健康发展非常有利。

（4）积极求助心理咨询和治疗。

老师、家人和朋友会让你感受到家庭和社会的温暖和支持，会采取各种办法把你从网络虚拟世界拉回到现实；心理咨询人员会根据你的成瘾程度，从专业角度对成瘾行为采取必要的心理干预和治疗，如目前用于网络成瘾的心理咨询与治疗的方法主要有认知行为疗法、厌恶疗法、森田疗法和团体心理辅导等。大量研究表明，认知行为疗法对于治疗IAD的效果较好。

三、大学生健康网络心理的培养

（1）正确使用互联网。

（2）端正上网的目的和动机。

（3）积极参加社会活动，逐步摆脱对网络的依赖。

（4）求助心理咨询，进行网络心理障碍的调适。

本章小结

1. 网络特征具有开放性、自由性、身份不确定性、免费性、合作性、平等性、虚拟性、个性化、全球性。

2. 大学生上网心理需求有积极的和消极的之分，其中消级的分为猎奇心理、急功近利心理、发泄欲求心理、逃避现实的解脱心理、虚拟的自我实现心理。

3. 大学生网络心理问题的表现形式有：网络恐惧、网络依恋、网络交往障碍 、网络孤独、网络的自我迷失和自我认同的混乱、网络依赖 、网络越轨。

4. 大学生网络心理问题的特点有：好奇心理、需求心理、逃避心理。

5. 网络心理健康的标准：正确认识网络，面对网络能保持情绪的稳定，较好的自我控制能力，虚拟与现实环境中的人格统一，良好的道德约束力，信息选择和辨认的能力。

6. 大学生常见的网络心理问题有三种：网络焦虑，网络依恋，网络成瘾。

7. 网络成瘾=网络依赖=网络成瘾综合征（英文缩写“IAD”）。

8.大学生健康网络心理的培养：正确使用互联网，端正上网的目的和动机，积极参加社会活动，逐步摆脱对网络的依赖，求助心理咨询，进行网络心理障碍的调适。

认识自我

手机成瘾指数量表[①]

手机成瘾指数（Mobile Phone Addiction Index， MPAI）是我国香港大学梁永炽教授基于临床通用的美国精神障碍诊断与统计手册（第4版）中有关成瘾的诊断标准编制

① 陈红，邵景进．大学生心理健康教育 [M]．北京：人民邮电出版社，2021．略有改动．

的。该量表由17个项目组成，包括4个因子：失控性（指使用者在手机上花费大量时间而不能自控）、戒断性（指无法正常使用手机时出现挫败的情绪反应）、逃避性（指利用手机逃避孤独、焦虑等现实问题）和低效性（指过度使用手机影响到日常生活学习的效率）。量表的Cronbach系数为0.87，验证性因素分析表明该量表具有较高的结构效度（x2/df=2.67，RESM=0.04 GFI=0.91， IFI=0.90，CFI=0.89）。量表采用几乎没有=1、2=偶尔、3=有时、4=经常、5=总是，5点计分，得分越高，表明对手机的成瘾倾向越高。其中，34～51分为轻度手机成瘾，52～68分为中度手机成瘾，69～85分为重度手机成瘾。

表7.1 手机成瘾指数量表

题号	题目	几乎没有	偶尔	有时	经常	总是
1	我的朋友和家人曾因为我在用手机而抱怨	1	2	3	4	5
2	有人说过我花了太多的时间在手机上	1	2	3	4	5
3	我曾经试图向其他人隐瞒我在手机上花了多长时间	1	2	3	4	5
4	我的话费超支	1	2	3	4	5
5	我发现自己使用手机的时间比本来打算的要长	1	2	3	4	5
6	我尝试在手机上少花些时间，但是做不到	1	2	3	4	5
7	我从未觉得在手机上花够了时间	1	2	3	4	5
8	当在手机信号区以外待上一阵时，我总担心会错过电话	1	2	3	4	5
9	我很难做到将手机关机	1	2	3	4	5
10	如果我有一阵子没有查看短信或者手机没有开机，我会变得焦虑	1	2	3	4	5
11	没有手机我会心神不定	1	2	3	4	5
12	如果我没有手机，我的朋友会很难联系到我	1	2	3	4	5
13	当感到被孤立时，我会用手机与别人聊天	1	2	3	4	5
14	当我感到孤独的时候，我会用手机与别人聊天	1	2	3	4	5
15	当心情低落时，我会玩手机来改善情绪	1	2	3	4	5
16	我发现我在其他必须要做的事情时却沉迷于手机，为此给我带来些麻烦	1	2	3	4	5
17	在手机上耗费的时间直接导致我的办事效率降低	1	2	3	4	5

心理训练

上网时间知多少[①]

请估算你每周花费在网络上的时间，大概有____小时。请记录你每天上网的时间，一周后，请使用以下清单对自己的上网情况进行评估。

网络游戏。每周花费多少时间？列出你所玩的所有游戏的名称。

____

网上社交聊天。每周花费多少时间？列出你使用过的聊天工具。

____

网上娱乐（如追剧、看视频、听歌）。每周花费多少时间？列出你参加的不同活动。

____

网上学习（如查阅资料、看书）。每周花费多少时间？

____

浏览新闻资讯。每周花费多少时间？列出你经常浏览的网站名称。

____

网络购物。每周花费多少时间？

____

其他。你发现网络的其他用途了吗？请列举，并估算每周所花费的时间。

____

最后，将统计结果和此前估算的时间进行对比，比较两者是否一致。

____

心理训练

网络的得与失[②]

请写下自从沉迷于网络后，你所忽略的每一项活动，根据其重要程度进行排序，请填入表7.2中。温馨提示：以下是沉迷于网络者最容易忽略的活动，供你参考。

沉迷于网络者最容易忽略的活动：和家人沟通交流；睡觉；阅读；上课、自习；运动；和同学朋友一起玩；其他爱好活动（如绘画、唱歌、社团活动等）。

---

① 陈红，邵景进．大学生心理健康教育[M]．北京：人民邮电出版社，2021．略有改动．
② 陈红，邵景进．大学生心理健康教育[M]．北京：人民邮电出版社，2021．略有改动．

表7.2 具体活动及重要程度

重要程度	具体活动
非常重要	
比较重要	
不太重要	

评价你所失去的活动，认真地回忆一下你以前的生活，那时你是如何对待这些活动的？你对这些活动的感觉真的改变了吗？然后，审视自己认为非常重要的是哪些活动，想一想因放弃这些活动你都失去了什么。

心理自助餐

1. 舒中民：《网探》，花山文艺出版社2020年版

两个出身于同因诈骗受到伤害的家庭的年轻人，一同走上痴迷网络之路，一同创建黑客组织，研讨黑客技术。但一人因伤生恨，刻意以恶对恶，报复社会；一人从警，参与打击网络犯罪。两人走上了截然不同的道路，却又注定狭路相逢，从而演绎了一出惊天的对手戏。重重迷雾之下，一次次追猎和反追猎的博弈中，究竟谁是猎人，谁才是猎物？真正的网络高手探寻的不仅是对方的技术痕迹，更是对方的心理痕迹！

2. （美）亚当·奥尔特：《欲罢不能》，机械工业出版社2018年版

我们中近半数人至少有一种“行为上瘾”：无时无刻不盯着手机，不断刷朋友圈，通宵追看电视剧集，没日没夜打游戏，频繁查看邮件……而那些生产和设计高科技产品的人，却仿佛非常自律。乔布斯的孩子从未用过iPad，Twitter创始人没有给两个儿子买过平板电脑，游戏设计师对“魔兽世界”避之不及，数量惊人的硅谷巨头们根本不让自己的孩子靠近电子设备……这是因为，上瘾行为带来短期的快乐，却会破坏长期的幸福。以大量科学研究为基础，本书揭示了一个惊人的真相：行为上瘾的生理机制与药物上瘾相同——沉迷于电子游戏时，你的大脑看起来就和海洛因吸食者的大脑一样。本书将会说明商业公司利用哪些原理设计出诱人上钩的高科技产品，并且会指导我们摆脱行为上瘾、重获生活掌控权，也帮助孩子远离上瘾、健康成长。

3. （加拿大）克里斯托弗·怀利：《对不起，我操控了你的大脑》，吴晓真译，民主与建设出版社2021年版

本书作者据说是挺身揭露美国互联网巨头利用大数据操控民意的“吹哨人”。作者在互联网公司从业多年，逐渐意识到书中所揭示的一些问题。这些问题背后的利益错综复杂，不管这个“吹哨人”是真是假，我们兼听则明，总是不无益处的。

模块四

心理提升篇

项目八

学海方舟——大学生学习心理

学习目标

1．了解学习的意义以及大学学习的特点，设计属于你的大学学习方案。

2．了解学习背后的推动力，寻找学习的兴趣，设立目标应对学习中的困惑。

3．利用记忆与思维的心理规律，掌握学习的策略，有效学习。

思政目标

1．培养大学生积极的学习心态。

2．帮助大学生树立有效学习的理念。

问题聚焦

1.你知道学习的意义吗?

2.大学学习和高中有什么不同?

心理热身

图书馆偶遇

小廖是宿舍中学习最用功的一位。一天，他正在图书馆看李开复的《做最好的自己》，被迎面走来的老乡小宋看到，小宋开玩笑地说："学霸又在努力学习了？"小廖笑了笑，答道："没有，随便看一看闲书。"他赶紧合上了书，问道："很少见你来图书馆啊，今天是借书还是自习？""马上要英语测试了，当然是自习了，唉，哪还能像你一样不慌不忙地看闲书呢！"小宋一脸无奈地在小廖的对面坐下，打开让她头疼的英语书，准备背单词……小廖也继续刚才的阅读，心里却越来越疑惑：背英语才是好好学习吗？听从父母决定而学英语的我，真正要的是什么？

任务一 学习有意义

在上面案例中，小宋因为英语考试才到图书馆复习的学习状态在大学中并不少见，好像"考试"才是这些同学学习的动力。而小廖开始思考学习的意义、我为谁学习的问题，进入了大学的自主学习世界。这涉及大学学习的几项重要内容：什么是学习、学习的意义及大学学习的特点。

一、吸水的海绵：学习的概念

很多同学提到学习就想到上课、自习、考试等场景。那么你是否好奇，最早的学习发生在什么时候？让我们先来看一个经典的学习心理学实验：刚出生12小时的阿布就已经成为一名小小的学习达人了，心理学家珍妮·特沃克通过阿布吮吸的频率，观察到他已经学会分辨母亲的母语节奏和其他语言节奏的不同，而且有了偏好，在听到自己熟悉的母语时表现得手舞足蹈并具有更高的吮吸频率，而在听到不熟悉的其他语言时则表现得很安静。

原来学习在妈妈怀里就开始了，真是太神奇了。这种学习的最初形式，充分说明人类对学习和体验新事物所具有的天生欲望。人们能够区分并且记住人、事、物之间的不同，并且随着成长，人们开始对熟悉的事物习惯化，更愿意注意到新鲜的事物。随着学习的范围越来越大，人们学会的东西越来越多，开始像科学家一样思考，并且尝试自己创造。可以说，人们成长的过程正是不断学习的结果。当学习变成一项专门的活动——学校学习之后，“读书”“上学”成了提到学习大家更容易想到的内容。

学习发生在生活的方方面面。广义的学习指基于经验而导致行为或行为潜能发生相对的一致性变化的过程；狭义的学习特指学校学习。现在你可能需要更新自己的学习字典，你一直都像一块吸水的海绵一样在学习，我们每个人在成长过程中都拥有非常丰富的学习经历和体验：初次开始大学的集体生活，接触真正的专业知识，甚至开始尝试跟一个人恋爱等，都是在学习。案例中看闲书的小廖，在看书中不管是认识了新的字词，还是开始了自己的思考，都毋庸置疑是在学习。那你是如何对待你的大学学习的呢？是主动出击，尝试新事物，还是坐等同学的攻略笔记？学习教育心理学家奥苏贝尔等人按照学习方式和学习内容能否与学习者联系起来对学习进行了分类，如表8.1所示。你可以根据表8.1中分类看一看自己的大学学习主要是哪种类型。

表8.1　学习的分类

划分标准	类别		
学习方式	接受学习：将别人的经验变成自己的经验。 例如：看音乐视频学唱新歌	VS	发现学习：个人独立发现、创造经验。 例如：发现新的旅游线路
学习内容能否与学习者联系起来	机械学习：在缺乏某种先前经验的情况下，靠死记硬背进行学习。 例如：学习一门外语	VS	有意义学习：学习者利用原有经验来进行新的学习，理解新的信息。 例如：攻读感兴趣的学科的研究生

课堂活动

我的学习方式

请同学们根据表8.1，进一步思考，反思你的大学学习生活。

（1）你都进行过哪些学习活动？

____

（2）你主要采用何种学习方式？效果如何？

____

（3）学习方式和学习活动有什么关系吗？

____

二、努力学习为哪般：学习意义的思考

课堂案例

小廖作为优秀毕业生代表被高中母校邀请回去给学弟学妹们做大学学习的讲座。其中最让他哭笑不得的问题就是“上了大学是不是就不用‘学习’了”。小廖面对学弟学妹们渴望的眼神，讲起自己对大学学习的理解：“大学还是要学习，而且是一种与高中不同的学习。你拿到的不是固定的课表，而是一份厚厚的培养方案，里面有必修课、选修课、公共课、专业课等。除此之外，学校还有丰富的课外学习资源，你还可以通过网络选修其他学校的课程。你有很多参加社团活动增长能力的机会。但是，这所有的选择都得你来做。”面对学弟学妹们的各种问题，小廖也在不断反思自己的学习安排和选择：我是否在我的大学生活中做出了正确的选择呢？

进入大学，放下高考重担的你，是否也和小廖一样思考过大学该怎么度过，思考过大学对自己的意义？有些大学生可能想过，但是更多的大学生可能并没有主动思考过这个问题。

大学是一个人未来人生的起点，有意义和无意义的学习、主动与被动的学习之间存在巨大的差异。小廖的思考看似是自寻烦恼，其实在明确这些问题的同时，他也对自己多了一些了解：“报英语专业是父母的决定，我最喜欢的专业是经济，但是当前很多的经济学研究都是用英语写的，我现在就开始读经济学英文原著，这样既有助于增加我对经济学的了解，又能提高我的英语水平。我准备下学期开始辅修经济学的双学位，一举两得。”这样英语就成了小廖了解经济学的必备工具，好好学习英语成了他实现人生目标的关键一步，而不是为了机械地应付考试，他也产生了更大的学习动力。

心理学家弗兰克尔告诉我们，寻求意义是人类的重要动机之一。当你觉得你现在所学的内容对你来说意义非凡，是伟大的工作时，你就会充满热情，也更能抵御诱惑，主动把当前的学习和自己真正的理想联系起来，主动思考学习意义的过程会让你重燃对学习的热情。

课堂案例

小涛是一个社团达人，最近几个晚上为了一个重要的大赛常常忙到凌晨2点，他的高中同学问他："办那个比赛有那么重要吗？一群人装模作样地表演一番，你也上不了台，有什么意义？"小涛一愣，但很快回复道："我们熬夜冥思苦想设计的节目取得满堂彩，这就是意义；这项公益活动在同学们中有了口碑，这也是意义。可能别人不在乎，但是我们一起努力过的人在乎。"

大学的学习并不只是专业学习，很多同学会参加社团活动锻炼能力，但是怎样才能锻炼能力呢？当追求结果变成外在成绩时，同学们会很容易忘了自己参加社团的初心。案例中小涛的分享可能对大家有所启发：活动本身的内在价值，相互配合的合作能力，精益求精的职业态度，冥思苦想的创新能力，都是个人成长的证明，也是关乎未来的综合素质的展现。其实，主动把今天具体的学习任务或者社团工作和明天自己的理想生活联系起来的大学生并不多，一些大学生对大学学习生活有一种迷茫又焦虑的感觉。一方面，他们认为学习成绩好、积极参加社团活动并不能保证自己能找到一份好工作，就算找到一份工作，也并不能保证自己能过上幸福的生活，所以，在学习或者参加社团活动的时候觉得辛苦；另一方面，担心自己如果不学习就更难找到好工作，更难过上理想的生活，所以被动或"假装"自己在努力，或者平时自我放纵，期末临时突击。

大学生第一次离开家庭生活，面临适应新生活和安排好学习的各类问题。大学生需要做主动的学习者，思考自己人生独特的意义和价值。当然，没有人能被强迫着成长和学习，不管身边的人经验多么丰富，他们也没办法告诉你怎么安排大学学习生活才是好的。只有大学生自己才能决定为什么负责、对什么负责及对谁负责。一旦大学生知道自己想做什么，并真正去做，大学学习就走上正轨了。

三、盒饭与自助餐：大学学习的特点

小廖被称为"学霸"是有道理的，他来自北方的一所重点高中，原来学校对学习要求很严格，每天早晨7点到晚上10点都必须学习，而且大考小考不断，他是学生中的佼佼者。进入大学后，他选了很多课程，继续朝七晚十的作息时间安排，每天的大部分时间都在自习室度过。然而不久他就开始困惑，大部分学科就只有期末一次考试，在自习室该看什么？于是他来到图书馆，偶然翻到了李开复的书，这才有了开篇的思考。

大学生要想更好地适应大学的学习生活，就需要一把钥匙来解读学习发生的变化，做到心中有数。

对小廖来说，大学的学习相较他本来擅长的学习方式有了较大的变化。高中的学习更倾向被动接受，而大学学习更倾向主动发现，需要更多的认知和反思，甚至是自我监控的参与。互联网的发展，又催生了多渠道学习的新形式。

课堂活动

大学学习特点大发现

（1）大学的学习和高中的学习到底有什么不同？请同学们分小组讨论，尽可能多地总结大学学习的特点。

①______

②______

③______

④______

（2）各组分享自己的发现。

随着教学形式、学科特点、互联网等新的教学手段的推广，大学学习表现出以下六个特点。

1. 学习的专业性

大学属于专业教育阶段，学习的内容围绕专业方向和需要展开，而且专业课程之间的联系非常紧密，不断深入。例如英语专业，学习内容不仅仅是背单词、做习题，往往是老师提出一个主题，让大家自己找相关资源做PPT演示；再如计算机专业，老师的每一讲都像一个概述，想要理解这堂课的知识，学生需要仔细思考，并且课后看其他的相关参考书，这与高中知识点相对有限，学生通过大量练习来巩固知识的学习方式不同。在大学阶段，要学好专业课，大学生需要思考知识之间的联系，使用有效的学习策略。

2. 学习的自主性

大学的学习具有高度的自主性。如果说高中的学习像“盒饭”，那么大学的学习更像“自助餐”。在大学里，除了必修课，该选择什么课程，选择和谁组成学习小组，什么时间上自习，在哪上自习，怎么安排学习和复习计划，希望自己达到什么样的学习成绩和目标，社团与学习怎么平衡等，全由大学生自己做主。

3. 学习的探索性

大学学习具有研究和探索的性质，参与研究成了大学生的必修课。大学生不仅要掌握前人积累的专业理论知识，还需要主动探索和思考，加深知识与自己的联系，不断探讨学术前沿，规划自己未来毕业论文的研究方向，进一步创新和发展知识。

4. 学习的实践性

大学学习更需要学以致用。大学生只有调动全身的多种资源获得更多的体验，才能将所学内容转化为自己的收获，带来持久的影响。

5. 学习的延伸性

随着信息全球化，特别是移动互联网技术的普及，大学学习突破了教室内教学的限制，而延伸到网络世界，实现与外部世界的实时互动，表现为学习工具的网络化、知识载体的多媒体化等。大学的课堂也出现了慕课、微课、翻转课堂等新变化，近两年直播课堂也得到快速发展。因此，适应在线学习、充分利用碎片化学习成为大学生学习的新特点。作为新时代的大学生，需要不断掌握新的学习工具，提高学习效率，更重要的是，不要被信息的海洋所淹没，能够判断什么时候需要信息，并且懂得如何去获取信息，如何去评价和有效利用所需的信息，切实提高自己的信息素养。

6. 评价的多样性

大学，学业成绩已经不是评价的唯一标准。因此，如果大学生只能从分数中获得自信，那么很可能会遇到像小廖那样的困惑。学习成绩并不完全决定一个人是否成功。学习成绩主要体现大学生两个方面的能力：逻辑思维能力和语言能力。然而，人际沟通能力、领导管理能力、艺术创作能力、动手能力等却很难在考试中体现出来，而这些能力对一个人的成功非常重要。大学生要掌握学习的方法，学会做生活的有心人，体验生活中的美好和精彩，这样才能成为一个更优秀的大学生。

四、营养搭配攻略：大学学习导航

每个大学生都知道大学应该好好学习，但是学什么、怎么学则一头雾水。大学生了解了大学学习的特点后，还有一些迫切需要解决的问题，那就是大学该学些什么、该怎么制定属于自己的学业规划。

学习专业知识和培养各种能力要搭配进行，大学新生因为见识有限，很难马上确定自己的学业专攻和能力范围，更重要的是先广泛地了解自己感兴趣的学科和活动，先博后渊。

例如上述案例中提到的社团达人小涛虽然在回答同学提问时充满激情，让人动容，但是他也有自己的烦恼。在大一的时候，他加入了10个社团，忙得团团转，本来踌躇满志，结果疲于奔命，课程也落下不少。小涛在意识到自己的身心根本应对不了那么多社团活动后，开始思考哪些对自己更重要，主动减少参与社团活动，把更多的精力投入到专业学习中，学业水平得到了提升。因为他经历过“先博”的过程，所以他的“后渊”之路走得更坚定。大学生只有允许自己探索一段时间，才能迎来更清晰、更自如的自我状态。

那么该储备什么样的知识，发展什么样的能力呢？辛迪·梵和理查德·鲍尔斯把后天学习的知识和能力分为3种，即专业知识、自我管理技能、可迁移能力，如表8.2所示。

表8.2　知识能力分类

知识能力类型	定义	举例	特点
专业知识	又称“内容性知识”，多用名词描述，一般不可迁移，常常与人们的专业学习、工作分工直接相关	管理、财务、销售、技术、其他专业领域知识	这部分能力不只通过专业学习一个途径获得； 专业知识的作用存在积累效应； 专业知识的组合很重要
自我管理能力	适应性技能，指一个人如何使用自己的专业知识，以及以什么样的态度从事工作的技能	积极心态、时间管理、情绪管理、压力管理工作方法	是人们管理好生活和做好工作的保障
可迁移能力	功能性能力，一般用动词描述，这部分能力可以迁移到不同的工作中，是人们最可靠的能力，能够持久地发挥作用	沟通、分析、演讲、计算、决策、团队合作、组织等	是人们安身立命的根本，使人们能够适应不同工作变动和职位要求的变化，面对生活的各种挑战和机遇

如果把一个人比作一辆汽车的话，可迁移能力就是发动机，专业知识是轮胎，而自我管理技能就是方向盘，三者决定了人们行驶的方向。大学生要明确国家和社会对人才核心素养的要求，同时找到自己的优势组合，制订适合自己的能力培养计划，有意识地把它们形成合力。

虽然通过优秀成绩单并不能很好地预测一个人在工作中的表现，但是忽视专业知识的学习那就进入误区了。知识有一个累积效应，它很可能在将来的某个时候派上用场，如上述案例中提到的小廖的老乡小宋，她以前是学习古典音乐的，但是后来从事市场营销工作，正巧她的客户对古典音乐非常痴迷，她的专业知识成为与客户进行良好沟通的桥梁。此外，大学生还要注意专业知识的组合，例如小廖主动把现在的英语专业与自己喜欢的经济学专业组合起来，这就成了他的优势。

任务二　学习有动力——探索学习的动机

课堂案例

小宋在高中时一心想考入北方某名校，每天动力十足地学习，每天的日程表排得特别满，她还不停地给自己加压，但同时也非常焦虑。她高考发挥失常，去了一所普通的高校，学着自己没什么兴趣的专业。她再也找不到过去学习的动力，不再严格要求自己一味地学习，对社团活动也没什么兴趣，她花了大量的时间上网玩游戏、看短视频，人也变得越来越不开心。

小宋在高中和大学完全不同的学习状态，背后的动力是什么？促使我们投入学习或放松要求的动机有哪些？下面对学习动机的探索相信会给你一些启示。

一、左手书包右手鼠标：动机与需要

有时候我们会立即完成任务，特别是当这项任务能使我们更接近某些期望的目标，例如准备布置新年晚会现场的材料。有时候我们会对任务拖延甚至制造借口不完成，浪费宝贵的时间，特别是面对那些自己不愿意做但又是我们应该做的事情，例如环境艺术学院的佳佳不喜欢英语，她为了考试而复习英语时就会很拖延。影响我们面对任务或坚持，或放弃，或拖延的背后的力量，就是动机。动机是一种激发、引导、维持并使我们的行为指向特定目的的力量。

拓展阅读

动机与需要

动机是个人内心需要的外在表现。心理学家马斯洛认为，人们的需要分为五个层次，以从低到高的等级结构方式运行。这五个层次分别为生理需要、安全需要、社交需要、尊重需要、自我实现需要，如图8.1所示。请注意，图中越往上宽度越窄，这表示层次越高得到满足的人越少。

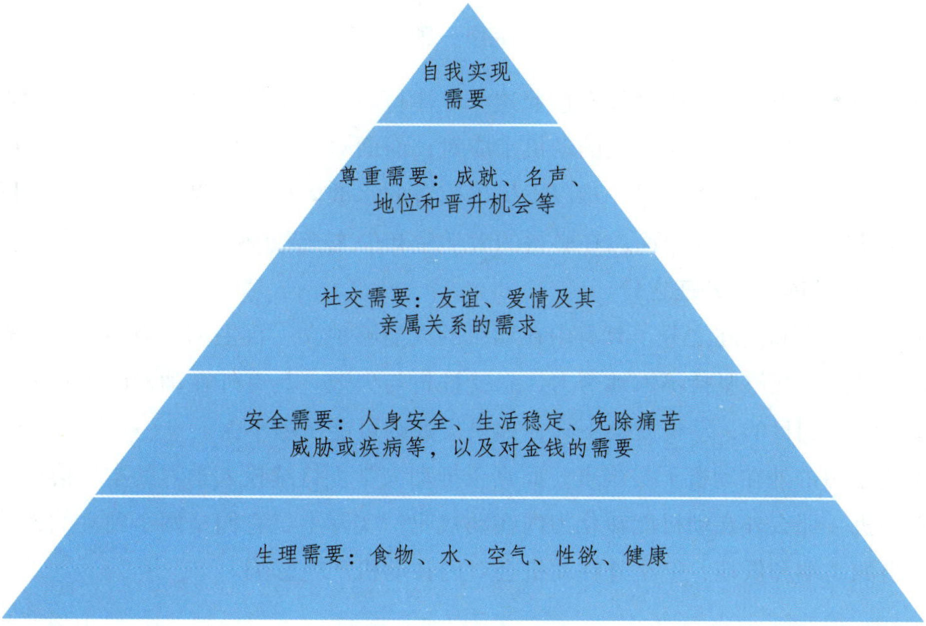

图8.1　需要层次理论

1．**动机有强弱之分**

不同人的动机有强弱之分，例如，对于英语学习，小廖的动机要强一些，他能主动控制自己背单词；小宋的动机要弱一些，她容易分心，易被打扰。同一个人的动机也有强弱之分，例如小宋在语文的学习中很愿意思考和阅读，甚至在戏剧社也主动运用所学，给台词添彩，而对看似简单的背英语单词则能拖则拖。其中蕴含什么样的规律？

心理学家耶克斯和多德逊发现，人类的动机强度与活动效率之间呈倒“U”形曲线关系，动机过高或过低都会使活动效率下降，中等强度的动机才最有利于问题的解决。任务的难易程度不同，动机的最佳水平也会变化。对于一个简单的任务，如打字，人们需要一个较高的动机水平；对于较复杂的任务，如考大学，则较低的动机水平更有利。这也被称为耶克斯—多德逊定律，如图8.2所示。

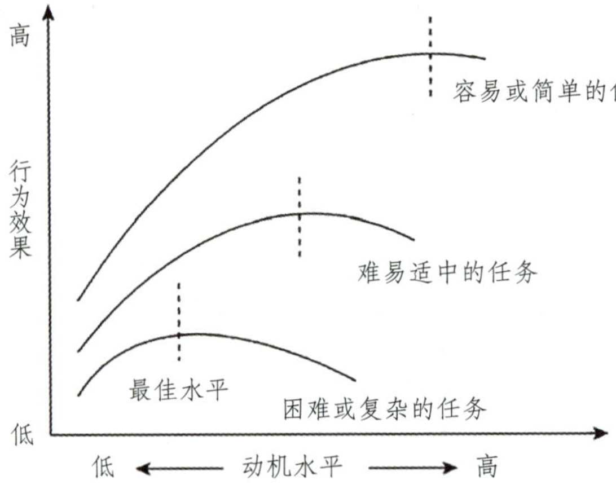

图8.2　耶克斯—多德逊定律

在生活中，很多大学生并没有按照这个定律行事。对待背单词这件较简单的事情，很多大学生会一拖再拖，用较低的动机来应对；而面对应聘这样的复杂任务，却暗示自己一定要成功，结果焦虑不堪，难以发挥出应有的水准。这就是为什么有时候陪同面试的大学生获得了这份工作、而志在必得的大学生却失之交臂的原因。

2. 动机有内在、外在之分

动机有外在和内在之分。具有内在动机的人能够独立、自主和积极参与，具有好奇心，喜欢挑战，能够坚持不懈地努力，忍受挫折与失败。具有外在动机的人只为了达到目的，一旦达到目的，动机就会下降，如果失败则可能一蹶不振。

发现学习的外在动机不是难事，而真正推动大学生持续投入学习的本质恰恰是珍贵的内在动机。那么外在动机能转化为内在动机吗？实际上，它们是两个独立的连续体，具有各自的高端和低端，但是外在动机会对内在动机产生影响。

课堂案例

一群孩子在一位老人家门前嬉闹，非常吵。几天过去，老人难以忍受。于是他出来给每个孩子25美分，对他们说：“你们让这里变得热闹，我觉得自己也年轻了，我准备了这些钱表示感谢。”孩子们很高兴，第二天还来，一如既往地嬉闹。老人再次出来，给了每个孩子15美分。他解释说，自己没有收入，只能少给一点。15美分也还可以，孩子仍然兴高采烈地走了。第三天老人只肯给每个孩子5美分。孩子们勃然大怒：“一天才5美分，知不知道我们多辛苦？！”他们发誓，再也不陪老人玩了。

老人阻止孩子嬉闹的方法很有效，他将孩子们的内在动机“为自己快乐而玩”变成了外在动机“为得到美元而玩”，他操纵了美元这个外部因素，也就操纵了孩子们的行为。外部力量的控制会降低个人的自信心和控制感，哪怕是奖励。生活中很多同学为了奖励和惩罚而去学习、做事，却失去了本来的好奇心和学习的快乐。当然外在动机也不是没有积极意义，结合耶克斯—多德逊定律，个人在简单的事情上能保持高动机，多半是外在动机发挥的作用。

3. 我们对成就的追求有高低之分

成就动机，即希望尽可能独立并成功地完成或掌握一些非常困难或极具挑战性事情的动力。心理学家阿特金森认为成就动机包含两大要素：追求成功和避免失败。在做事情的时候，人们既会受内心渴望的驱使，又会评估成功的可能性，同时考虑成功后获得的奖励（可能是实质的奖励，也可能是精神上的奖励）。成就动机高的人会确立难度适中、比较实际的目标，从而提高目标成功的概率。成就动机低的人会确立比较低的目标或是没有成功的可能的目标。趋向成功和避免失败的两两组合，就形成了成就动机的四种类型（见表8.3）。

表8.3 成就动机

类型	表现
高驱高避	设置目标过高，过度努力，害怕失败，焦虑恐惧。 示例：《三傻大闹宝莱坞》里的拉朱，因为肩负改变家族命运的使命，进入最好的工程院校后很恐惧每一次失败，求助于神明保佑
高驱低避	自我效能感高，成功定向，失败了反而会想办法。 示例：《当幸福来敲门》里的克里斯·加德纳，生计的困苦并没有打倒他，他继续追求自己的理想，努力发挥所长，最终获得成功
低驱高避	设置目标过低，极力避免失败。 示例：棋棋的舍友华月，对文学很感兴趣，在课堂上总害怕发言出错，完全避免回答老师的提问
低驱低避	放弃努力、认定自己是个失败者。 示例：《三傻大闹宝莱坞》里的乔伊，在被退学的时候，放弃了自己的生命，在墙上写下“I quit”的遗书

主动把自己感兴趣的经济和必须学的英语专业相结合的小廖，更偏向于高驱低避型，面对挫折时主动思考，设置合理的目标，成功的可能性就更大。其他三种类型则偏向于避免失败，或者害怕恐惧，或者失去继续努力的动力和信心。其实成就动机的大小，除了和每个人独特的成就需要相关，还和环境结果以及对自己的自信程度有关。一个人在追求目标的过程中可能经历四种类型状态，最初可能努力实现目标，但是在实现的过程中遇到挫折，特别是挫折连续发生时，就开始怀疑自己，修改自己的目标，避免失败，或者自我放弃。个人能否维持高驱低避型状态，最重要的是保持对自己的信任和尊重，努力调整，寻找新的目标机会。

二、变乐为志：发现学习的兴趣

拓展阅读

美国麦迪逊中学在入学考试时出了这么一道题目：比尔·盖茨的办公桌有5个带锁的抽屉，分别贴着财富、兴趣、幸福、荣誉、成功5个标签，比尔.盖茨总是带一把钥匙，而把其他的4把钥匙锁在这个抽屉里，请问他带的是哪一把钥匙？学生为了得到答案给比尔·盖茨写信，比尔·盖茨在回信中写道：“在你最感兴趣的事情上，隐藏着你人生的秘密。”

兴趣对人们来说是最基本的动力，人们每天的行为都会受到兴趣的影响，兴趣中蕴含巨大的潜力。兴趣不仅包括业余爱好，也包括专业兴趣。很多大学生对每天接触的、日后很可能成为职业方向的专业学习没有表现出强烈的兴趣，甚至认为兴趣都是学习之外的爱好。2014年全国高职院校调查数据显示，23.3%的人文学科学生和36.1%的理科学生对自己所学的专业不感兴趣。

心理学家特里奇把兴趣分为个体兴趣和情境兴趣。一般来说，由环境中某些条件或刺激所引发，相对被动、短暂的情绪状态是情境兴趣。个体兴趣指的是随着时间的迁移而不断发展的一种相对稳定持久且与某一特定主体或领域有关的动机取向或个人倾向。大学生想要促进学业的发展，则更需要形成对专业学习的个人兴趣。

所有的成功人士都认为，只有将兴趣变为做事业的激情，在随后的学习过程中不断发展深化，兴趣才能对行为和事业产生持续的积极影响。例如，在某个电视求职节目中，喜欢公交车的大学生小刘的经历让很多人惊叹，小刘坚持自己的兴趣，把兴趣和职业规划相结合，既获得了职场的肯定，得到了旅游体验师的职位，又获得了心理的满足。

我们如何才能寻找到稳定的个人兴趣呢？其实兴趣就蕴藏在我们的生活中，我们在做让自己感兴趣的事情时会由衷地体验到愉悦，所以让我们先从愉快的生活体验中寻找兴趣吧！

课堂活动

愉快的生活体验

请回顾最近一段时间生活的点滴，回想让你感到愉快的经历。请举出三件发生时或完成之后让你感受到相当程度的喜悦和满意的事，想一想这些事件的共同特性。

第一件：________________

第二件：________________

第三件：________________

共同点：________________

闲暇时你通常会进行哪些休闲活动呢？列出三个你喜欢的活动，想一想这些活动的共同点。

活动1：________________

活动2：________________

活动3：________________

共同点：________________

你有哪些发现呢？

对于某件事，你是否十分渴望重复它，是否能愉快地、成功地完成它？

你过去是不是一直向往它？

你是否总能很快地学好它？

它是否能让你感到满足？

在这个过程中，注意不要融入父母的期望、社会价值观、朋友的影响。

兴趣，特别是对专业学习的兴趣，有时候并不是非常明显。请不要让“不能”“不会”“没希望”等思维定势阻碍你寻找真正兴趣的机会。此外，需要澄清的是，“感兴趣的事”一般指具体的活动，而不是某一项工作或者学科，如一个法律系的学生对法律专业中的庭审辩护感兴趣，但对背诵法律条文没兴趣。由上面的课堂练习可知，大学生基本没有对专业没兴趣这回事，而是对专业的某些活动不感兴趣。“对专业没兴趣”不能成为自我放弃的借口，如果专业中你不感兴趣的活动很多，你可以选择转换到更喜欢的专业上，或者像小廖一样通过辅修其他专业，寻找专业与兴趣的结合点，重新“爱”上你的专业。总之，尽量让兴趣成为学习的动力。

1. 兴趣需要实践

兴趣不是通过内省发现的，而是通过与外部世界的互动引发的，一个人只有真正试过才能了解自己的兴趣所在。没有人能够拍脑袋找到让自己永葆热情的专业。如果你还没有找到自己真正的兴趣，那么你就要给自己机会去接触更多的选择。

2. 兴趣需要专注

在发现了自己的兴趣倾向之后，个体会有一个比发现过程更长的主动发展兴趣的时期，个体需要用一系列体验去反复加强这个兴趣。在从事某项活动时，我们往往因为不够专注而体验了失败，其实如果尽可能投入其中往往也会获得较大的成就感，也容易发展兴趣。

3. 兴趣需要培养

兴趣不会像顿悟一样突然出现，而是需要积极培养。如果手边的任务不能刺激你，你至少还应该关注一下它能给你带来乐趣的部分。如果你对某门课程非常不感兴趣，总是拒绝接触它那就太遗憾了，如果你能把注意力放在能够激发自己兴趣的部分就会发现它的乐趣，比如寻找老师讲的内容与自己兴趣的联系等。

总之，当我们放下对某事的成见，投入地做事情时，就更容易觉察到自己的兴趣和做事的乐趣。无趣的状况往往是个人早早地决定了不再努力时产生的，而转念之间就可能与自己内心的兴趣相遇。除此之外，我们需要尽量发现自己对做事本身的兴趣，如果关注点总在别人的评价上，则往往会阻碍自己进行更多的探索。

三、改变学习心态：培养成长型心理模式

1. 成长型心理模式与固定型心理模式

教育心理学家德韦克发现，人们在看待能力、智力、创造力等个人特质时，会表现出两种截然不同的心态和思维模式，而且通常是内隐的，她把这两种心态称为“心理模式”。其中一种是成长型，人们相信自己的能力和智力是可以改变的，是能够成长的；另一种是固定型，人们相信自己的能力和智力是固定不变的。二者的比较如表8.4所示。

表8.4　成长型和固定型两种心理模式的比较

比较方面	固定型	成长型
相信	能力、智力是固定不变的	能力、智力是可以提高的
遇到挑战时	倾向于避免挑战	倾向于迎接挑战
遇到阻碍时	自我保护或者轻易放弃	面对挫折，坚持不懈
对努力的看法	认为努力是不会有结果的，而且越努力说明能力越差	认为熟能生巧
对批评的看法	尽力避免、忽视批评中有用的反馈	态度更中性，愿意从中学习
看到他人成功	觉得他人的成功是一种威胁	从中获得新知和灵感
结果	很早就停滞不前，无法取得原本有潜力的成就	能取得很高的成就

你的心理模式是哪种类型呢？其实，很多人从小就被训练成固定型心理模式，比如常被灌输“你不够聪明”“智商是天生的”“你只能学文科”等观点，这些人长大后要么努力证明自己，要么为了避免失败而只做自己擅长的事情。具有成长型心理模式的人，则更愿意接受新的挑战，面对挫折更努力。

德韦克对一些初中生进行了一项长达两年的追踪研究，结果发现：在起始数学成绩相同的情况下，持成长型心理模式的学生只需要一个学期的时间，数学成绩就显著领先于持固定型心理模式的学生，他们在面对困难任务时，更多地表现出韧性，且二者之间的差距呈持续扩大的趋势。

尽管两种心理模式的差异显著，但是这种差异本身不是一成不变的，改变心理模式的前提，就是挑战自己的固定型心理模式，训练自己养成成长型心理模式。

2．相信越努力越聪明

大脑神经可塑性是我们能够持续学习的生理基础。虽然当我们刚开始学习新知识时，信息在大脑内部神经元细胞之间的传递速度是非常缓慢的，但是随着信息通过的次数越来越多，神经传递速度也越来越快。经常传递的神经通路之间会生成一种物质，叫作“髓鞘”，它能使兴奋神经的传递速度加快，并保证其定向传递，那些不用的神经通路则开始萎缩。这种因学习带来的大脑变化不是短暂的、表面的，而是生理结构水平上持久的变化。如何让我们的大脑神经元“重塑”呢？佛罗里达州立大学教授 K.安德斯·艾利克森给出了一个重要的建议：刻意练习。他认为专家与普通成年人之间的差异不是不可改变的，相反，你在某一个专业领域中全情投入，主动获得反馈，根据反馈进行刻意练习，这可以帮助你提高学习效果，获得更大的成长。

3．理解学习重要的知识有难度

几乎所有重要知识的学习都有一定的难度，轻松的学习往往也是无效的学习。认知心理学研究发现，人们在学习一个新概念的时候，付出越多的努力，尝试用自己的话语去重新演绎它，或者尝试理解这个概念在不同语境下的不同意义，就越能牢固地掌握这个概念。这背后的依据是长时记忆的工作原理：所有存储在长时记忆中的信息都是放射性地相互联系地存储的，提起一点往往能想起一串。这就是我们容易记住故事而不是随机的单词的原因。

当你在学习过程中遇到了挫折时，这恰恰是你在努力的标志，并不代表着失败。面对挫折继续努力，你会积累更多的专业知识。只有让学到的知识与技能在头脑中随时待命，你才能在以后遇到问题时，思路清晰，抓住解决问题的机会。心理学家发现，知识或技能越容易被提取到，就越不容易被记住，相反，你在检索知识时付出的努力越多，就越能深刻记忆。你在专注、努力的过程中学到的东西会变得更有可塑性。

培养成长型心理模式是基于强大的神经科学基础，提高学习的内部动机。你可以从培养“相信自己可以学好，相信自己可以改变”的成长型心理模式开始。

任务三 学习无障碍——应对问题善用策略

课堂案例

图书馆里的小宋，打开英语书后，叹了口气，打开水杯喝了口水，接着打开手机刷起了微博，过了1小时才发现自己的单词书才看了一页，她只能对着手机叹气："唉，怎么拖延的老毛病又犯了？"这让小宋非常沮丧，想起昨天在宿舍挑灯夜战的舍友，再看看自己，她更感到焦虑，非常担心自己的成绩会受到影响，而且也非常自责，觉得对不起父母对自己的培养和期待。可是当她刚想集中注意力学习时，又发现根本看不进去书了，心想：我到底该怎么做才能避免拖延呢？还是说我根本无法改变自己，注定就是一个意志力薄弱的人？

大学生在学习中会面临哪些问题，又该如何应对？有没有改善拖延，提高学习效率的有效学习策略呢？我们又该如何利用资源帮助自己学得更好？

一、No.1 or nothing：学习的困惑与应对

大学学习是大学生活中的重要组成部分，在了解了学习的内在动力之后，相信大家一定想好好调整自己的学习状态，但是在实际执行过程中，却不可避免地会遇到很多困难和障碍。在大学生中学业问题一直处于心理问题排行榜的前列，例如，有的同学对自己的专业不感兴趣，有的同学像案例中的小宋一样痛恨自己拖延，有的同学出现严重的考试焦虑，还有些同学对自己的学习能力和自我价值产生怀疑，陷入心理痛苦难以自拔。总的来说，大学生在学习过程中遇到的问题和障碍可以分为三个层面，接下来，我们一一解读，换一个角度来理解这些困难，探索应对之道。

1．消极情绪：焦虑与自责

和没有完成复习计划而自责的小宋一样，我们很容易在学习中产生消极的情绪。比如觉得学习太难、没有掌握方法、学习进度落后于别人、学习成绩没有达到预期等，这些情况都会引发我们强烈的消极情绪，一般以焦虑和自责为典型的表现。例如考试焦虑，相信很多同学都不陌生，焦虑经常会让我们的大脑一片空白，表现得更糟糕。有些大学生想要彻底消除焦虑，反而更紧张、更疲惫。其实换一个角度思考，既然难以消除焦虑，那么焦虑的存在有没有意义呢？

焦虑和自责其实是一种提醒："我还在乎学习"。这背后有个人对自己学习的良好期待和关心，表达了一种良好的意图，完全没有焦虑的生活是乏味的，完全没有自责的人生是危险的，其实这些情绪正是我们面对问题的情绪解决方案，我们"决定"通过焦虑和自责让自己更努力来解决当前的困难。在对学习的焦虑有所减轻后，我们就可以理

性地看一看怎么解决具体的学习难题，提高学习效率，改善学习状态。

2. **消极行动：拖延或逃避**

我们在学习目标执行过程中会不可避免地遇到挫折，而因为不想面对“我不好”的现状，很多同学会对挫折难以忍受，可能会出现第二个层面的问题——拖延或者逃避。

课堂案例

小豪虽然也爱打“魔兽世界”（一种网络游戏），但是却从不敢痴迷，因为他的一个大四的老乡小霖让他无限惋惜。小霖也是计算机专业的，大一的时候成绩就不好，到了大二开始学习专业课，他感觉知识更难学。他从大二开始接触“魔兽世界”，一下子跟着了魔似的，甚至逃课打游戏。大三的时候，由于他成绩太差，学校发出了退学通知单。

案例中的小霖正是因为不愿意面对学习成绩在班里垫底时不完美的自己，开始对学习产生愤怒而逃避到游戏里。有的同学会在遇到学习困难的时候开始拖延，不到最后一刻不动手，这样就可以有一个完美的借口——“没做好不要怪我，是因为时间不够”，看似潇洒，其实都是对自己的折磨。不管是逃避还是拖延，其实背后都是在表达“我不想失败”，用消极的行动来对抗对自己的负面评价。所以，解决逃避或拖延的行为问题，可以从理解自己、降低自我批评入手，从让自己有成就感的小事情上开始行动，一点点改变。

3. **消极习惯：习得性无助**

如果学习表现持续不佳，挫折连续出现，我们就容易变得失望和抑郁，出现更消极的后果——习得性无助。

一个人遭受的打击过多，可能会觉得自己注定学不好，甚至是一个一文不值的人，变得习得性无助，破罐子破摔。其实我们的无助感并不是天生的，而是面对连续打击的一种自我保护。而如何才能有所改变呢？关键就是认识到习得性无助是一种行为的泛化。例如，某个学生在数学方面持续失败，只能说明这个学生可能并不擅长学数学，并不能说明这个学生不擅长学习。当一个人在某个方面出现习得性无助的时候，如果他能从其他方面重新找到自己的位置，或许能重新树立自信，而一味地自我否定，可能会导致抑郁，甚至伤害自己。

大学生在努力学习和成就自我的路上，面对不同层级的学习困惑，如何才能提高自己抵御挫折的能力呢？首先，要知道自己真正想要什么，寻找真正感兴趣和重要的事情，这样在做事情的时候才能更专注；其次，把学习的目的调整成为个人成长而学习，把关注点放在掌握知识上，而不是证明自己上；最后，也是最重要的，就是放弃完美主义，允许失败，给自己更多的接纳和欣赏。

二、To do or not to do：与拖延症做朋友

课堂案例

小池今年大二，有一天他午睡醒来后，发现全宿舍就剩自己一个人了，他躺在床上想，后天就要交论文了，我接下来要干什么？思来想去定不下来，最终用抛硬币的方式决定，正面朝上去看美剧，背面朝上去打游戏，硬币立起来就去自习室写论文……

人类正是因为拥有理性，才和动物区分开来的，但实际上，人类存在很多非理性的行为，拖延就是典型的非理性行为，比如小池看似给自己列了“写论文”的选项，但是“硬币立起来”的条件就给自己拖着不写论文找了一个能够心安理得的理由。很多大学生都有拖延的问题，拿到任务并不是立即开始着手做，而是先做很多无关的事情，然后开始恐慌，接着是哭着在最后期限到来之前把事情做完，结束后捶胸顿足地警告自己下次不能再拖延了。

1. 拖延的生理机制

完成每一项作业和计划就像完成游戏中的进度条。设置合理的目标、及时开始、努力坚持都是在推进度条，但是在推进的过程中，却存在各种诱惑，稍不注意就容易分心，拖慢进度条。为什么人们愿意为了眼前的小诱惑而放弃本来完美的计划和长远的收获呢？

（1）奖励承诺系统和多巴胺。

现代神经科学家奥尔兹和米尔纳在人的大脑中发现了奖励承诺系统，每当大脑的这个区域受到刺激的时候，就会释放多巴胺，促使人们产生期待：“再来一次！ 这会让你感觉良好！”多巴胺这种神经递质具有强大的魔力，很容易让人们沉迷于一些诱惑，欲罢不能。当人们知道用手机上网就可能收到新消息、下一个视频有可能让自己捧腹大笑时，就会不停地点击，忘了还有进度条这回事。

（2）自控力消耗能量。

人们总希望通过一些方式来帮助自己抵御诱惑，你都用过什么方式呢？例如切断网络、卸载游戏、远离寝室等，这些都是自控力在发挥作用。自控力其实是一种帮助我们在面对诱惑时，稳定心率，三思而后行的能力。但自控力要抵御的不是外在的诱惑而是内心的冲突，当小池掏出硬币的时候心里非常明白，自己应该努力让硬币立起来，但是大脑却不断在说“我想玩会”，这种冲突需要他付出大量的心理能量，而这正是让他失控的关键。如何才能打破这个魔咒，提高自己的自控力呢？

自控力其实更像一种身体生理指标，而不是人格因素，而且几乎每个人都拥有自控力。心理学家沃尔特·米歇尔通过对孩子进行棉花糖实验发现，在四五岁时，人们就拥有延迟满足，以期获得更大的长期收获的能力。但是自控力对大脑来说是一项非常耗能

的工作，当大脑感到能量不够时，总是倾向于在完全失去能量之前关掉自控力而保存实力。我们提高自控力就是要训练自己相信“我还有实力”。长跑运动员都知道当第一次疲惫来临的时候并不是真的疲惫，撑过这次疲劳之后还能获得新的进步。运动是锻炼自控力最好的方法。一项研究发现，改善心情、缓解压力最有效的锻炼是每次5分钟，而不是每次几小时，任何能让你离开椅子的5分钟的活动都能提高你的自控力。此外，充足的睡眠也能起到类似的效果。推进进度条的过程，极佳的方式不是过完全隔离诱惑的生活，而是努力保持身心愉快的生活，加强运动。

2．拖延背后的原因

拖延对很多人来说就是一场噩梦，让人们既痛恨又无奈，品尝“明明给自己定好的计划总是不能完成”的苦涩滋味。然而人们为什么会拖延呢？表8.5列出了大学生拖延的主要原因，具体来说，有些拖延和我们对任务本身的看法有关，比如认为任务太简单、太困难或者没有用；有些拖延和我们对自己表现的评价有关，比如觉得自己做不好，要求完美；有些拖延和我们的精力有关，比如太累了，或者追求最后期限带来的挑战；有些拖延则和我们与他人的关系有关，比如为实现某些目的而拖延等。

表8.5 拖延的类型和背后的原因

拖延的分类	拖延的原因	举例
与任务有关	问题太简单或没意思	背单词
	问题太难了	做高数题
	任务没价值	洗衣服
与评价有关	害怕别人对自己做的工作给予消极的评价	写论文
	完美主义	不断修改自己的设计方案
与精力有关	追求最后期限来临前的兴奋和创造力	最后一小时赶读书报告
	过于疲惫	精力耗尽了，再也不想努力了
与关系有关	干得快就会被安排更多任务	小组合作
	避免被控制	这个老师不通情达理，坚决不按时交作业
	社交需要	同学都拖延，不拖延没朋友

当然，以上对拖延的简单分类并不能涵盖所有的情况，但是却可以帮助我们分析和评估自己拖延的具体原因。

3．和拖延做朋友

解决拖延并不是在任何情境下永不拖延，而是了解自己拖延的原因，学会和拖延相处，制订不同的解决方案，降低拖延带给自己的负面影响。

（1）应对与任务有关的拖延。

任务本身的特点会引发拖延行为，任务太简单让人很容易失去兴趣，太难又让人很容易陷入挫败，无意义无价值则让人难以持续投入。与任务有关的拖延，其实是一种反馈，帮助人们了解自己的兴趣和能力倾向，适时调整决策方向。例如案例中小池的拖延行为，如果与写论文的任务有关，那么他就需要优先确认自己是对所有的论文写作都拖延，还是对某些科目，如果是特定的科目，那么拖延恰恰反映了他对该学科的兴趣有限，在做未来规划的时候，他可以考虑选择其他不拖延、更有兴趣的学科深入学习。

（2）应对与评价有关的拖延。

如果拖延持续的时间比较长，形成习惯性拖延，则往往和我们对自己的评价或者完美主义倾向有关。如果个体发现自己尝试了很多对抗拖延的方法效果并不明显，这时候就可以尝试结构化拖延法。斯坦福大学的哲学教授约翰·佩里根据自己多年来的拖延经历提出了结构化拖延法，他认为“拖延者完全可以利用拖着不干正事的心态，完成很多有意思且有意义的事情，从拖延者直接变身高效能人士”。也就是说，并不一定要改变自己拖延的习惯，而是利用这种“习惯”反其道而行之，完成任务。结构化拖延法具体包括以下内容。

第一条：拖延的人并不是一无是处。如果不相信，你可以想想自己在拖延某件事的时候是不是完成了很多其他事情，比如喂鱼、把好久没有收拾的宿舍好好打扫了一遍。

第二条：把你必须完成的任务按照重要性和紧急性排序，列一个清单，当然最紧急最重要的事情排在最前头，然后把一些很重要的事情排在后面。

第三条：最关键的一条，拖着清单最上方的任务不做，开始完成后边的任务。

第四条：直到下一个更紧急、更重要的任务登上最上方，你就可以拖着新任务，完成原来的重要任务了。

结构化拖延法把拖延当成个体的一个特点和行为习惯，降低了对拖延问题的负面评价，看似是一种阿Q的精神，却暗示着一种主动建构的价值观，帮助人们换一个视角看当下的问题。

（3）应对与精力有关的拖延。

有的时候拖延和精力相关。“心有余而力不足”，应对这种情况下的拖延行为，一味要求速度和效率可能适得其反。个人可以根据自己的注意力情况找到适合自己的精力管理方案，例如，每集中注意力学习1.5小时，休息15分钟，做冥想、呼吸训练，或者做其他的任务。另外，设立有意义的休整计划保证恢复。还有五分钟起步法，有时候我们在做事情时会感到自己不在状态，此时只要再坚持5分钟就会产生一个新的良性循环。

有些拖延和追求最后期限的刺激感有关，其实最后期限是有功能的，最后期限带来的压力可以促进个体集中注意力，促进任务的完成。但是一味追求最后期限可能导致任务堆积，不同任务之间相互干扰，难以保证效果。其实，改变因追求最后期限的拖延问题，不一定要提前着手，可以把任务分解，设置多个最后期限，既保证了追求最后期限的刺激感觉，又避免了任务堆积。

（4）应对与关系有关的拖延。

与关系有关的拖延，往往是主动的拖延，具有某种人际的功能，如果不严重大部分不用调整，如果确实影响学习的效果，或许可以深入探索拖延背后的意图，改善人际关系中的沟通方式，与他人真诚交流，而不必采用拖延的方式才能达到目的。

以上所述并不一定包含了拖延的所有情况，但却提供了一种解决问题的系统思路，那就是不期待用一种方案解决所有问题，而是要回到问题出现的情境中去寻找解决方法。

三、巧用规律巧办事：有效的学习策略

拖延只是学习困难的一种，面对学习中的各种难题，采用不同的方法和策略非常重要。学习策略指学习者为了提高学习的效果和效率，有目的、有意识地制定有关学习过程的复杂方案。说到底，学习与大脑的重要功能——记忆相关。大学阶段的学习不仅包括专业学习，也包括大学生自主选择的非专业学习，比如考某种技能或专业资格证书，这类学习更需要大学生掌握有效的学习策略。

1. 检索学习

所有信息进入大脑都需要先经过筛选登记，没有登记的信息很快会被遗忘。很多同学的首要学习方式就是反复阅读，反复的次数很多，甚至产生我已经对这个知识很熟悉的错觉，一到考试的时候却发现自己记得并不牢靠。其实，有效的学习策略就是检索学习，而考试就是不断帮助我们从记忆中检索相关的知识和技能，并加以运用的过程。大学生要进行自我测验，而不只是机械阅读记忆，判断自己学到了什么，是强化自主学习效果的重要方法。

课堂活动

检索学习练习

在读书或者复习笔记的时候，请你合上书本问自己以下几个问题，运用检索学习提高学习效果。

- 此段落的核心概念是什么？
- 哪些术语或者概念是我没有接触过的？
- 我可以如何定义它们？
- 这些概念和我以前的知识有什么联系吗？

如果答案是否定的，请继续回到书中相应的部分加强记忆。

2. 间隔学习

是1天之内花3小时集中学习的效果好，还是每天1小时、连续进行3天的间隔学习效果好？2020年北京师范大学的李葆萍和同事一起做了一个在线学习的实验，为我们进行了解答。

研究者以参加C语言学习的74名大一同学为研究对象，开展课堂教学和课后软件练习的学习方式。研究者在教学过程中把学生分成两组，实验组38人，为短时间间隔组，设置学生每次练习时间间隔不大于5天。控制组36人，为长时间间隔组，设置学生每次练习时间间隔不少于5天。在学习内容相同、练习总时长和前测无显著差异的前提下，经过一学期的学习，采用更短时间间隔的学生在平时学习表现（答题正确率、总正确率）、阶段性学习表现（期中成绩）和最终学习表现（期末成绩）上均显著优于采用较长时间间隔的学生，从效果来看，这种优势伴随着学习过程的推进越来越明显。

间隔学习比集中学习的效果更好，这是因为长期记忆存储信息需要一个巩固的过程， 这个过程可能需要数小时，甚至数天。快速频繁练习，只能产生短时记忆，间隔学习，虽然会有一些遗忘，但是重新复习、检索所学的过程，会促进知识巩固，强化记忆。在当前线上学习不断普及的今天，理解间隔学习的意义，目的在于提示大家不必追求大块完整的学习时间，而是可以利用间隔学习的方法给自己制订一份每日学习计划，在每个学习阶段都留出一段时间间隔，之后再进行自测，寻找那些可能被你遗忘的知识，重新进行检索学习，这会让你记得更牢。

3. 联系学习

大学阶段的专业课程之间都存在一定的联系，这个学期的课程可能与上个学期某个课程的内容密切相关，所以，大家在学习过程中要尽可能主动思考，加深对所学内容的理解，主动与以前所学的知识相互联系是不错的学习策略。东尼·巴赞创立的思维导图体现了长时记忆存储信息相互联系的特点，从一个思考中心出发，向外散发各种主题节点，充分利用不同的颜色、图像、记号等手段调动左右脑来加深记忆（见图8.3）。

除此之外，长时记忆存储信息还有形象化的特点，对于某项技能或者梦想，视觉化是一个非常重要的学习策略，能够帮助人们克服困难和实现目标。具体来说，你可以在大脑中尽可能详细地想象某个技能，这个想象在大脑中激活的神经通路和实际做的时候一样，多次想象练习后可以达到学习的目的，比如飞行员、运动员进行的模拟训练。

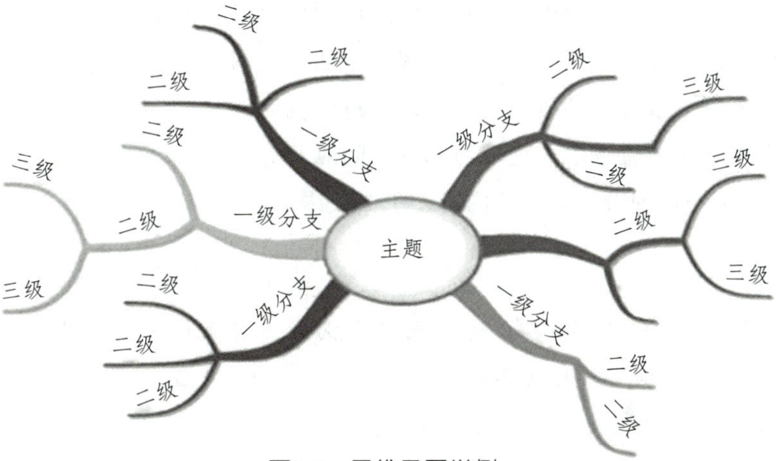

图8.3　思维导图举例

课堂活动

视觉化——为梦想插上翅膀

闭上眼睛，深呼吸，在大脑中想象一个梦想中的场景，尽可能详细地“看到它”。你当时在哪儿？是什么场景？你有什么感受？保持这种感受……往回看，看到现在的你，正在为实现梦想而努力，你知道这个过程不是一帆风顺的，你会遇到什么困难？尽可能详细地“看见它”，给自己信心和鼓励，正是你不懈地努力才走到实现梦想的这一刻。你克服了这个困难……

做完以上的练习你有什么感受？____

做完以上的练习你有哪些发现？____

注意：在想象过程中尽量感受自己的情绪，同时尽可能详细地想象实现梦想的过程，特别是克服困难的过程。

4. 优秀学习习惯清单

大学阶段的学习，更重要的是养成优秀学习习惯，自主设计并完成既定的学习任务。这需要我们刻意练习，不断反思，付出努力。彼得·布朗在《认知天性》一书中结合多项认知心理学成果，提出了以下优秀学习习惯清单，对有效的学习策略进行了总结，大家可以将自己原来的学习模式与下面的学习策略进行对照，找出自己的薄弱环节，主动进行调整。

（1）上课前要阅读相关材料。

（2）在阅读材料的时候，给自己出模拟考试题，并尝试作答。

（3）在课上努力回答这些假设性问题，从而验证阅读内容的记忆效果。

（4）复习时找到那些记不清或者不知道的术语，重新学习。

（5）在阅读笔记中抄写重点术语和定义，确保自己能够理解。

（6）做模拟测试题，找出自己学习中漏掉的概念，重点学习。

（7）用自己的方式（可以是思维导图）把课上的信息重新组成一份学习指南。

（8）写出复杂或重要的概念，不时地进行自测。

（9）在整个学习过程中，把复习和练习间隔开。

（10）对于需要创造性学习的内容，不要设限。

课堂活动

最近开始写论文的小廖比较困惑，他自认为学习非常认真，老师上课提到的概念自己都知道，但是写论文的时候总是没有思路，他在网上搜索大量相关的论文也无济于事。他非常困惑："我是怎么了，为什么学了很多，想用的时候完全用不上呢？"

请思考有效的学习策略，结合自己的经验谈一谈如何进行有意义的学习。

本章小结

1. 广义的学习指基于经验而导致行为或行为潜能发生相对的一致性变化的过程；狭义的学习特指学校学习。

2. 寻求意义是人类的重要动机之一。大学生需要寻找自己内心的热情，理解学习对自己来说的独特意义。

3. 大学生的学习特点包括学习的专业性、学习的自主性、学习的探索性、学习的实践性、学习的延伸性、评价的多样性。

4. 后天学习的知识和能力分为三种，即专业知识、自我管理技能、可迁移能力。大学生要找到自己的优势组合，制订适合自己的能力培养计划，有意识地把它们形成合力。

5. 动机是一种激发、引导、维持并使我们的行为指向特定目的的力量。

6. 人类的动机强度与活动效率之间呈倒"U"形曲线关系，动机过高或过低都会使活动效率下降，中等强度的动机才最有利于问题的解决。任务的难易程度不同，动机的最佳水平也会变化。

7. 成就动机，即希望尽可能独立并成功地完成或掌握一些非常困难或极具挑战性事情的动力。成就动机高的人会制定难度适中、比较实际的目标，从而提高目标成功的概率。

8. 改变拖延的关键是处理因拖延带来的负面情绪。

9. 思维导图是从一个思考中心出发，向外散发各种主题节点，充分利用不同的颜色、图像、记号等手段调动左右脑来加深记忆。

认识自我

测一测：你的内隐心理模式

表8.6的测试测查的是你对智力的观点。请根据个人看法给下面8个题目评分，1分代表非常不同意，2分代表不同意，3分代表中立，4分代表同意，5分代表非常同意。

表8.6 内隐心理模式测试

题目	非常不同意	不同意	中立	同意	非常同意
1．无论你的智商水平如何，你总是可以改变它					
2．你可以学习新的东西，但是你始终无法真正地改变你的智力的基本水平					
3.我喜欢从事需要努力思考的学习任务					
4．我喜欢从事我可以花费较少的力气就做得很好的任务					
5．我喜欢能让我学习新的东西的任务，即便我会犯很多错误					
6．我最喜欢从事那些不会让我犯错的任务					
7．当我发现一些任务很困难时，这会促使我更加努力地学习，而不是更少					
8．说实话，非常努力地学习让我觉得自己并不十分聪明					

该量表由德韦克于1999年编制，用于测量个人对智力的看法。其中，第1、第3、第5、第7题测量的是成长型心理模式，高分说明你对智力的看法偏向可以成长改变；第2、第4、第6、第8题测量的是固定型心理模式，高分说明你对智力的看法偏向固定不变。

心理训练

与未来对话

请你和你的搭档两人一组完成一场当下和未来的对话，你来代表当下的自己，邀请你的搭档代表10年后的自己，两人来一场跨越时空的对话。你可以代表当下的自己，向未来的自己提3个问题，邀请未来的自己回答。你们可以设计感兴趣的问题，也可以参考以下问题。

· 未来你好，我对现在所学的专业没什么兴趣，未来你产生兴趣了吗？

· 未来你好，你从事的职业用得上我大学学到的专业知识吗？

· 未来你好，你能告诉我当前的学习和明天的生活有什么样的联系吗？

接下来，请互换角色，完成第二轮练习。

最后，请思考你对当前学习的意义有什么新的认识。

心理自助餐

1．彼得·布朗等：《认知天性》，中信出版社2018年版

这本书是11位认知心理学家10年的科研心血。以罗迪格教授为主要负责人的团队在项目上投入了10年时间，首次提出人类认知规律和学习之间的紧密联系，透彻解读人类普遍的学习过程规律。根据脑神经科学研究成果，本书推导出了有利于大脑的简单学习法则。

2．电影：《三傻大闹宝莱坞》。

法兰、拉杜与兰彻是皇家工程学院的学生，3人结为好友。在以每学期42场考试、成绩排名张榜公布、竞争激烈的学院里，大家都追求高分数，只有兰彻与众不同，他不死记硬背知识，因为真正热爱工程而学习，为人们展示了主动学习的魅力。他不仅鼓动法兰与拉杜勇敢追寻理想，而且劝说校长的二女儿碧雅离开贪财的未婚夫。这个特立独行的兰彻有句口头禅——“一切都好”，这句口头禅充分诠释了这种乐天派心态的关键——就算不能解决问题，至少可以平复心绪，打败恐惧，增加直面问题的勇气。

项目九

我的未来不是梦——大学生择业心理与生涯规划

学习目标

1. 认识职业的价值与意义。
2. 了解择业前需要做哪些心理准备。
3. 了解生涯和生涯规划。
4. 认识大学生发展任务。
5. 了解自己的职业兴趣。
6. 学会设计和规划大学生活。

思政目标

1. 培养大学生健康积极的择业心态。
2. 引导大学生树立正确的职业观。

问题聚焦

1. 如何看待大学生职业选择中遇到的挫折?
2. 如何调整心态，确立正确的择业观?
3. 你的职业类型是什么?
4. 你怎样做自己这三年的规划?

心理热身

又是一年毕业季，据教育部统计数据，2022年毕业生比2021年增加了167万人，毕业生规模达到1076万人，创历史新高。

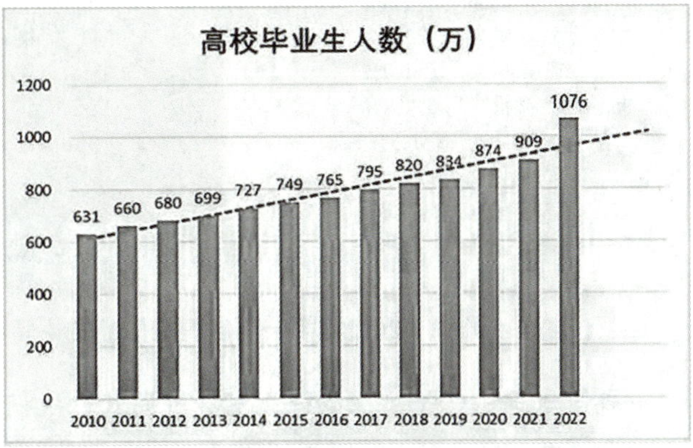

图9.1 2010—2022年高校毕业生人数

从2022届高校毕业生调查来看，考研人数呈上升趋势，较上一年上升了6.57个百分点，选择企业就业的人数却呈下降趋势，这也从侧面突出了毕业生企业就业率呈下降趋势，找工作更卷更难。2022年，中国1076万大学生就业的压力暴增，也将迎来最难就业季。

从2021—2022届高校毕业生就业去向占比来看，毕业生企业就业率呈下降趋势，毕业生更倾向于考研、考公、考编等来提升自己的价值。

2022届高校毕业生选择考研的人数在逐渐增多，占比为40.78%，较2021届增长6.57个百分点；选择企业就业的高校毕业生企业就业占比为34.21%，较2021届下降了7.21个百分点。2022届高校毕业生考取公务员/事业单位占比为17.57%，较2021届增长0.73个百分点；创业占4.25%，较2021届增长0.58个百分点；出国深造占2.07%，较2021届减少0.58个百分点；其他占1.12%，较2021届减少0.03个百分点。

北上广深作为一线城市，一直是毕业生求职的重要选择地，也是吸纳毕业生的主要城市。但近年来，随着新一线城市近年来迅速发展新兴行业逐步兴起，对人才需求量大大增加，也为毕业生带来了新的选择。加上新一线城市针对以应届生为代表的年轻人才制定的优惠政策，购房优惠、落户、现金补贴等手段不拘一格，有效地吸引了高校毕业生的目光。从2022届中国毕业生城市青睐排名来看，北京、上海、天津依次排名第一、第二、第三，吸引力分别为9.4%、7.9%、6.31%，重庆、成都、西安、南京、武汉、深圳、广州依次挤进前十。

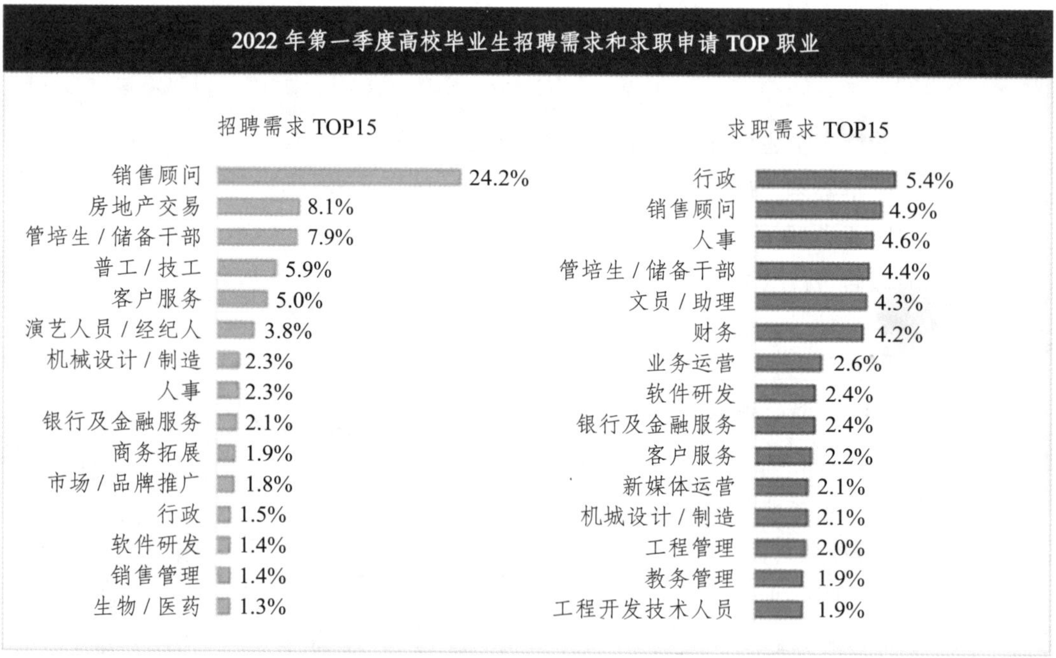

图9.2　2022年第一季度高校毕业生招聘需求和求职申请TOP职业

我国建筑、电气、机械行业发展时间长、规模大，并且所属央企、国企数量多、工作相对稳定、环境较好、薪酬待遇相对较高，所以对毕业生有很大的吸引力。从2022届中国高校毕业生就业意向行业方面来看，建筑、电气、机械行业受高校毕业生青睐行业排名前三，建筑/建材/工程行业以11.29%的简历申请量占比位列第一；电气/电力/水利行业排名第二，简历申请量占比为7.86%；机械/设备/重工位列第三，简历申请量占比为7.03%。

从2022届中国高校毕业生期望薪酬来看，高校毕业生期望薪酬区间占比最大的是7000~9000，占比为47.3%；其次是5000~7000，占比为24.1%；9000~11000区间占比为11.3%；11000以上的薪酬区间占比为10.4%；3000~5000的区间占比为6.6%；3000以下的区间占比为0.3%。

结合各地区本科院校毕业生实际占比和2022届在本地区就业毕业生占比综合来看，长三角地区人才的吸引力较强，2022届吸引25.8%的本科院校毕业生，22.9%的高职院校毕业生；其次是珠三角地区，吸引21%的本科院校毕业生，20.40%的高职院校毕业生。

中国正从总量性人口红利时代转为结构性人才红利时代，早年依靠劳动力优势和出口优势支撑的经济高速发展时代已逐渐过去，随着劳动力人数的下降和劳动力成本的上升，中国亟须以技术驱动发展，未来中国的经济发展和人才的发展密不可分。①

心理讲堂

高职院校学生应该分析清楚自身优势，做好职业规划；积极实习实践，提升技能阅历；了解职位要求，及时调整融入；掌握专业技能，提升自己的核心竞争力。同时，要全面认清当前就业过程中可能出现的心理误区和心理障碍，为科学、合理地择业打下良好的基础。

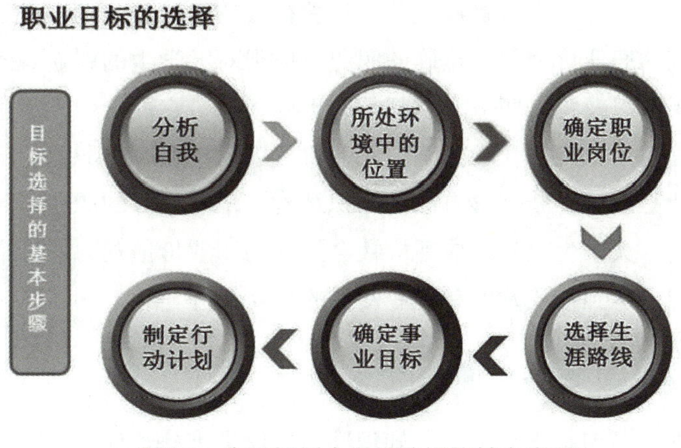

图9.3 生涯规划中目标选择的基本步骤

① 2022年我国高校毕业生的就业形势分析[EB/OL]. https://wenda.so.com/q/1654997252211936 略有改动.

任务一 大学生择业前的心理准备

求职择业，是人生必经的一个门槛，是自己把握自己命运的开始。渴望有一个好的职业，能够充分发挥自己的聪明才智，成就一番事业，是每一个有进取心的大学生梦寐以求的事情。对即将毕业的大学生来说，选择职业是人生道路上面临的一次重要抉择，将会遇到比以往任何时候都严肃的课题、复杂的矛盾和更深的困惑，每个人都要接受心理素质的检验。面对选择与被选择，竞争日益激烈的就业市场，毕业生在择业过程中，常常会出现种种惶惑和不安，轻则影响择业的成功，严重时甚至会干扰正常的学习与生活，影响身心健康。

一、职业的价值和意义

每种职业都有特性，不同的人对职业的意义理解不同。这就是职业价值观。职业价值观决定了人们的职业期望，影响着人们对职业方向和职业目标的选择，决定着人们就业后的工作态度和劳动绩效水平，从而决定了职业发展。不同职业对社会的贡献不一样，被社会需要的程度也不一样，相应地，社会评价就明显不同。越稀缺的职业价值越高，也就是说，从事这个职业的人数越少，价值越高；社会对这个职业的需求的迫切程度越高，其职业价值就越高。除了稀缺程度，整个社会的喜好、价值取向也影响职业价值。

所谓职业的价值，就是不同的职业对社会的满足度与贡献度的价值体现。它是个体价值与社会价值的有机统一。职业到底有无贵贱之分呢？一般来讲，从事不同职业的个体在人格上是平等的，并无高低贵贱之分。随着社会的发展，大学生必须正确认识职业的价值，树立正确的职业价值观。正确的职业价值观对大学生的就业观念、择业行为、职业目标、择业手段以及将来职业发展都具有重要影响，它能帮助大学生树立正确的职业理想，确立正确的人生观。大学生确定职业价值观后，可以对职业价值有基本认识，能调适自己的择业心态，不断完善自己的知识结构，培养良好的职业素质，适应时代的发展和社会的需要。大学生只有形成适应社会发展的职业价值观，才能沿着正确的发展方向实现职业理想，达到自我发展和职业发展的相互促进。

二、择业前的具体心理准备内容

大学生的择业准备包括思想准备、知识准备、能力准备、信息准备、心理准备等方面。心理准备在各种准备要素中处于基础性地位。大学生只有心理准备做好了，才有信心和能力面对各种择业的挑战，为顺利择业、科学择业奠定基础。

1. 大学生择业的良性心理

（1）“凭实力说话”心理。

随着人才市场机制的逐步健全，“能否胜任工作”成为用人单位的选人标准。绝大多数应届毕业生在择业时都要“凭实力说话”，即靠自身的综合素质和综合能力寻找理想用人单位的心理。

（2）“先就业后择业”心理。

当代大学生没有经过社会实践，缺乏择业“资本”，采取“先就业后择业”心理是切合实际的。择业心理总是从理想感性趋于理智，从幻想空想趋于现实。尽管国家相当重视毕业生的就业问题，但想要找一份称心如意的工作并非易事。所以，新毕业的大学生首先要投入社会实践，积累一定的社会工作经验，获得较好的市场附加值，羽翼丰满了，再实现第二次“（就业）择业”，从而找到理想的单位，也不失为一种理性选择。

（3）自主创业心理。

随着教育体制改革的深入，素质教育的推进和社会鼓励大学生创业的影响，一部分创业意识较强的大学生毕业时，利用自身掌握的专业知识和技能优势，或通过网络提供的便捷条件，或通过社会融资，与人合作，自立门户，艰苦创业。选择自主创业的大学生，往往怀着一种替别人打工不如自己做老板的心态。这种创业心理，既非常适合当今社会对大学生毕业后通过创业来增加劳动就业机会的期望，又有助于大学生成长成才。

（4）继续学习心理。

现代社会知识呈几何级数增长。知识更新越来越快，将来的社会必将是一个学习型的社会，而知识与技能的获得将主要依赖工作实践。因此，一部分大学生毕业时基于日后能够有一个更高的起点发展和提升自己的人生质量的考虑，往往首选体制完备、发展成熟、能够提供职业而又规范学习机会的用人单位。这种继续学习意识的强化，尤其是重视在工作中学习的心理，无疑是和现代社会的要求相契合的。

（5）注重前景心理。

随着竞争的加剧和收入的普遍提高，个人的发展与前途已成为大学生择业时关注的焦点问题。一些大学生择业时指向事业发展，看重工作前景胜于工作待遇和报酬。这种将报国之志与个人事业成功有机结合的心理，比过去部分人只顾实惠、只讲待遇的择业观科学、合理。

课堂案例

小刘是一名高职院校应届毕业生，在校三年，自认为学有所成，然而却在就业上处处碰壁。小刘回学校与心理健康老师抱怨：“我看中的单位，人家却看不中我；单位看中我的，我却看不中人家。毕业已经快一个月了，我还未与一家单位签约。时下，我处在焦虑、忧郁、自卑、不满、无法决断的状态，内心十分矛盾、痛苦。我该怎么办？”①

1. 小刘为什么如此苦恼？

应聘受挫——梦想破灭——心理失衡。

2. 问题究竟出在哪里？

“我看中的单位，人家却看不中我”——缺乏应聘、面试的技巧。

“单位看中我的，我却看不中人家”——职业的自我定位过高。

“缺乏良好的就业心理准备是失败的主要原因。”

2. 大学生择业的不良心理

（1）悲观心理。

主要是对自己缺乏信心，对当前的就业状况心存疑虑，片面地认为，自己并非名校，并非热门专业，无社会人际关系，在就业去向，单位选择上目标不明确。一些毕业生对自己的估价不够，自惭形秽；还有个别毕业生在生活道路上受过挫折，更觉低人一等，抬不起头来；另有一些毕业生自认为自己能力不行、学历太低、专业不好，由此走向自我孤立，在就业过程中缺乏自信心和勇气。

（2）焦虑心理。

毕业前夕，面对竞争激烈的就业市场，自己能否如愿以偿，在人生的转折关头，这些焦虑使他们精神负担沉重、心神不宁，有的毕业生由于心理压力太大，过于紧张，甚至患了“择业焦虑症”。

（3）从众心理。

部分大学生在择业时缺乏对自身条件的认知，不能很好地把握机会，容易出现随大流的思想，扎堆选择，从而增加了就业的难度。

（4）精英心理。

自视过高，俨然以社会精英自居，自我感觉良好，择业要求不切实际，“眼高手低”，不现实，要求过高，表现在不是大都市不去，不是好职业、好职位不去，导致错过机会。

（5）不满心理。

对自己的能力评估过低，有不满的情绪，对学校、对社会、对家庭甚至是对周围所有的事物和人不满，形成自我否定和否定社会的不良心理状态。

（6）投机心理。

缺乏自主择业意识，不愿参与市场竞争，把找工作寄希望于父母与亲朋好友，毫无主张，缺乏应有的处事能力。部分大学生甚至把就业问题看成是学校的事情、家长的事

① 案例来自重庆建筑科技职业学院心理咨询中心.

情，凭运气，认为“车到山前必有路”，自己不积极联络招聘单位，只想坐享其成。

（7）攀比心理。

不能从自己的实际情况出发，不量力而行，一味地追求个人意愿或盲目地与其他同学相比较，当主观上认为职业选择不理想或不及其他同学时，便会彻底否定自己的选择，最终错过许多的择业机会。在就业单位、就业去向上，同学之间会出现攀比，这样就很难客观地认识自己，存在虚荣心理。

人生是一个不断发展变化的历程，也是人对环境不断适应的历程，在人生的某些阶段，由于环境条件的改变，社会对人提出新的更高的要求，以致个人感到难以适应。此时，如果个人能够主动自觉地改变自己或改变环境，使个人与环境保持协调，就可以渡过难关顺利进入下一个新的人生阶段。相反，如果个人不能调适自己以符合环境的要求或不能克服环境的某些限制，就会无法通过难关，在发展道路上出现滞留现象。滞留的时间越长，适应的困难越大，不仅影响自己的现在，还会影响自己的一生；不仅影响择业结果，而且危及身心健康。面临毕业，大学生们自然会考虑到社会给自己提供哪些职业位置，有多少选择的机会与可能；同时，也会想到如何认识自己、调整自己，使个人做出最佳选择并尽快适应职业活动。前者属于社会就业环境问题，在很大程度上不以个人意志为转移，后者则是心理问题，属于个人可以掌握的部分。认识环境、把握自己，寻找一条心理出路，乃是最积极可行的途径。在日常生活中，人们的通病是：在实现目标的过程中，常常不去认真了解分析自己可掌握的那一部分因素，却企图主宰自己不能驾驭的那一部分因素。不少大学生在择业过程中容易犯此类通病。

总之，在求职择业过程中，大学生应该充分认识心理调适的作用，提高自我调适的自觉性，尽量保持良好的心态，以利于合理择业、顺利就业和健康成长。

拓展阅读

从医专到斯坦福，山东小伙何世豪的逆袭之路①

何世豪，27岁，山东菏泽人，目前主要从事烟雾病发病机制及认知障碍的相关基础研究。从山东医学高等专科学校到首都医科大学附属北京天坛医院神经外科博士再到斯坦福神经外科访问留学的经历，被网友戏称为“专升天”要写入医专校史。对此，何世豪表示，我只是一名普通的医学生，还需要继续努力。

何世豪高中时期是老师眼里的“问题学生”。“高考成绩出了之后，我爸对我特别失望，我也不知道要如何选择专业，因为家里从医的比较多，受父亲非典期间一线抗疫的精神激励，所以就填报了能专升本的医专学校。”据何世豪介绍，高中时贪玩，学习成绩差，可以说到了一听自己的名次就能推断出班里有多少学生的地步，直到步入大

① https://m.thepaper.cn/baijiahao_19835013 略有改动.

学，他的学习态度才开始转变。

“有一次我在宿舍打算开台灯学习，舍友们想看恐怖片，觉得我开灯影响他们看电影的氛围，当时我就觉得我和他们可能不是一个群体。”何世豪说道。

为了证明自己，何世豪经常在厕所借助灯光学习到凌晨三四点，第一学期期末考试考了班级第十名，这让他尝到了努力的甜头，之后的专业成绩便一直保持在全校前三名。除此之外，高考英语成绩只有70多分的他，英语四级第一次就考了522分，超分数线将近100分。何世豪在一次次的考试中逐渐树立起在学习方面的自信，于是在2016年专升本择校时选择了省内竞争压力最强的泰山医学院（现改名“山东第一医科大学”）。

“专科时期，我的性格发生了很大的变化，当时就是想挑战最难的，不给自己留退路。”据何世豪回忆，同一批报考专升本的大概有七八千人，而泰山医学院当时只招100人左右。经过一番角逐，何世豪通过了他医学生涯中第一个特别重要的考试。至此，努力的种子彻底在少年的心里发了芽。

不过对何世豪而言，这仅仅是他在医学道路上过关斩将的开始。

由专升本考研考入国内神经外科首府——首都医科大学，在何世豪大学室友看来，“作为专科生出身，想要考入专业排名中国第一的首都医科大学的研究生简直史无前例，绝对不可能”。2018年，自从何世豪表示将报考首都医科大学附属北京天坛医院，周围的质疑声就从未停止过。一起备考的室友直到何世豪进入考研复试环节依旧觉得他不可能会被录取。

这段备考经历没有先例、没有借鉴，何世豪每天凌晨三四点睡、早上七点起，压力最大的时候肝功能出现了问题，转氨酶最高时候200多，而正常值在10~40。“我到现在听到‘请考生入场’的声音还是会有应激反应，考研当天我记得很清楚，听到这句话紧张得直接就吐了。”

虽然凭借优异的成绩挺进了首都医科大学附属北京天坛医院的面试，但是面对全国仅仅录取20人的差额面试，何世豪说：“还是觉得基本没有录取的希望了。不得不承认医学确实讲究‘出身和门第’，当时的竞争对手像北大医学系这种名校出来的学生大有人在，大家在本科时参加的科研项目不是一个等级的。”“首都医科大学附属北京天坛医院不缺医学生，缺的是医学科学家。”何世豪至今都不愿意回忆面试当天的情景。“当时我爸开车10多个小时送我去北京参加面试，一周备考期间每天晚上我都准备到凌晨5点多，那是我爸第一次被我的学习状态所触动，很心疼我，但又不好意思说，他还给我妈妈打电话说，孩子考不上不要批评他。爸爸也不敢在屋里吸烟，生怕打扰我宝贵的一小时睡眠时间，那段时间紧张得什么东西都不敢吃，吃完就吐。”

为了这场面试，何世豪可谓是“拼了”。他把所有能想到的考题都做了双语的准备，考试的时候全程英文回答，凭借出色的英语能力和扎实的外科知识储备最终获得了考官们的一致肯定。从专升本到成功考取首都医科大学研究生，何世豪成了医学生考研的“神话”。直到现在，何世豪还一直保持学习英语的习惯，截至9月4日，在英语打卡软件上他已连续打卡2500多天，学习时间已有上万小时。

考研成功并没有让何世豪感到满足，导师对他的肯定既是动力也是莫大的压力。“研一的时候压力大到斑秃，那种感觉就是当一个贵人给你机会的时候，你绝对不能让他失望。”何世豪表示，为了缩小与同门师兄弟之间的差距，他一直在拼命追赶。

在师兄的介绍下，刚刚拿到本科学位证的何世豪马不停蹄地前往天坛医院提前实习。他特别珍惜这次入组机会，提前对自己的研究领域进行了学习并阅读了大量的相关文献，用了将近3个月的时间积累了100多个病例数据，帮助导师完成了相关课题。在学术研究方面，何世豪担心导师对自己的出身会存在顾虑，希望能够得到认可。“我希望通过我自己的努力来证明，专升本出身也具有申报课题和在小组科研中做主导的能力，想让导师肯定自己的选择。”

作为专业型医学硕士，只要通过执业医师考试并且完成毕业论文就可以毕业，但何世豪对自己的要求并不只是顺利毕业这么简单。在研究生二年级的时候，何世豪就已经以第一作者身份发表了四篇SCI论文，影响因子约有十二三分，远远超过研究生毕业要求，同时还拿到了国家级奖学金，成为神经外科专业最优秀的研究生之一，顺利攻取了博士学位。一路闯关至此，刷学历镀金、完成学业已经不是何世豪的目标，他希望未来能在自己的科研领域贡献一份自己的力量。

越学习越能发现自己的不足。2021年，为了更好地进行学术研究，何世豪决定出国访学。何世豪先后收到了斯坦福大学、梅奥医学中心等国外知名大学或机构的访学邀请。

最终何世豪决定去斯坦福大学，是因为他被该校官网上的一句话打动了——“Training the next leaders in neurosurgery——培养下一代神经外科的领袖”。

从2013年专科入学到2022年前往斯坦福大学访学，这一路有多辛苦只有何世豪自己知道。他将这段经历做成视频放在社交平台，希望激励和他一样的专科生。令何世豪没想到的是，他在社交平台发表自己的求学经历后，受到了不少人的质疑。

“在社交平台上收到了很多批评我的私信，无非就是说无论现在的我多优秀，在18岁成为专科生的那一刻将是我人生永远的‘污点’。这些年我一直在拼搏证明自己，但也问过自己过得开心吗？努力这么久，付出到底值不值得。‘Training the next leaders in neurosurgery——培养下一代神经外科的领袖。’看到这句话的时候，我一下就释然了。”面对少数网友对自己第一学历的攻击，何世豪也有自己的看法。“专科时期的经历对我的心态是一种很好的磨炼，让我在科研路上拥有更多面对挫折的勇气，塞翁失马焉知非福，人生走的每一段路都算数，努力就会有更多可能。”

何世豪坦言：“如果只是想要获得别人的认可和肯定，就会一直痛苦。但是如果要成为一名优秀的神经外科医生，就必须去探索发现疾病的发病机制、找到药物治疗的靶点以及在临床上怎么更好地恢复人类大脑的功能等问题。把成为下一代神经外科的领袖作为奋斗目标，那么之前的辛苦其实就都不算什么了，往后临床和科研的努力更重要。”

任务二 生涯规划与大学生活设计

心理热身

学姐的简历

小胡这个学期在学校就业中心实习，她要帮助中心的老师整理毕业生简历和布置面试会场，因此有机会见识很多简历。她看到每次面试结束后，被淘汰的一厚摞简历，很是感慨，虽然简历上标准的求职照还在微笑，但是照片主人的内心可能是很郁闷的。虽然竞争激烈，但是学姐小刘还是获得了多家单位的青睐。小胡看了她的简历，诚实朴素，实习经验也并不是亮眼的名企，那到底是什么帮助她获得成功的呢？我们在大学中应该培养何种能力呢？

职业生涯规划（简称“生涯规划”），又叫“职业生涯设计”，是指个人与组织相结合，在对一个人职业生涯的主客观条件进行测定、分析、总结的基础上，对自己的兴趣、爱好、能力、特点进行综合分析与权衡，结合时代特点，根据自己的职业倾向，确定其最佳的职业奋斗目标，并为实现这一目标做出行之有效的安排。生涯规划不仅是求职找工作，而且是思考我想干什么、我能做什么的过程，越早开始规划越好。如何把生涯规划与我们的生活联系起来？

一、职业VS事业：生涯概念

1. 生涯概念

美国生涯理论专家萨伯把职业与其他生活如休闲、退休等发展统一起来，将生涯定义为“生活中各种事件的演变方向和历程，包括人一生中的各种职业和生活角色，以及由此表现出个人独特的自我发展类型”。从生涯的角度看自己的职业发展，职业生涯是有意义的相关工作经验的系列组合，指职业、职位的变动及工作理想实现的整个过程。由此可见，生涯更像是人一生的发展过程，正是因为工作占了我们大部分的时间，所以职业生涯是生涯的重要组成部分。

萨伯的生涯发展理论把人们的生涯分为成长（4～14岁）、探索（15～24岁）、建立（25～44岁）、维持（45～64岁）和衰退（65岁以上）5个阶段，每个阶段具有不同的发展任务。大学生正处于生涯的探索期，需要在学习、休闲活动甚至一些工作经验中，进行自我探索和职业探索，并做出最初的职业选择。大学生在高中阶段只是粗浅地接触生涯教育，大学时期是生涯探索和生涯建立的关键期，大学生不用被繁重的工作、复杂的关系和家庭的责任所累，是进行思考、探索的黄金期。

课堂案例

小邱去年毕业于重庆的一所高职院校，他来自农村，父母不认识几个字，一辈子在工厂工作，见识不广，当初是他自己选了机电一体化专业。

小邱知道自己不善言谈，所以就想干技术，这样他就不用跟许多人打交道，并且他从网上看到机电专业就业前景还挺好的，他希望将来靠一门手艺生活。

就这样学了3年，但是小邱好像也不太喜欢整天画图，再加上家里的经济条件不好，所以他没有专升本。他学习成绩中等，英语成绩也一般，并且没有什么文艺体育方面的特长。大三刚开始的时候，他的表姐就劝他考公务员，说现在区县大专生还可以考公务员，因为公务员工作稳定，不但待遇好，而且有面子，好找对象。

小邱觉得表姐的话有道理，就找人了解了当地考公务员的情况，也买了书，准备考试。当时一家不错的企业来校招人，他有点没信心，毕竟自己成绩一般，他想自己还是专心准备公务员考试吧。结果这次公务员招人特别多，比他学习差的同学都录取了，但他没考上！百般无奈，他只好继续投简历，但因为成绩不过硬，都没有被录用，最终小邱在一家快递公司送快递。小邱就这样开始了自己的职业生涯。①

思考：

1. 你觉得小邱对自己的职业生涯有方向感吗？
2. 你觉得小邱应该在大学期间围绕自己的专业方向做什么探索？

2. 生涯规划

很多同学认为大一就考虑生涯规划这个问题有点早，现在的计划能执行到大三吗？如果不能从一而终，那么该做什么样的生涯规划呢？

生涯规划是有目的、有计划地设计不同的人生阶段，在考虑个人的智力、性格、价值，以及阻力和助力的前提下，做出合理安排，并且借此调整和摆正自己人生中的位置，以期自己能适得其所，获得最佳的发展和自我实现。由此可见，生涯规划不是简单地制订计划，按日程表行事的机械过程，而是包含对自己、对职业的理解和探索，有能力做出决策，执行决策的灵活行动过程。

随着社会的发展，生涯形态和生涯规划路径也发生了很大的变化。

（1）专业型职业生涯。

专业型职业生涯指专业性较强的职业发展路径，例如医学、法律与教育等专业，准入门槛较高，拥有专业资格的人可能在不同的组织间流动，但是往往一直保持在同一行

① 案例来自重庆建筑科技职业学院心理咨询中心.

业或职业中。如果你期望自己未来走专业发展道路，那么学好基础知识，提高成绩，关注学科专业方向上的探索就是专业型职业生涯规划之道。专业型职业生涯规划就是帮助个人澄清自己的兴趣和能力，与社会所能提供的职业所匹配，做出选择和合理安排的过程。人们对进步的感觉往往来源于某种工作的完成和目标的实现，而不是职位的晋升。

（2）组织型职业生涯。

组织型职业生涯指那些在同一组织内部进行的生涯发展路径，个人可能随着晋升或调动从事不同工作，成为管理型人才。例如某些大型的企业会在校园招聘时不规定具体的职位，入职的大学生作为“储备人才”或者“管理培训生”，可能在企业的各个部门轮训，最后再定岗。大部分企业会采用金字塔的组织结构，组织高层只有少数职位，在当前竞争激烈的商业环境中，组织重组越来越普遍，员工个人可能始终要面临被取代的威胁。大学生要想在组织中生存，就需要不断培养自己不可替代的能力，保持自己的价值。

（3）创业型职业生涯。

进入21世纪，随着全球化、数字化的发展，职业发展路径也变得易变和难以预料。在这个多变的社会，有些大学生可能选择创业之路，他们不是按照外界的要求安排自己的生活，而是通过新价值的发现与新组织的空缺，创造出一条新的职业发展路径。创业的大学生不再受雇于某一组织，而是自我雇佣，为自己工作。选择这条路径的大学生往往追求更大的自主性，拥有较高的成就动机，更愿意冒险，也更能忍受不确定性。

（4）跨边界和无边界职业生涯。

如今，跨边界和无边界的生涯发展路径变得越来越普遍。越来越多的人偏离传统职业，寻求更加灵活、流动的生活轨迹。例如小苏专升本毕业后，申请了一个欧洲的国际实习项目，边打工边游学，她把自己的经历写成文章发表在互联网上，获得了许多人关注，甚至很多旅游公司想聘请她做旅游顾问。但是她认为旅行者加网络作家的身份非常适合自己，并不准备签约旅游公司，她计划3年后环游整个非洲，让自己继续“流浪”下去。小苏的工作地点、身份、边界变得非常模糊，不同身份之间的跨越变得更加频繁。

其实，生涯规划不是确立一个目标，然后一门心思地不懈努力就够了；也不是要按照某种测试或者考试结果精准匹配，绝不能有一丝一毫的差距，做出最佳的选择才可以；更不是简单地按照职业声望高低选出一份工作为终点。大学生制订生涯规划不仅是确定毕业工作去向，而且是要不断思考自我与外界职场互动的过程，在这个过程中还需要不断回到自己的内心，澄清自己的能力和偏好；同时，不断从自己的小天地里走出来，了解外面的世界，明确自己心中真正想要实现的梦想，思考我能为整个社会做些什么，并且在真实的生活中活出自己内心渴望的样子。

3. 生涯愿景

制定科学的生涯规划，首先要树立自己的生涯愿景，思考自己的生涯目标，确定属于自己的关于成功的想象。当然，真正的成功往往是多元化的。成功可能是你创造了新的事物或方法，可能是你为他人带来了快乐，可能是你在工作岗位上得到了别人的信任，也可能是你找到了回归自然的生活方式。每个人的成功都是独一无二的。罗曼·罗兰认为“成功就是发挥了自己所长，尽了自己的努力之后，所感受到的一种无愧于心的收获，而不是为了虚荣心和金钱。”

心理训练

对于你来说什么才是成功呢？让我们一起来进行一个游戏，穿越到未来去看一看你心中自己的模样。

课堂练习：生涯幻游

请跟着我开始一段时光穿梭的冥想，看看未来的你。请你尽量想象10年后的情境，越仔细越好。在老师的带领下完成本次生涯幻游体验，然后与小组的同学分享自己的感觉。①

二、理想VS现实：大学生发展任务

在上面练习中你看到的愿景图像可能与你当下的生活非常匹配，也可能契合度并不高，不管具体情况如何，落实愿景的关键就是回到大学生生活本身，清楚自己的发展任务，创造愿景可以实现的机会。从生涯发展的角度可以把大学分为生涯适应期、生涯探索期和生涯决定期三个阶段，每个阶段各自有生涯规划和个人成长两部分的任务。

1. 生涯适应期

大学一年级是生涯适应期。大学生经历了从梦想到现实的过程，这个阶段的主要任务是“适应”，注重培养大学生对大学的认识和未来职业的设想。具体任务包括以下几方面。

学习方面：

（1）了解专业发展（包括如何利用资源去查找有关自己专业的信息）。

（2）改变学习策略（制订学习计划和时间管理）。

（3）学习使用学校资源。

（4）社团工作（发展与人交往和团队合作的能力）。

个人成长方面：

（1）探索个人兴趣和价值观（发现自己的兴趣，同时避免在众多兴趣中迷茫）。

（2）自我适应（包括适应现在的生活，克服自卑情绪，正确定位，培养自理能力）。

---

① 以上训练来自重庆建筑科技职业学院心理咨询中心实践课堂.

2. 生涯探索期

大学二年级是生涯探索期。大学生对自己的专业和兴趣的了解有所增加，开始进行职业的探索，需要经历从学业到工作的尝试过程。大学生在这个阶段的主要任务是“尝试”，注重职业生涯的实践。具体任务包括以下几方面。

专业发展方面：

（1）专业学习（着重基本能力的培养）。

（2）了解职业（了解职业发展需要什么样的能力）。

（3）辅修、选修、转专业、专升本（衡量自己的兴趣和能力，做出选择）。

（4）职业目标确定与规划（探索工作或进修的实际要求，并与自己的兴趣特点相匹配）。

（5）缩小与职业目标的差距（展开与职业发展相关的实践）。

（6）兼职和实习（注重选择的质量与金钱管理）。

个人成长方面：

（1）进一步了解自我兴趣和价值观。

（2）发展与职业生涯相关的能力（注重在活动或兼职中发展自己的能力，特别是发展责任心、团队合作、时间规划等能力）。

（3）培养创新意识和同理心（在工作中发现自己的独特价值，自我关照并能从他人的角度考虑问题，发展对他人的信任以及亲密关系）。

3. 生涯决定期

对于高职学生而言，大三是生涯决定期。大学生不管是工作、专升本还是出国深造都要在这一阶段做出决策，大学生经过前面的大学二年级生涯探索期，在这个阶段要走过从尝试到实战的历程，因此这个阶段的主要任务就是“理性决策”。大学生要能够根据自己的需求以及社会的形势做出适合自己的生涯决定，同时，理解这次生涯决定是人生众多决定中的一次，重要但不唯一。

具体任务包括以下两个方面。

（1）生涯决定方面。

①求职技巧（收集、使用信息，写简历，学习着装礼仪，面试准备，面试后的行动）。

②了解就业相关信息（相关的求职、专升本和出国等信息）。

③不同地方、行业、学校、专业可能的发展前景和利弊。

④职业选择（理性选择并对选择负责）。

⑤专升本、申请出国的准备（包括知识、心理和考试的准备）。

（2）个人成长方面。

①理解工作或者深造对恋爱关系和生活的影响（学习处理事业与爱情的关系，考虑

到自己多种生涯角色的平衡）。

②适应工作（提高工作能力，适应工作时间）。

③规划以后发展（分析此次生涯决定对下次规划的影响，再次进行自我探索、工作探索，为下一次生涯选择做准备）。

这些具体的生涯发展任务，以职业为核心，涵盖了大学生活的各个方面，你可以在具体的发展任务中找到与自己生涯愿景的结合点，并以此为参照规划自己的生涯。

三、鹰派VS纸船派：掌控自己的生涯

咨询职业问题的大学生通常可以分成两类：一类是有清晰的目标，比如有个大二学生决定大三先准备专升本考试，如果成绩好就报考条件好的本科院校，如果成绩不好，就报考条件一般的本科院校，同时去考各种证书，为就业做准备，有公务员考试机会也要抓牢……他的困惑是“我是否选择了最佳方案”；另一类则完全相反，他们不知道未来要做什么，甚至不了解自己的兴趣和喜好，也从未想过要去实习。韩国学者金兰都教授把这两类人分别称为“鹰派”和“纸船派”：“鹰派”要求的不仅是瞄准目标，且是一击即中，以最短的时间实现最大的收益；“纸船派”对待人生的态度就像漂泊的纸船，他们对未来的担心不少，但是可能想法太多或过于善变，反而找不到方向。如果这两类人做前面“生涯幻游”的游戏，“鹰派”能够清晰地看到自己的未来，包括在哪个公司上班，讨论什么项目；“纸船派”则会构建出一派梦幻祥和的场景，不是面朝大海的休假，就是听着音乐看书的放松。

“鹰派”看似比“纸船派”更有目标和方向，那是否意味着“鹰派”的选择更好呢？诚然，人生的终极目标或中间目标如果明确固然非常好，但是一个人如果习惯性地将未来能遇到的所有可能全部加以控制，力保一定要选择唯一正确的道路，则很容易受挫。但是转投“纸船派”，就意味着个人等着某个专家或高人给自己指明方向，挖掘潜能，这本身可遇不可求，就算别人指出了道路，如果自己不去行走，也完全没有成功的可能。更多的人要在“鹰派”和“纸船派”之间寻找自己的位置，掌控自己的生活。这就像在自由的天空下寻找自己的界限，在自己的界限中营造最大的自由。你在多大程度上能掌控自己的生活呢？

为自己制定职业生涯规划的过程就是掌控自己的过程，这包括以下内容。

（1）放弃只能做唯一正确选择的想法。不用“我还没拿定主意”来进行自我保护，“错误”的决定也有珍贵的价值。

（2）为自己的选择承担责任。尽量少抱怨他人或命运。自由和责任是一个硬币的两面，在面对问题时承担自己的责任，但也不能苛责自己。

（3）敢于冒险。几乎所有的规划和决定都是在不确定的条件下做出的。掌控自己意味着进入陌生和冒险的领域，放下完美主义和安全感，则更能忍受失败。

四、规划宝典：生涯规划的基本步骤

给生涯规划制作一个基本流程（见图9.4）。

（1）明确个人生涯愿景。

（2）自我探索与评估（分析个人自身情况）。

（3）职业探索与评估（考虑眼前机遇和制约因素）。

（4）为自己确立发展目标。

（5）设定生涯发展路径。

（6）制订行动方案。

（7）实施、评估、反馈和调整。

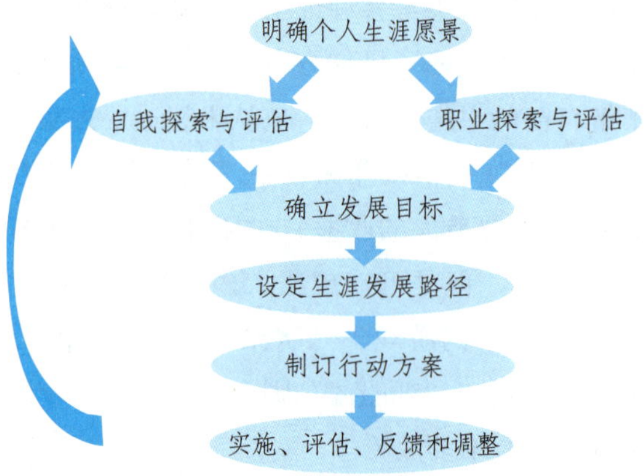

图9.4　生涯规划流程

生涯规划的第一步就是要明确自己的愿景和理想，清楚自己真正的内在需求，只忙于提高效率、制定目标或完成任务，就会走入自我管理的误区。

接下来的步骤就是进行自我探索与职业探索，在综合两者的基础上确立符合自己实际情况、符合职业现实的发展目标，并设立生涯发展路径，制订行动方案，主动实施，最后还要根据现实的反馈，重新评估和调整方案。

生涯规划流程最大的特点就是“循环”，当情况发生变化或者方案经过评估并不适合自己的需求时，就要重新考虑自己的愿景，再次启动整个规划过程。需要注意的是，在当前多变的社会环境中，人们明确生涯发展路径变得越来越困难，在整个生涯规划过程中，越来越容易受到机遇和社会大系统的影响，所以，大学生在做生涯规划时，不是制订一个明确的发展路径，而是充分地探索，发展自己的生涯能力。

拓展阅读

一、职业兴趣与职业发展的关系

美国芝加哥大学心理学教授米哈利发现，人们在专心致志地、积极地从事某种活动，忘记了时空和自己的时候，感到最愉快和满足。他将这种状态称为“流动”“聚精会神”“忘我”的状态。大量研究表明，兴趣与工作满意度、职业稳定性和职业成就感之间都存在着明显的联系。如果从事的职业符合自己的兴趣，内心就会拥有源源不断的动力，促使自己全身心地投入，并不断提高自己应对挫折及解决问题的能力，将兴趣发展为技能。

（一）职业兴趣可以影响人的职业定位

理想的职业发展应该是“恰当的人从事恰当的工作”，个人进行职业定位要考虑与自身的职业兴趣相符，两者的最佳匹配是职业发展的强大动力。正像人们在日常生活中喜欢从事自己感兴趣的活动一样，人们更倾向于寻找与职业兴趣有关的职业类型，特别是在外界环境限制较少时，会更倾向于选择自己感兴趣的职业。

（二）职业兴趣能够开发人的潜能，激发人的探索欲和创造力

职业兴趣在个人的职业活动中起着非常重要的作用，一个人如果热衷于自己感兴趣的职业，就会废寝忘食地为之努力，即使遇到一些困难也不会轻易退缩。相反，一个人如果做不喜欢的工作，就很难有持久的工作热情。可见，兴趣对我们能否在工作中充分发挥潜力、能否长期从事这个职业有重要的影响。选择一份符合自己天分与兴趣的职业，不仅能使占据人生最好时光的职业生活更加愉悦，还能让自己在工作中找到快乐。

据调查显示，如果一个人所从事的工作与其职业兴趣相吻合，他就能发挥自己全部才能的80%～90%，并且能较长时间地保持高效率而不感到疲劳；反之，则最多只能发挥其全部才能的20%～30%，而且特别容易厌烦。可见，职业兴趣能够在职业活动中激发人的潜能。巴菲特曾经说：“我和你没有什么差别。如果你一定要找一个差别，那可能就是我每天有机会做我最爱的工作。”科学家爱迪生一生的发明近2000项，被称为“发明大王”，他之所以能够取得如此大的成功，得益于他从事的是自己特别感兴趣的工作。

（三）职业兴趣可以增强人的职业稳定性和职业满意度

个人从事感兴趣的工作，能够从中获得更多的愉悦感、价值感和满足感。作家马克·吐温曾经这样说：“最成功的人是那些整天做自己喜欢做的事，并且像是在度假的人。”在这种状态下，生活与工作浑然一体，人们从工作中获得了生活的乐趣，从而会对工作产生更深刻的认同感，个人的职业稳定性也就能得到保证，工作满意度也容易提高。美国曾有学者对2000多位著名的科学家进行调查，结果发现，人们的满足感、幸福感往往来源于从事某种活动，而不是无所事事，只想着游玩，也不是单纯的谋生。对某一领域的强烈兴趣和孜孜以求才是工作的根本意义。

总之，兴趣影响人们的工作满意度和稳定性，在某些情况下（如不考虑经济因素）甚至具有决定性作用。一般来说，从事自己不感兴趣的职业很难让人感到满意，由此也会导致工作的不稳定。职业兴趣与从事的职业相吻合，这是最理想的情况。一个人如果

能根据自己的爱好去选择职业，他的主动性将会得到充分发挥，即使十分疲倦和辛劳，也总能兴致勃勃、心情愉快；即使困难重重，也绝不灰心丧气，而是想尽各种办法，百折不挠地去克服，甚至废寝忘食、如醉如痴。

二、用霍兰德职业兴趣理论探索职业兴趣

目前世界上在职业兴趣研究领域影响力较大的是美国约翰·霍普金斯大学心理学教授、美国著名职业指导专家霍兰德的职业兴趣理论。1959年，霍兰德在长期职业指导和咨询实践的基础上，首次提出了职业兴趣理论。他认为职业兴趣是人格的体现，从事同一职业的人有着相同的人格。1973年，霍兰德在《做出职业选择》中表述了其理论思想的核心：职业选择是个人人格在工作世界的反映和延伸，即人们在工作的选择和工作经验中能够表达出自己的兴趣和价值，人格是决定一个人选择何种职业的重要因素。

（一）用霍兰德兴趣类型理论初探职业兴趣

霍兰德认为：职业选择是人格的一种表现，某一类型的职业通常会吸引具有相同人格特质的人，这种人格特质反映在职业上，就是职业兴趣。

大多数人的职业兴趣（人格）可以归纳为六种类型：实用型（realistic，简称R）、研究型（investigative，简称I）、艺术型（artistic，简称A）、社会型（social，简称S）、企业型（enterprising，简称E）和事务型（conventonal，简称C）。同一职业团体内的人有相似的人格特质，因此，他们对情境和问题会有类似的看法，从而产生特定的职业氛围，即职业环境。这种职业环境具有特定的价值观念、态度倾向和行为模式。由此，工作环境也可以分为六种类型，其名称与性质和人格类型的分类一致。人格类型和职业环境之间的适配可以增强个人的工作满意度、职业稳定性和职业成就感。霍兰德职业兴趣类型、特点及典型职业如表9.1所示。

表9.1　霍兰德职业兴趣类型、特点及典型职业

类型	共同特点	典型职业
实用型（R）	情绪稳定、有耐心、坦诚直率，动手能力强，但不善言辞，喜欢在讲求实际、需要动手的环境中从事明确、固定的工作，依既定的规则，逐步制作完成有实际用途的物品。具有顺从、坦率、谦虚、自然、坚毅、实际、有礼、害羞、稳健、节俭的特征 其行为表现为：①喜爱实用型的职业或情境，不喜社会型的职业或情境；②善用具体、实际的能力解决工作及其他方面的问题，较缺乏人际关系方面的能力；③重视具体的事物，如金钱、权利、地位等	印刷出版、工程监理、公车或卡车司机、电工、工程师、急救护理、搬运或物流工作者、园林设计、机器操作员、设备维修人员、飞行员、管道工或暖气工、调查员、电话网络安装员、车床工或模具工、木匠、汽车修理工、工程师、军官、足球教练等

续 表

类型	共同特点	典型职业
研究型（I）	喜欢观察、思考、分析与推理，喜欢用头脑依自己的步调来解决问题，并追根究底，不喜欢别人的指引，工作时不喜欢有很多规矩和时间压力。做事时，他们能提出新的想法和策略，但对解决实际问题的细节无兴趣。不是很在意别人的看法，喜欢和有相同兴趣或者专业的人交往，否则宁愿自己看书或者思考。具有善于分析、谨慎、批判、好奇、独立、聪明、内向、有条理、谦逊、做事精确、理性、保守等特征 其行为表现为：①喜爱研究型的职业或情境，不喜企业型的职业或情境；②善用研究的能力解决工作及其他方面的问题，即自觉、好学、自信，重视科学，但缺乏领导方面的才能	人类学家、建筑师、天文学家、生物学家、植物学家、化学专家、建筑工程师、程序员、软件工程师、系统分析员、法医、牙医、经济学家、电机工程师、食品分析员、犯罪学家、地理学家、市场调查分析员、医疗实验技术员、气象研究员、网络运营管理者、海图绘制员、验光师、整形医生、病理分析员、药剂师、精神病医生、心理学者、城市规划员、兽医实验员、生物学家、心理学家、大学教授等
艺术型（A）	直觉敏锐、善于表达与创新；希望凭借文字、声音、色彩等形式来表达创造力和美的感受；喜欢独立作业，但不希望被忽略，在无拘无束的环境下工作效率最高：喜欢创造不平凡的事物，不喜欢管人和被管；和朋友的关系比较随性。具有善于想象、冲动、独立、直觉性强、无秩序、情绪化、理想化、不顺从、有创意、富有表情、不重实际等特征 其行为表现为：①喜爱艺术型的职业或情境，不喜传统型的职业或情境；②富有表达能力和直觉，拥有艺术与音乐方面的能力（包括表演、写作、语言等），并重视审美的领域	演员、广告创作或管理人员、动画与漫画工作人员、编舞者、作曲者、设计师（包括产品设计、时装设计、花艺设计、平面设计、商标设计、装修设计、工业设计、展台设计等）、电影及电视导演、编辑、画廊工作人员、教师、商品陈列员、音乐家、歌手、摄影师、出品人或制作人、电台主持人、记者、厨师等
社会型（S）	对人和善，容易相处，关心自己和别人的感受，喜欢倾听和了解别人，也愿意付出时间和精力去解决别人的冲突，交友广阔，关心别人胜于关心工作。具有合作、友善、慷慨、助人、仁慈、负责、善社交、善解人意、理想主义、富洞察力等特征 其行为表现为：①喜爱社会型的职业或情境，不喜实用型的职业或情境，擅以社交方面的能力解决工作其他方面的问题，但缺乏领导能力；②喜欢帮助别人、了解别人，有教导别人的能力，并重视社会与伦理方面的活动与问题	人类学家、儿童看护员、心理治疗师、咨询师（教育咨询、职业规划咨询、个人咨询等）、健身或塑身教练、家庭健康助理、翻译、法律顾问、护士、公务员、社工、教师（幼儿园、小学、初高中、矫正教育、特殊教育、成人教育）、治疗师（身体疗养、语言治疗、职业生涯诊断、艺术治疗）、牧师等

类型	共同特点	典型职业
企业型（E）	精力旺盛、生活节奏紧凑、好冒险竞争，做事有计划、行动迅速，不愿意花太多时间仔细研究，希望拥有权力去解决不合理的事情；希望自己的表现被人肯定，并成为团体的焦点人物。具有爱冒险、有野心、独断、冲动、乐观、自信、追求享受、精力充沛、善于社交、希望获取注意和知名度等特征 其行为表现为：①喜欢企业型的职业或环境，不喜研究型的职业或情境，会以企业方面的能力解决工作或其他方面的问题；②缺乏科学能力，但重视政治与经济上的成就	律师、酒保、采购员、理赔员、调查员（保险员）、项目经理、犯罪调查员、侦探、物流工作者、人事经理、财务规划师、空乘人员、生产商、公共关系管理人员、销售员（零售、批发销售、广告销售、房地产销售、保险销售、医药销售、证券销售）、推广人员、股票、经纪人、导游、政治家、企业经理、电视制片人等
事务型（C）	个性谨慎，做事讲求规矩和精确，喜欢在有清楚规范的环境下工作；做事按部就班、精打细算，给人的感觉是有效率、精确、仔细、可靠而有信用；生活哲学是稳扎稳打，不喜欢改变或创新，也不喜欢冒险和领导，会选择和自己志趣相投的人成为好朋友。具有顺从、谨慎、保守、自控、服从、规律、坚毅、实际、稳重、有效率但缺乏想象力等特征 其行为表现为：①喜欢传统型的职业情境，不喜艺术型的职业与情境；②会以传统的能力来解决工作或其他方面的问题；③有一定的书写与计算能力，并重视商业与经济上的成就	会计师、精算师、行政助理、档案管理员、审计员、出纳员、图书管理员、收银员、计算机维护员、文字编辑、法庭书记员、客服人员、经济学家、财务分析员、办公室职员、校对员、前台接待、税务申报员、助理教师、银行家、办事员、税务员等

（二）用霍兰德代码测试职业兴趣

1. 霍兰德六角形模型

霍兰德用六角形模型来解释六种类型之间的关系，如图9.5所示。在六角形上，任何两种类型之间的距离越近，其职业环境及人格特质的相似程度就越高，或者说它们的一致性就越高。例如，企业型和社会型在六角形模型上是相邻的类型，它们的相似性也最高。

因为这两种类型的人都比其他类型的人更喜欢与人打交道，只是他们打交道的方式不同而已。而处于六角形对角线位置上的两种类型就缺少一致性，且具有相反的特质。例如，事务型和艺术型在六角形模型上是相反的类型，事务型的人喜欢循规蹈矩，而艺术型的人则追求自由与个性化。

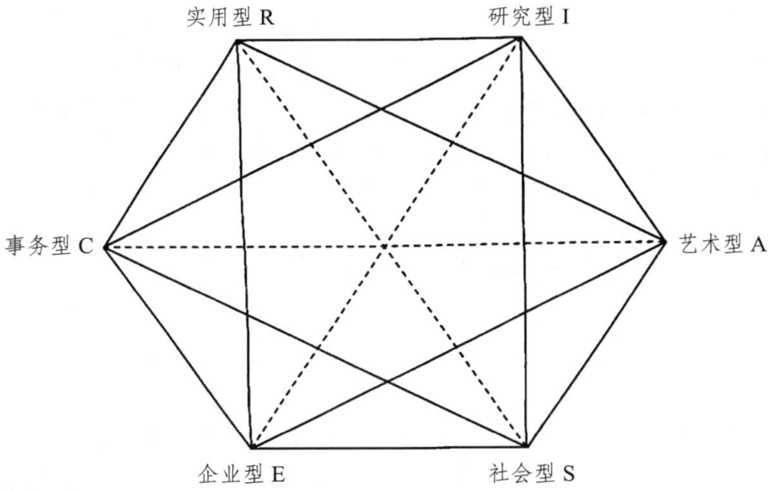

图9.5 霍兰德六角形模型

2. 霍兰德代码

个人的职业兴趣往往是多方面的，因此通常用三个字母（代表最强的三种兴趣类型）的代码来表示一个人的职业兴趣，这个代码就称为“霍兰德代码”。三个字母的顺序表示不同兴趣类型强弱程度的不同。个人在六个类型上的得分高低，体现出个人的兴趣（人格）分化与否（区分性）。如果六个类型的得分有较大差异，则代表个人的人格特质发展或对职业环境的偏好比较清晰；如果六个类型的得分比较接近，则表示个人的职业兴趣不够明确。

霍兰德代码中占主导地位的兴趣类型可以为个人选择职业和工作环境提供方向，因此，大学生可以通过霍兰德代码了解自己的职业兴趣，并根据它来探索及理解工作世界。通过自我探索活动或者测评工具得出自己的兴趣代码后，就可以对照找出与之相配的职业，从而了解适合自己的工作领域。

（三）兴趣理论对我们的启示

（1）职业与我们现在所学的专业并不是简单的一对一关系，同一个专业其实有相当多的职业可以选择。例如，护理专业的学生可以依据个人的兴趣选择不同的职业，如儿科护士、内科护士、外科护士等。

（2）我们可以把自己的兴趣与所学专业很好地结合在一起，最大可能地满足自己的愿望。例如，一个学生喜欢幼教工作，却选择了护理专业，她可以考虑将来做一名儿科护士，或者到幼儿园当一名保健员。

（3）我们提倡在选择职业时，尽量达到兴趣与职业的匹配，但实际上完全的匹配只是我们努力追求的一种理想状态。因此，除了工作，我们还可以在生活中的其他方面来满足自己的兴趣，不必强求兴趣与职业的完全匹配。

（4）人的职业兴趣是可以培养的。社会需要是职业兴趣产生的基础，专业学习和社会实践是职业兴趣形成和发展的动力。根据实际需要，个人可以通过多种途径和自身的努力去改变和发展职业兴趣。例如，部分专业的大学生在最初接触相关职业时，缺乏强烈的兴趣，必须要从间接兴趣着手培养直接兴趣，也可以通过了解相关职业的发展机会和前景引起兴趣，还可以通过专业实践逐步提高兴趣。①

任务三 校园生活设计

心理热身

小李的舍友得到了一个消息，一位知名的互联网企业要招暑期实习生。这下子整个宿舍都沸腾了，宿舍所有的人都投了简历，但是除了小汪和小李，大家都铩羽而归，某舍友不由感叹："人家小汪学习好被录用没得说，你说小李，凭什么能被录用？唉！"大家有所不知，小李在应聘这家企业实习生之前，先对企业招聘的具体情况进行了了解，并根据招聘要求在简历上下了功夫，除了认真填写对方要求的表格外，还附上了一份自己制作的视频简历，从而脱颖而出。

制作简历是求职过程中的关键环节，简历中所写的丰富内容是大学生在生活中充分探索和了解自己的成果。制订属于自己的发展计划，不断磨炼和提高自己的能力，这些就是大学生设计校园生活的主要内容。

一、发现自己：设计从探索自己开始

大学生不能凭空编出亮眼的成绩单和实习经历，也不能千篇一律地用"积极乐观、善于团队合作"来描述自己的性格优势。大学生在写简历、选择应聘企业前都需要先探索自己，发现自我的特点和优势，这正是生涯规划的第一步。

1. 自我探索的内容

关于自我探索的内容，大学生要面对一个实际的问题，就是自我所涵盖的内容太多了，到底该探索哪些方面呢？一般来说，人们在具体思考与职业相关的问题时，往往会聚焦于以下几个问题。

我喜欢做什么职业？

我想过怎样的生活？

我能做什么样的工作？

我愿意在什么环境下工作？

以上问题的回答反映的是自我对兴趣、价值观、能力和潜力以及性格、偏好的看

---

①资料来源于网络，略有改动.

法，这些内容对自我的探索非常重要，构成了自我探索的职业导向系统、职业动力系统和职业功能系统。

（1）职业导向系统。

职业导向系统包括价值观、世界观和职业伦理。这些成分引导人们去选择特定的职业、追求职业目标、接受和内化职业价值，建立正确的职业角色，以及努力获得职业成功，其中价值观是关键。

（2）职业动力系统。

职业动力系统包括需要、动机、兴趣、信念和理想。这些成分推动和支持人们努力克服各种困难，实现职业目标，其中，兴趣是核心。

（3）职业功能系统。

职业功能系统包括气质、性格和能力。这些成分保证人们能胜任特定的职业，同时适应职业要求，并实现职业与生活的平衡，其中，性格是基础，能力是保证。

综上所述，大学生在进行职业自我探索分析时，可以参照图9.6所示内容。

个人的兴趣是最好的动力源泉，帮助自己进行职业聚焦，因为这些职业最可能做长久；个人的价值观可能帮助自己明确到底看重职业的何种价值，是自己对终身追求以及工作与生活平衡的思考；个人的能力决定了自己适合的职业范围，是否符合职业的要求；个人的性格（就是人格特质）是喜欢与人打交道还是做事，还是其他方面，决定了自己能否适应工作环境，是否感到舒适。

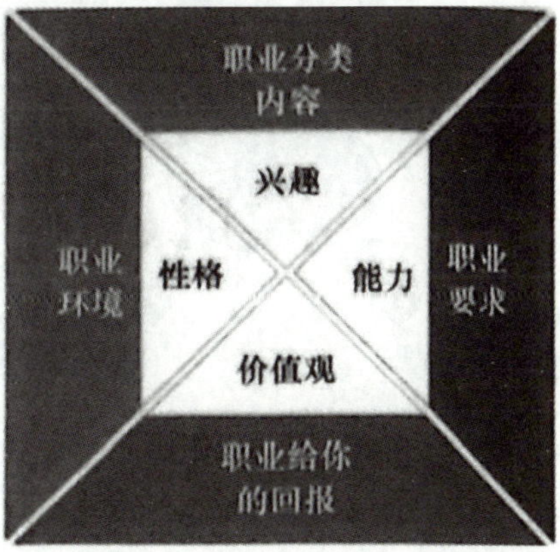

图9.6 职业自我探索分析

课堂练习

撰写让我有成就感的事情[①]

请回顾你过去的生活，列出10件你做过的印象深刻的事情。这些事情不必是惊天

①以上训练来自重庆建筑科技职业学院心理咨询中心实践课堂.

动地的大事，只要你真正喜欢做这件事，并且为完成的结果（可以是外在的也可以是内在的）感到自豪就可以。至于是否受到别人的认可和表扬并不太重要。比如成功策划一次同学生日会，暑假在妈妈朋友的手机店里帮忙，成功卖出了一部手机等。

在撰写这些事情时，每件事情都要包含以下要素。

你想达到的目标，即需要完成的任务。

你面临的障碍、限制、困难。

你的具体行动步骤，你是怎么一步步克服障碍、达成目标的。

对结果进行描述，取得了什么成就。

请与同伴分享并分析你在这些事情中用到了哪些技能。

这些事情主要发生在什么领域？（学习、工作、人际交往等）

请按照使用的频率对你使用到的技能进行排序，你最擅长的是什么？你最喜欢的是什么？你觉得还需要继续提升的是什么？

你从这些事情中可以了解自己的能力，树立自信。

2. 自我探索的途径

自我探索不是简单的反思，大学生应该从各种渠道全面地了解自己，具体可以通过自我觉察、他人评价、专业测评与咨询、自身成就，实践活动等多种途径来实现（见图9.7）。

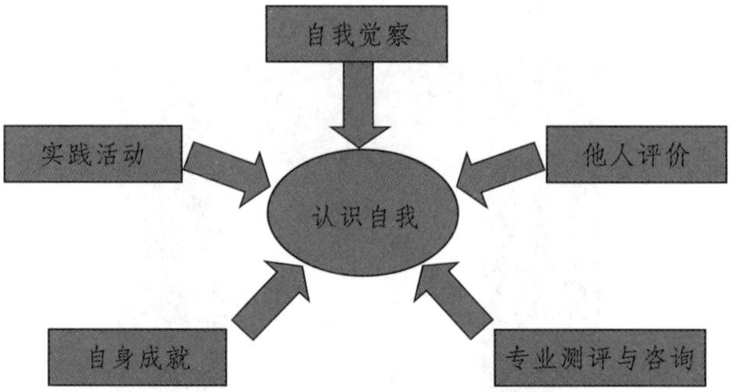

图9.7 自我探索的途径

（1）自我觉察。

自我觉察的前提是“非评判”。你只有对所有的发现不妄下评判才能有更多发现，过早过多的评判都会打扰自己的反思，并带来大量的情绪困扰。

（2）他人评价。

旁观者清，他人的评价对了解自己非常重要。可能你会担心朋友、家人因为和你的关系而不表达对你的真实看法，但如果你强调他们观点的重要性，大部分人会给你一些建设性的意见。你必须说清楚你的要求并表现出诚意。你可以通过当面提问、发送邮件和信件、电话或在线聊天等多种形式来获得他人的意见。

（3）专业测评与咨询。

许多图书、网络、期刊中，包括本书都会提供一些问卷和量表，从这些测试中获得信息，通常能为你的喜好、价值观和个性特点提供一些线索。但是对待这些测试的结果需要特别小心，它只能是参考。除此之外，你可以通过职业咨询和心理咨询专业机构来获得专业的测评和咨询，以便更好地了解自己。

（4）自身成就。

那些你做过的成功的事情，哪怕再小也蕴藏着你的能力，而且很可能是你的兴趣所在，符合你的价值观和偏好。

（5）实践活动。

你只有拓宽自己的活动领域，在更广阔的空间中做事情才能获得更全面的信息，比如社团活动、实习、参观、志愿活动等。在这些新的领域中，你可能获得不同寻常的对自我的洞见。

3. 发展生涯适应力

面对变化，生涯规划的重要意义就是真正提高了一个人的生涯适应力。萨维卡斯认为生涯适应力就是个人应对社会变化，保持与环境和谐的心理资源。它让我们面对可以预测的任务，尽力去准备，并为不可预测的改变留出空间。他认为生涯适应力应该包含生涯关注、生涯好奇、生涯控制和生涯自信四个方面的内容。

（1）生涯关注。

生涯关注指一个人对自己职业生涯开始关注，能尽量关注未来可能的变化，通过合理的计划来思考未来，为未来做准备。

（2）生涯好奇。

生涯好奇指一个人对自己和职业保持好奇，愿意尝试和冒险，收集尽可能多的信息，开始更多的探索行为，并对变化保持好奇心。

（3）生涯控制。

生涯控制，包括决策和自我监控，指一个人能够拥有选择未来的权利，设定目标、做出选择和行动。

（4）生涯自信。

生涯自信指一个人直面生涯过程中的困难并努力克服，实现职业理想。提高解决问题的能力又对改变保持开放，正是生涯适应力的核心所在。

二、提升自己：自我生活设计

很多大学生希望在了解自己的基础上能有所改变，不断发展自己的能力，但是在实际行动中，却会出现设定的目标难以实现、时间总是不够用等困扰。接下来，我们就和大家讨论如何设定合理的目标，避免目标设定中的缺陷，有效管理自己的时间，提高自信。

我们应该如何做好目标管理呢？

目标是保证任务完成并达到结果的一种手段。大多数人都有能力设立目标，但是很多人嫌设立目标要花费时间和精力，或者害怕面对不确定的状态而不愿意设立目标。一个人如果没有生活目标，那么他只能享受短暂的快乐，不可能持续感受到生活的美好。

按照目标完成时间的长短，可以将目标分成不同的类型，大学生可以根据不同的目标类型采取不同的目标管理方式。表9.2列出了一些管理建议，供大学生参考。

表9.2　不同目标类型的管理建议

目标类型	管理建议
长期目标	涉及你想要的生活类型，和事业、婚姻、生活方式有关。在大学期间应保持这些目标的宽泛和灵活，进行更多的探索
中期目标	涵盖今后5年左右的时间，包括寻求的教育类型，或者对事业的规划。你对这些目标有较大的控制能力
短期目标	可以从下个月开始到一年以后。你可以设立非常实际的目标，并努力实现它们
小型目标	涵盖一天到一个月的所有事情。你对这些目标具有很大的控制能力，应该使它们详尽、明确
微目标	涵盖从现在开始15分钟到几个小时的时段。实际上，只有这些目标是你可以直接控制的

对于中长期目标来说，目标是让自己做重要的、符合自己的价值观和兴趣的事情，这样目标才更能够实现。

对于短期、小型和微目标进行管理需要遵循SMART原则。

（1）目标必须是具体的（Specific），比如把目标定为“看完这本书的第八章”比“学习这本书”要具体得多，可操作性更强。

（2）目标必须是可以衡量的（Measurable），可以通过核查来确定是否完成。

（3）目标必须是可以达到的（Attainable），应适合自己的实力。你可以设定中等难度的目标，有一定的挑战性，但是并非高不可攀。

（4）必须与其他目标具有相关性（Relevant），不同的目标之间组成一个目标群。

（5）必须具有明确的截止日期（Time-Based），有一定的时间压力。

一般来说，中长期的目标要与具体的短期目标相结合才能实现，因为目标最终需要转化为可操作的行为才能落实，所以，短期目标或者小目标对大学生更有指导意义。有很多人倾向给自己设立宏伟的长期目标，而不愿意在短期目标上多花力气，这其实是使自己陷入了一种“虚假希望综合征”。当一个人做出发誓改变的决定就立刻感到了满足时，内心的声音一直在说："如果宏伟的计划就能让我们心情大好，为什么还要设立一个适中的目标呢？既然有了远大的梦想，为什么还要从小处着手呢？"做出改变的"决定"让人们获得了典型的即时满足感——在什么都还没做之前就感觉良好了，而在实践目标的过程中就没那么有意思了。当行动面临挫折时，失望会取代最初决定改变时的良好感觉，人们开始产生深深的罪恶感，责怪自己没有自控力，无法改变。不过这种自我否定并不会让人们好起来，有关自控力的最新研究表明：当遭遇挫折时（挫折难以避免），需要原谅曾经的失败，开始行动，而不是自我责怪，把它们当作屈服或弃的借口。

一个人太关注于特定目标的完成可能会导致行动僵化，使自己的视野变窄，比如努力获得高学分，却忽略了课程中真正有价值的东西。大学生设立目标应该保持灵活，不要为"目标"特别是绩效目标所累。

本章小结

1. 选择职业是人生道路上面临的一次重要抉择，将会遇到比以往任何时候都严肃的课题、复杂的矛盾和深深的困惑，每个人都要接受心理素质的检验。

2. 大学生的择业准备包括思想准备、知识准备、能力准备、信息准备、心理准备等方面。

3. 职业规划就是对职业生涯乃至人生进行持续的系统的计划的过程。一个完整的职业规划由职业定位、目标设定和通道设计三个要素构成。

4. 职业生涯规划的意义：以既有的成就为基础，确立人生的方向，提供奋斗的策略；突破生活的界限，塑造清新充实的自我；准确评价个人特点和强项；评估个人目标和现状的差距；准确定位职业方向；重新认识自身的价值并使其增值；发现新的职业机遇；增强职业竞争力；将个人、事业与家庭联系起来。

5. 职业生涯规划制定的原则：清晰性原则、挑战性原则、变动性原则、一致性原则、激励性原则、合作性原则、全程原则、具体原则、实际原则、可评量原则。

6. 职业生涯规划的期限，划分为短期规划（三年以内的目标与任务）、中期规划（三至五年的目标与任务）、和长期规划（五至十年的目标与任务）。

7. 做好职业生涯规划需要正确的心理认知：（1）认清人生的价值。（2）超越既有的得失。（3）以不变应万变。

8. 通过MBTI、霍兰德职业兴趣测试和职业锚测试进行胜任力评估，用以支持你制定的职业目标并树立一个能力提升的方向与标准。

9. 设计和规划自己的大学生活，根据个人需要和现实变化，不断调整职业发展目标与计划。

拓展阅读

就业力结构理论[①]

福格特等人认为就业力由适应性、职业认同、人力资本和社会资本组成。具体分析如下。

适应性：指个人愿意且有能力将一些个人特质变得符合情境的要求。从适应性的角度而言，个人既要适应、接纳外界的变化，又要能够预见外界变化的趋势从而主动加以调整和适应。福格特等人认为适应性包含5个变量：乐观、乐于学习、开放性、内控和一般自我效能感。

职业认同：是就业力结构的核心内容。它指个人对自己的职业兴趣、天赋和目标逐渐清晰而稳定的认识。

人力资本：指一系列影响个人事业提升的变量。包括年龄和受教育程度、工作经验和接受的相关培训、工作表现和工龄、情绪智商、认知能力等。其中，受教育程度和工作经验是预测事业提升最有效的变量。

社会资本：是就业力中的社会性和人脉成分，能起到掌握和传递信息的作用。

大家可以针对这4个部分对自己的就业力进行仔细的评估，了解自己到底正处于一个什么状态，优势有哪些，有哪些部分可以进一步发展和提高。

认识自我

兴趣岛测试——您适合什么职业？

恭喜您！您获得了一次免费度假旅游的机会，有机会去下面六个岛屿中的一个，唯一的要求是您必须在这个岛屿上待满至少半年的时间。请不要考虑其他因素，仅凭您的兴趣按一、二、三的顺序找出您最向往的三个岛屿。

岛屿A：美丽浪漫的岛屿。岛上到处都是美术馆、音乐厅、街头雕塑和街边艺人，弥漫着浓厚的艺术文化气息。当地的居民有很强的艺术、创新和直觉能力，他们保留了传统的舞蹈、音乐和绘画，许多文艺界的朋友都喜欢来这里寻找灵感。

岛屿C：井然有序的岛屿。岛上建筑十分现代化，是进步的都市形态，以完善的户政管理、地政管理、金融管理见长。岛民个性冷静保守，做事有条不紊，精于组织策划，细心高效。

岛屿R：自然原始的岛屿。岛上保留有原始森林，自然生态保持得很好，有各种各样的野生动物。岛上居民的生活状态还相当原始，他们以手工见长，自己种植瓜果蔬菜、修缮房屋、打造器物、制作工具，还喜欢户外活动。

岛屿S：友善亲切的岛屿。岛上居民个性温和、友善，乐于助人，各社区共同组成

① 资料来源于网络，略有改动.

一个密切互动的服务网络，人们重视互助合作和教育，关怀他人，岛上充满人文气息。

岛屿I：深思冥想的岛屿。岛上人迹较少，建筑物多僻处一隅，平畴绿野，适合夜观天象，岛上有多个天文馆及科学图书馆等。岛上居民喜好观察、学习、探究、分析，崇尚和追求真知，常有机会和来自各地的哲学家、科学家、心理学家等交换心得。

岛屿E：显赫富庶的岛屿。岛上的居民善于企业经营和贸易，能言善道，以口才见长。岛上经济高度发达，处处是高级饭店、俱乐部、高尔夫球场。来往者多是企业家、经理人、政治家、律师等，这里曾数次召开财富论坛和各行业的巅峰会议。

请回答下列问题：

（1）您首选做哪个岛上的居民？对什么工作会产生浓厚的兴趣？

（2）归纳您首选岛屿的主题与关键词。

（3）您的霍兰德代码是？

（4）与此相关的职业有？

说明：这六个岛屿实际上代表霍兰德提出的六种职业兴趣类型。您找出的自己最有兴趣的前三个类型即您的霍兰德代码，参考霍兰德职业索引，可找出相对应的职业名称。

心理训练

一、非计划日程表

请在表9.3中写下未来一周你的日程安排，只需要列出你必须要做的事情，列完后，回答表下面的问题。注意不是记录你应该要做或者希望开始做的事情，而是要求你确认已经安排好的日程。

表9.3 每周计划日程表

天／小时	周一	周二	周三	周四	周五	周六	周日
6：00							
7：00							
9：00							
……							
23：00							

· 你有多少时间用于完成你的目标？

· 填完表后你有什么感受？是否被所有这些要做的事情搞得心烦？是否对应该做却没有时间安排的事情感到忧心忡忡？

· 观察自己的感受，并思考这份日程表是如何让你产生这样的感受的。

这个非计划日程表，让我们可以清楚地看到自己到底把什么事情排进了自己的日程。你如果发现自己的空余时间过多，那么需要寻找真正让自己感兴趣的事情去做，而不是精确控制自己的时间。你如果发现自己根本没有多少空余时间，那么需要思考自己的时间到底花在了什么事情上面，学习一些技巧来管理时间。

二、我的专属学习方案

生涯规划的关键一环，就是把生涯愿景变成具体可行的目标，并在大学期间认真执行，及时调整。制订适合自己的学期计划和年度计划，甚至是3年计划。例如经济管理学院的小陈热爱主持和戏剧表演，已经在高中有过几次主持大型活动和表演话剧的经历，她希望自己将来能做一名教师，教授英语或者中文。她将自己的兴趣和愿望考虑到自己的学习计划中，制订了如表9.4所示的专属学习方案。看了小陈的专属学习方案，你是否得到一些启示，请制订一个自己的专属学习方案，并认真回答后面的问题。

表9.4　我的专属学习方案

目标	培养教学经验；准备通过英语考试；担任戏剧社社长		
时间	内容	校内资源	校外资源
大一上	专业课程的学习，争取多参加课堂展示活动； 加入学校的演讲社和戏剧社，主持班级和年级新年晚会； 参加新生戏剧大赛； 了解英语等级考试的信息	校内的专业课老师、辅导员； 社团的老乡和同学； 校园网； 图书馆	百度； 知乎； 豆瓣小组； 自己在教育系的高中同学；国家大剧院等戏剧表演网站
大一下	专业课程的学习； 自学教育学、心理学； 组织英语戏剧活动； 准备英语四级考试	校园网； 戏剧社成员； 志同道合的同学； 历年英语考试资料	百度； 网络上的教学小视频； 国家大剧院等戏剧表演网站

（1）在你的专属学习方案里，请思考目标改变的可能性，如果需要改变，有什么替代方案？

（2）当专业学习和自己的目标相冲突时怎么办？如何调和？

心理自助餐

1．雷恩·吉尔森：《选对池塘钓大鱼》，机械工业出版社2004年版

美国职业生涯规划大师雷恩·吉尔森在他的经典著作《选对池塘钓大鱼》中，把找工作比喻为钓鱼：确定适合自己的职业——一片水域；找到一家有发展前途的公司——一口池塘；寻找一位能帮助自己的老板——一名钓鱼教练。对于常常让求职者困惑的问

题，比如，刚刚毕业的学生该找一份什么样的工作？进大企业好还是进小公司好？这本书也给出了解答。吉尔森说：“我们首先要发现自己内在的需求——究竟想钓什么鱼：梦想鱼、兴趣鱼、价值鱼还是天赋鱼？正如钓淡水鱼不能去大海一样，明确了自己的目标，才能选择正确的水域和池塘。”“公司的大小就如同池塘的深浅，对的池塘并不一定是大的池塘。重要的是：第一，这个池塘是否有你想钓的鱼；第二，这个池塘的鱼我们能否钓起来。”

2．白金汉等：《现在发现你的优势》，方晓光译，中国青年出版社2007年版

该书主要讲述了一套识别个人优势并将其发挥为才干的方案。这套方案的核心是网上进行的优势识别器测试，里面有34个主导“主题”及其成千上万的组合。读者通过这些测试和这本书的讲解，来了解如何最有效地将自己的优势和才干转化为个人和事业的成功。

3．程社明：《你的船，你的海：职业生涯规划》，新华出版社2007年版

该书介绍了如何在职场之中运筹帷幄、初入社会如何正确的对职业进行规划等问题。

4．洛克：《把握你的职业发展方向》，钟谷兰等译，中国轻工业出版社2006年版

本书从心理学的角度，系统地介绍了职业生涯规划理论、变化中的职业世界、你的工作偏好、职业前景的信息搜索、动机和成就等内容。

5．苏墨：《抓住职场中的那条大鱼》，京华出版社2005年版

海阔开空，时代充满机会。

你无法选择自己以何种身份来到这个世界，但你却完全有能力通过职业生涯的努力来奠定自己在社会上的成功。成功的人生需要正确的规划，而这一切的前提，是要知道自己方向和目标。每个人小时候都有一个梦想。有的想当科学家，有的想当音乐家，有的立志成为警察……直到我们步入职业生涯，真正实现或者顺利实现理想的很少。在成长和受教育过程中，我们的人生规划、职业定向基本处于盲目的状态。当走上新的工作岗位时，许多人会后悔自己的选择，责怪自己一时糊涂或怨天尤人，而面临又一次的职业选择……

6．电影赏析

《发达之路》《幸福终点站》《我和世界不一样》《风雨哈佛路》《铁拳男人》

项目十

珍爱生命与危机应对——大学生生命教育

学习目标

1. 探索生命的意义。
2. 了解大学生心理危机的特点。
3. 了解大学生心理危机的干预与预防。

思政目标

1. 引导大学生树立崇高的理想。
2. 培养大学生良好的道德品质。
3. 培养大学生对国家、对社会的责任感。

问题聚焦

1. 我为什么活着?
2. 在这个世界上我活着的意义是什么?
3. 我的生命价值是什么?
4. 如何让自己拥有一个精彩的人生?

心理热身

上海17岁男孩跳桥身亡①

2019年，4月17日晚10时左右，上海卢浦大桥上，一名17岁的学生突然冲出了小轿车，从桥上跳了下去。男孩在跳桥那一刻，没有半分犹豫，整个过程，不到5秒。

新闻中说，男孩年仅17岁，上海人，是某职高的学生，之所以跳桥，是因为在学校和同学发生了矛盾，而他的母亲在接他回家的路上，对他进行了批评教育，两人似乎发生了争吵，男孩一气之下跳桥身亡。

通过短短几秒钟的视频，每次都会为男孩那个毅然决然的背影感到心痛，这不到几秒钟的时间，母子阴阳相隔。母亲崩溃地瘫坐在马路边，绝望的用双拳捶打着地面，看得人痛彻心扉。

---

① 资源来源于网络.

思考：是孩子太脆弱，还是家长的教育令人窒息？我们在遇到语言暴力的时候应该怎么办？你认为什么是生命的意义呢？

任务一 生命的意义

人们可能终其一生寄希望于获得幸福，却可能不明白理想与现实总是有距离的。尼采认为，因为存在不幸福，幸福才存在。显然，幸福是件复杂的事情。那些领悟到生活真谛的人们都有相同之处——他们所追求的幸福，是让那些握在手中的东西物尽其用，在寻找生命的价值和意义中获得满足感。否则，他们的追求就显得片面且苍白。

爱因斯坦曾说："一个人活着就应该扪心自问，我们到底应该怎样度过一生，这是个合情合理的问题，也是一个非常重要的问题。"

1. 生命的精神层面需要追寻意义

人的生命是有限的、短暂的，由于生命的有限，人才追求精神、信仰的无限，用对生命意义的追求来弥补自然生命的有限。正因为如此，人的生命是有限与无限的统一，也是肉体与精神的统一。人不仅是一种"饮食男女"的自然存在，还是一个精神的追求者，表现为人对理想、感情、道德、信仰、价值的追求。在有限的自然生命里，人会不断地追问"为什么而活着"。心理学家维克多·埃米尔·弗兰克尔告诉我们，人是能够为他的理想与价值而生，也甚至能够为他的理想与价值而死的。为此，他还做了大规模的调查研究，结论是，追寻生命的意义对大多数人来说是"事实"，而非"信条"。

2. 生命的短暂需要意义来超越

无常让人的生命显得脆弱而又短暂，似乎一切如白驹过隙，转眼云烟。对此弗兰克尔总会不厌其烦地说："生命中真正短暂的是潜力，一旦潜力得到了实现，那么在实现的那一刻它就成为现实。它们被保存下来，成为历史，在那里它们得到了救赎，免除了短暂性。"人们通常只注意到"短暂性"所余下的残株败梗（如容颜的衰老、生命的终结等），却忽略了过往所带来的丰盈谷仓（其间，收藏了那曾经属于他且永远属于他的言行、喜乐及痛苦）。那一切都不会被否定，也不会被忘却，存在过了就是一种最确实的存在。只要我们牢记人类存在的短暂性，不断地抉择，积极解决问题，追寻自己生命中不朽的意义，那么凡存在过的，便会永恒地存在，因此，它们就从短暂性中被解救及被保存起来。

3. 生命的痛苦需要意义来承载

尼采说过，懂得为何而活的人，几乎任何痛苦都可以忍受。看不出个人生命有何意义、有何目标，因而觉得活不下去没什么意思的人，最是悲惨了。他很快就会迷失。我们必须认清一个事实——真正重要的不是我们对人生有何指望。我们应该认清自己无时无刻不在接受生命的追问。面对这个追问，我们不能以说话和沉思来答复，而该以正确的行动和作为来答复。到头来，我们终将发现生命的终极意义——在于探索人生问题的正确答案，完成生命不断安排给每个人的使命。人一旦发觉受苦即他的命运，就会把受苦当作自己的使命——独特而孤单的使命。弄明白了忍受生命之痛的意义，我们就能有勇气面对所有的痛苦，把软弱的时刻和黯淡的泪水减到最低量。

任务二 高职大学生心理危机概述

一、心理危机的含义

“心理危机”这一概念是美国心理学家卡普兰首次提出的。他认为，每个人都在努力保持一种内心的稳定状态，使自身与环境稳定协调。当重大问题和剧烈变化使个体感到问题难以解决，正常的生活受到干扰，内心的紧张不断积累，继而出现无所适从甚至思维和行为的紊乱进入一种失衡状态，这就是心理危机的状态。通俗来说，危机是个体所具有的能力和资源不能有效应对挑战时的状态。

“危机”两个字可以这样理解：“危”就是危险（死亡的威胁或危险），“机”就是机遇（生命的希望或机遇）。危机是危险与机遇并存。

二、心理危机分类

心理危机大体可以分为三类：境遇性心理危机、发展性心理危机和病原性心理危机。

（一）境遇性心理危机

主要是指各种外部环境造成的危机，通常是出现罕见或超常事件，且个人无法预测和控制时出现的。严重时可导致以下两种心理障碍。

1. 急性应激反应（ASR）

急性应激反应（ASR）指由于受到突发的重大生活事件（如父亲或母亲突然亡故、父母下岗、与同学或老师冲突上升等）而引起的情绪和行为失调。主要表现为意识障碍、意识范围狭隘、定向障碍、言语缺乏条理，对周围事物感知迟钝，有强烈恐惧感，精神运动性兴奋或精神运动性抑制。一般在接受刺激后数分钟或数小时发作，持续数小时至一周，1个月内缓解。

2. 创伤后应激障碍（PTSD）

创伤后应激障碍（PTSD）是指在遭受强烈的或灾难性精神创伤事件之后，数月至半年内出现的后遗症，又称“延迟性心因性反应”。有时候又被称为“创伤后压力反应”，以强调这个现象是经历创伤后所产生的合理结果，而非病患心理状态原本就有问题。这些应激事件往往具有异常惊恐或灾难性质，如残酷的战争、被强暴、地震、凶杀等，常引起个体极度恐惧、害怕、无助之感。症状主要包括噩梦、性格大变、情感解离、麻木感（情感上的禁欲或疏离感）、失眠、逃避或回避，在梦中或清醒状态时常会引发创伤回忆、易怒、过度警觉、失忆和易受惊吓。

（二）发展性心理危机

指在正常成长或发展过程中，由环境或者自身生理的急剧变化导致个体面临一些重要的成长性问题而出现的心理内部冲突和焦虑。如在人生的重大转变时刻（升学、就业）和生理发育的高峰期（青春期），外界对个体的要求往往出现重大改变，而这与他们不够成熟，缺乏社会经验同时并存，就形成内心的冲突。目前对于大学生来说，发展性危机的表现有适应心理危机、性心理危机、就业心理危机等。虽然所有大学生都有可能遇到各自独特的发展性危机，也必须以相对应的不同方式进行处理，但大多被认为是正常的。

（三）病源性心理危机

指出现躯体疾病和精神疾病时的心理应激反应。躯体上的急慢性病症可能引发患者焦虑、抑郁、恐惧甚至是性格改变。而精神类疾病，如重度抑郁、精神分裂症等发作时直接构成心理危机。也有些失调的行为引发危机，如品行障碍或违法犯罪等。有关资料表明，这类危机中有三分之二左右是大学生社会或家庭危机的表现。

三、高职大学生心理危机的特点

（一）连续性

连续性指高职大学生心理危机的发生并非一个点，而是一条连续的线，往往与之前的许多问题相关。通常情况下，人们认为危机是突发的，具有爆发性，似乎是由一件事情带来的，实际上心理危机的产生与之前的问题紧密相关。

（二）复杂性

复杂性指高职大学生心理危机不管是产生原因还是表现方式都不是单一的。高职大学生心理危机产生原因是多种的，有的是因为失恋，有的是因为身体疾病，有的是因为经济问题。高职大学生心理危机从表现方式来看也是多样化的，有的表现为自残，有的表现为离校出走，有的表现为伤害别人。

（三）破坏性

破坏性指高职大学生心理危机给家长、老师和同学带来很大的伤痛。研究表明，一个人自杀，平均会对6个人产生影响，可见其破坏性是很大的。

四、高职大学生心理危机产生原因

（一）引发高职大学生产生心理危机的应激源因素

高职大学生已进入生理发展的青春期中晚期，正处于生理发育的基本成熟和部分心理发展相对滞后的特殊时期，世界观、人生观、价值观逐渐形成，心理状态还不稳定，容易受到外界的各种影响而产生心理危机。大学阶段也是种种人生压力相对集中的阶段，当问题发展到一定程度而不能克服和有效解决时，极易引发自伤、伤人事件。当前引发高职大学生产生心理危机的应激源因素有以下八个方面。

（1）学习压力和对大学环境的不适应。

（2）一些长期的、慢性的身体疾病，或者突发的严重身体疾病。

（3）情感问题，如失恋的打击、三角恋的纠纷等。

（4）心理障碍和精神疾病，典型的有抑郁症、焦虑症等。

（5）就业形势的严峻，个人未进行生涯规划。

（6）人际关系问题，如被孤立、和别人发生冲突等。

（7）家庭问题，如丧亲、家庭经济条件突发改变等。

（8）自我相关的问题，如自卑等。

（二）个人易感性因素

现实生活中，绝大部分人遇到了问题，并不会发生心理危机，大都能从阴霾中走出来。虽然有应激源因素的存在，但是决定发生心理危机的因素是个人易感性因素。通常情况下个人易感性因素主要有以下五种。

1．认知方式

认知方式是个人对自我及周围环境的认识。对外在事件的认知在个人应对危机事件的过程中起着重要作用。例如归因风格，有的人习惯把失败归结为自己的原因，而把成功归因为运气，这类人就比较容易产生心理危机。还有的人习惯负性思维模式，看问题总看到消极的一面在遇到问题和挫折的时候也易感心理危机。

2．应对方式

应对方式又称“应对策略”，是个人在应激期间处理应激情境、保持心理平衡的一种手段。有的人遇到问题会积极想办法解决问题，而有的人会回避问题，有的人会寻求他人的帮助和支持解决问题，而有的人宁愿自己一个人解决问题。相比较而言，回避问题和独自解决问题的人易感心理危机。

3．社会支持系统

社会支持系统是个人可用于整合以充实应对资源的社会联系。高职大学生的社会支持系统通常包括家人、同学、朋友、老师和学校各级组织等。个人如果没有一个质量较高的社会支持系统，就容易陷入心理危机。

4. 人格特质

人格包含气质和性格两个部分。气质有4种类型：胆汁质、多血质、黏液质和抑郁质。胆汁质和抑郁质两种气质类型的人易感心理危机。胆汁质的人往往比较急躁，情绪易激动，做事冲动，容易走极端，欠思考。抑郁质的人是另一个极端，他们比较敏感，不善与人交流，情感体验深刻，在困难面前常常怯懦、自卑。对于性格来说，内倾型和顺从型性格的人易感心理危机。

5. 其他

包括过往经历、适应能力和生理条件等，如过去是否有过严重的精神创伤，身体是否残疾等。

任务三 高职大学生心理危机的干预与预防

心理热身

小杨的“求救”短信

小杨是小美的高中同学，在小美的眼里，小杨一直是一个幸福的女人，她和比自己大4岁的师兄小帅在恋爱，小美也知道这段恋爱对小杨很重要。

可是天下无不散的筵席，小帅毕业之后去了美国。刚开始的时候小杨也在准备和憧憬去美国和小帅一起奋斗，可是当小帅去了美国半年后，一切都变了。以前两人每天都打电话，现在一个星期都没有一个电话，小帅总是说自己很忙。最后小帅和小杨摊牌了：现在确实很忙，无暇恋爱，同时也对他们的恋爱看不到未来，于是提出分手。

这对小杨来说无疑是一个致命打击，她从来没有想过自己如此信任的一个人，居然会这样伤害自己。失恋2个月了，小杨每天都以泪洗面，她不相信这是真的，一想到失去小帅就很伤心很难过，对她失去的这些，她都是如此的不舍。

小杨之前给小美打过好几次电话哭诉这个事情，小美也一直在安慰她。

这天小美正和小张在图书馆自习，突然接到小杨的一条短信，短信内容是：“我实在是坚持不下去了，如果离开，一切痛苦都会结束！”看到这条短信，小美吓坏了，她立刻打电话给小杨，听到电话那头小杨在哭泣：“小美，我实在是太痛苦了，他说分手就分手了，虽然时间过了很久，但是我仍然很痛苦，还是走不出来。”

“小杨，你在哪儿？我能感到你很痛苦，我过来陪你聊聊。”（共情）

“没用，真的，所有的努力都没用，他不会回来的。”

“我知道你现在很无奈，告诉我你在哪里？我过来陪你。”

“我在南门外面的过街天桥，你知道吗？我随时都可以从这儿跳下去。”

“小杨，我知道你很痛苦，你现在能从天桥上走下来吗？走到南门，我马上就过来陪你。”（第一步：保证安全。）

“小美，你知道吗？我真的很痛苦，好想结束这种痛苦。”

“小杨，我知道你很痛苦，我知道你不想这样。你先听我说，现在从天桥上下来，走到南门，我正往南门方向走，等我到了再详细聊。”（第二步：表达支持。）

“好吧，我等你。”小杨还在哭泣。

小美很担心小杨，拉着小张就往南门走，边走边问小张该怎么办、是不是要告诉老师。小张觉得应该通知老师，小美立刻打电话给自己的辅导员。辅导员了解情况后，让小美立刻到南门，安抚小杨的情绪，保证她的安全。小美的辅导员马上联系小杨的辅导员处理接下来的事情。（第三步：寻求外界帮助。）

一、高职大学生心理危机的预防

（一）培养积极认知

认知对于人在应对危机事件的过程中起着非常重要的作用。弗兰克尔在《追寻生命的意义》一书中描述了他在奥斯维辛集中营的生活，他看到了三类不同的人：一类人会主动寻求死亡，一类人会主动寻求生存，另一类人被动地生存。这3类人面临的是同样的集中营生活：残酷、冷漠、随时对生命都会有威胁。他们其实一直处于危机中，但是他们的反应却不一样，在这里面起作用的就是认知，有的人拥有更积极的认知。

消极认知的人会认为我做什么都没有用，在这里太痛苦了，我还不如主动结束自己的生命。

积极认知的人会认为我要努力生存，就算环境再恶劣，我也要生存下去，这种日子总会结束的。

（二）建立良好的应对方式

应对方式是个人在应激期间处理应激情境、保持心理平衡的一种手段，它会直接影响到心理危机是否能够得到有效解决。通常情况下人的应对方式主要有以下三种。

1．解决问题——求助，成熟型

这类人在面对应激事件或环境时，常能采取“解决问题”和“求助”等成熟的应对方式，而较少使用“退避”、“自责”和“幻想”等不成熟的应对方式，在生活中表现出一种成熟稳定的人格特征和行为方式。

2．退避——自责，不成熟型

这类人在生活中常以“退避”“自责”和“幻想”等应对方式应对困难和挫折，而较少使用“解决问题”和“求助”这类积极的应对方式，表现出一种退缩的人格特点，其情绪和行为均缺乏稳定性。

3. 合理化——混合型

"合理化"应对方式既与"解决问题""求助"等成熟应对方式呈正相关，也与"退避""幻想"等不成熟应对方式呈正相关，反映出这类人的应对行为集成熟与不成熟的应对方式于一体，在应对行为上表现出一种矛盾的心态和两面性的人格特点。

高职大学生需要记住的是"求助是强者的行为"，成功人士往往更懂得求助，而不是事必躬亲。高职大学生要认识到每个人都有自己的局限，也都有所长，你不能解决的问题，别人未必不能，你想不到的方法，别人也许能想到。

（三）构建社会支持系统

社会支持指人们感受到的来自他人的关心和支持。构建社会支持系统就是要构建一个来自他人关心和支持的系统。尤其是个人遇到心理危机之后，可以寻求他人的帮助，而不是独自解决。

拓展阅读

构建你的人际支持系统①

人离不开别人的支持，那么一个人究竟需要哪些朋友呢？作家汤姆拉斯认为，有8种朋友必不可少。

（1）成就你的朋友。

（2）支持你的朋友。

（3）志同道合的朋友。

（4）牵线搭桥的朋友。

（5）为你打气的朋友。

（6）开阔你眼界的朋友。

（7）给你引路的朋友。

（8）陪伴你的朋友。

二、当自己遭遇心理危机时

一个人遭遇心理危机时，最重要的就是求助，求助主要分以下两个部分。

（一）寻求专业帮助

一个人遭遇心理危机后，往往会出现一些应激的症状，如失眠、情绪低落、胃口不好等，通常情况下这些应激反应都会在一周左右减少或者消失。如果这些症状持续两周

① 方晓义，夏翠翠．大学生心理健康教育[M]. 北京：人民邮电出版社，2022.

以上，并且严重影响到了个人的生活和学习，那就说明这个人需要寻求专业帮助了，比如找心理咨询师或者精神科医生。

创伤后应激障碍（Post Traumatic StressDisorder，PTSD），指个体经历、目睹或遭遇到一个或多个涉及自身或他人的实际死亡，或受到死亡的威胁，或严重的受伤，或躯体完整性受到威胁后，所导致的个体延迟出现和持续存在的精神障碍。产生这些威胁的事件包括战争、地震、严重灾害、严重事故、被强暴、受酷刑、被抢劫等。PTSD发病多数在遭受创伤后数日至半年内出现。当出现PTSD的症状时，也需要寻求专业帮助。

（二）寻求社会支持

高职大学生在自己的生活中遭遇一些危机事件，如家庭重大变故、身体疾病、失恋等时，要寻找必要的社会支持，如老师、同学等，集众人的力量帮助自己走出心理危机这个时候，有的高职大学生可能会担心是不是会给别人添麻烦，别人会不会不愿意帮助自己，而放弃求助。高职大学生一定要相信自己在有危机情况时，身边的人会愿意伸出援助之手。

三、助人与转介：当身边的人遭遇心理危机时

（一）发现心理危机：识别他人自杀的信号

有自杀企图的人以普遍存在的无望感为特征——“我的生活没有希望”，主要体现在以下4个方面：①不可爱——我不值得活着；②无助——我解决不了这个问题；③耐受痛苦能力差——我再也受不了这种痛苦了；④认为连累他人——我走了大家会过得更好。人在自杀前会发出一些信号，只要用心观察，其实并不难发现，这些信号包括以下5个方面。

1. 言语线索——直接和间接的表达

①直接的言语线索。

“我不想活下去了”

“我想自杀”

“我真希望我死了”

“如果不……我就自杀”

②间接的言语线索。

“活着没有意思”

“我的问题根本解决不了”

“死了比活着好”

“没有我大家会更好”

“我再也无法忍受了”

“很快我的所有问题都结束了”

“现在没有人能帮我”

“我感到没有希望”

2. 情感线索——感受

最核心的感受是绝望，其他的孤独、愤怒、内疚、难过、无望、无价值感、无助都是可能产生心理危机的感受。

3. 行为线索——行动

学习成绩下降，注意力不集中；疏远家人和朋友，在学校表现出退缩和逃避；食欲减退；分发财物，道别；酒精或者药物滥用；不计后果的行为；极端的行为改变；自我伤害；严重抑郁后突然的平静。

4. 情境线索——伴随丧失感的压力事件

突然被所爱的人拒绝，不情愿地分手等。

失去重要的目标或梦想，如考研失败、找工作失败、作弊被开除等。

感到被所爱的人背叛。

所爱的人去世。

患了绝症。

与重要他人的近期冲突。

突然失去自由，比如犯罪被捕。

失去经济保障或者面临其他重大经济问题。

5. 生理线索——身体情况的改变

对什么事情都缺乏兴趣。

睡眠障碍（失眠、多梦、早醒等）。

食欲/体重改变/减少。

身体健康问题（心悸、头痛等）。

性欲改变/减退。

任何对未来感到特别痛苦、绝望、无望或想要结束生命的警示信号都值得被关注。如果发现自己身边有人透露出想自杀的各种信号，一定要引起注意，没有什么比生命更重要，如果发现同学有潜在的危险，一定要及时和老师沟通，或者带领同学寻求专业帮助。

（二）危机进行时：心理危机的应对

1. 当你发现别人正处于危机时

在一项对大学生求助行为的研究中发现，大学生发生心理危机的时候，可能第一个会打电话或者发短信给自己的同学和朋友。一旦身边的同学向我们发出求救的“信号”，我们要懂得识别这些信号，同时也要知道该如何初步应对身边的同学发生的危机。

如果你接到“求救”电话或者短信，你该怎么做？下面这些步骤你可以借鉴。

第一步：保证安全。了解对方此刻在哪里，在做什么，是否安全。如果对方不安全，比如在窗台上、在天桥上，一定要将对方引导到安全的地方，比如从窗台上下来，从天桥上走下来。用正向和具体的言语指导对方如何做，比如："你现在能从天桥上走下来吗？走到南门，我马上就过来陪你。"不要说："你不要在天桥上，这样危险。"

第二步：表达支持。当同学处于危机时，你要倾听对方，承认对方的想法和感受，不反驳对方，比如："小杨，我知道你很痛苦，我知道你不想这样。"而不是否认对方的感受："你不应该这样想，你为他这样痛苦不值得。"另外，表达对对方的关心也是表达支持的一种形式。

第三步：寻求外界帮助。遇到有危机情况发生时，不要害怕求助。有的同学可能会担心被老师知道，给别人带来麻烦，千万不要有这种想法，这个时候求助于外界是最好的选择，告诉老师有助于大家一起想办法帮助处在危机中的同学解决问题。

2．如何面对发生过心理危机的同学

面对发生过心理危机的同学时，最重要的是真诚表达关心，比如面对离校出走又返校的同学，你可以说："你终于回来了，我们这几天真的很担心你。""我想做点什么，但又不知道该做点什么，如果你需要我的帮助，请告诉我！"

面对发生过心理危机的同学时，还可以给予支持，支持可以是生活上和学习上的各种支持，比如给对方带饭，为对方讲解难题，多倾听对方的心声等。

在表达关心与支持时，要避免同情心泛滥和劝说。避免过度同情对方，比如说："你真可怜。"避免劝说和责备对方，比如说"你真傻，你怎么就选择自杀呢？！多好的生活，不懂得珍惜。""你知道吗，你这样做很不负责任，你给大家带来了多少麻烦啊！"

（三）事件影响群体的自我照顾

危机事件影响群体指事件目击人、危机相关人（同学、室友）。在心理学上有替代创伤或次级创伤这一概念，也就是说，与当事人有关联的人都有可能会受到影响。因此，危机事件发生时，被影响群体的自我照顾也很重要。

1．接纳自己的感受

对于危机事件现场的目击人，或者与危机当事人的社会交往较多的人，都会有较为强烈的情绪体验，如震惊、不敢相信、悲痛、失眠、噩梦等，甚至有可能表现出创伤后应激障碍的一些症状。因此，我们要尊重和接纳受到事件冲击而表现出来的一些情绪、举动。

2．注重情绪疏导

允许自己表达、宣泄由于事件诱发的各种情绪，情绪得到充分疏导后，才能进行进一步的理性思考，比如接受逝者已逝的事实。如果自己处理不了，还可以求助于心理咨询中心的老师。

3．相互支持

如果受危机事件影响的是同一个群体，比如同宿舍的室友、同学，可以和大家建立起相互支持的联盟，比如共同缅怀逝去的同学，在面对悲痛时相互给予支持，互相照顾彼此的生活等。

本章小结

1．生命教育的目的不是帮助人减轻死亡焦虑，而是适度引发人的死亡焦虑，让死亡焦虑成为人思考生命意义的起点。焦虑和恐惧情绪都在提醒我们生命是重要的，生命只有一次，我们要珍惜和爱护生命。

2．心理危机指存在具有重大影响的心理事件，主要指一个人赖以生存和发展的基本需要和供给发生了改变，这种改变可能是负面的。危机包括“危险”和“机遇”两个方面，要得如何在危机中学习成长。

3．高职大学生的心理危机有连续性、复杂性和破坏性三个特点。

4．心理危机的产生是应激源因素和个人易感性因素共同作用的结果。

5．高职大学生心理危机的预防重点在于培养积极认知、建立良好的应对方式和构建社会支持系统。

6．当自己遭遇心理危机时要懂得寻求社会支持，必要时要寻求专业帮助。

7．人在自杀前可能会透露出很多线索，这些线索包括言语、情感、行为、情境和生理五个方面。发现任何对未来感到特别痛苦、绝望、无望或想要结束生命的警示信号都要格外关注。当发现别人正处于危机时，有三个步骤可以借鉴：保证安全、表达支持和寻求外界帮助。

8．高职大学生在面对发生过心理危机的同学时，可以真诚表达关心，给予支持，避免过度同情和劝说对方。

9．危机事件影响群体的自我照顾包括接纳自己的感受、注重情绪疏导和相互支持。

自我认识

生命意义感量表（中文修订版）

指导语：根据下列描述与你的情况相符合的程度，在1～7中做出选择，1代表“完全不符合”，2代表“大致不符合”，3代表“较为不符合”，4代表“不确定”，5代表“较为符合”，6代表“大致符合”，7代表“完全符合”。

1．我正在寻觅我人生的一个目的或使命。（ ）

2．我的生活没有明确的目的。（ ）

3．我正在寻找自己生活的意义。（ ）

4. 我明白自己生活的意义。（　）
5. 我正在寻觅让我感觉自己生活有意义的东西。（　）
6. 我总在尝试寻找自己生活的目的。（　）
7. 我的生活有一个清晰的方向。（　）
8. 我知道什么东西能使自己的生活有意义。（　）
9. 我已经发现一个让自己满意的生活目的。（　）
10. 我一直在寻找某样能使我的生活感觉很重要的东西。（　）

该量表为自评量表，用于测量生命意义感和寻求意义感的程度。

● 评分

本量表分为两个分量表，将每个分量表的得分相加得到该分量表的总分（第2题负向计分，即选择1计7分，选择7计1分）。

各分量表的题目如下：

寻求意义感：1、3、5、6、10。

拥有意义感：2、4、7、8、9。

● 结果

寻求意义感：总分越高，代表你寻找自己生命意义的程度越高。

拥有意义感：总分越高，代表你觉得自己生命有意义的程度越高。[①]

心理训练

人生倒计时

“人生倒计时”是一个想象的活动，同学们通过这个活动可以更好地体会自己生命的意义，了解自己生命的真谛。

（1）假如现在你得了一种疾病，没有药能够医好你的病，你的生命只剩下一个月，你会在这一个月的时间里做什么？请将你要做的事情写下来。

（2）5分钟后：假如医生告诉你一个好消息，目前新研制出来一种药可以延长你的生命，医生说你还可以活半年。如果你的生命只剩下半年时间，你会做什么？请将你要做的事情写下来。

（3）5分钟后：假如医生又告诉你一个好消息，新研制出来的药效果很好，可以将你的生命延长到两年，你会在这剩下的两年时间里做些什么？请写下来。

（4）5分钟后：以5~6人为一组，分享当生命剩下一个月、半年和两年时，自己的

---

① 资源来源于网络，略有改动.

想法和感受。

活动总结：人在觉得自己有很多时间的时候，通常不懂得珍惜时间，也经常会为一些不重要的事情而烦恼，而在有限的生命时间里更能够了解自己生命的价值和意义。

心理自助餐

1. 陆晓娅：《影像中的生死课》，北京师范大学出版社2016年版

全书以“什么样的生活值得一过”为核心关切点，选取中外电影，搭建与“生死”相关重大议题的思考平台，跨越心理学、社会学、医学、人类学、伦理学、哲学、美学等多个学科，在观影、阅读和讨论的多重对话中，协助学生探索生命存在的意义和价值，建构自身的生命意识和生命价值观。作者自己在说到“生死学”怎么上的问题上是这么说的：那么，这个“生死学”怎么上？生死学课程一向有两种模式，一种是偏重理论和理念的，比如著名的耶鲁大学公开课“哲学·死亡”；另一种偏重体验，比如会让学生到棺材里躺一躺。前一种模式我觉得更像是思维训练，离真实的生命过程太远；后一种模式需要动员大量资源，我也做不到。我理想的模式，是能将学生“抛到”一个场中，这个场既能激活他们的生命体验，又能让他们产生思考。这个场，应该是情感与理性同在，体验与学习共生吧！

2. 电影：《阿甘正传》

阿甘于第二次世界大战结束后不久出生在美国南方阿拉巴马州一个闭塞的小镇，他先天智力低下，然而他的妈妈是一个性格坚强的女性，她常常鼓励阿甘“傻人有傻福”，要他自强不息。阿甘像普通孩子一样上学，并且认识了一生的朋友和至爱珍妮，在珍妮和妈妈的爱护下，阿甘凭着上帝赐予的“飞毛腿”开始了一生不停地奔跑。阿甘成为橄榄球巨星、乒乓球外交使者、亿万富翁，但是，他始终忘不了珍妮，几次匆匆的相聚和离别，更是加深了阿甘的思念。有一天，阿甘收到珍妮的信，他们终于又要见面……

参考文献

[1] 方晓义．大学生心理健康教育[M]．北京：人民邮电出版社，2022.
[2] 夏翠翠．高职大学生心理健康教育[M]．北京：人民邮电出版社，2017.
[3] 杨雪花，郑爱明．自我探索与成长——大学生心理健康教育[M]．成都：电子科技大学出版社，2021.
[4] 周显晶，冯宁．大学生心理健康教育[M]．北京：中国电力出版社，2021.
[5] 简明不列颠百科全书（第9卷）[M]．北京：中国大百科全书出版社，1986.
[6] 林崇德．发展心理学[M]．北京：人民教育出版社，1998.
[7] 伊斯特伍德·阿特沃特，卡伦·达菲．心理学改变生活[M]．9版．邹丹，张莹，等，译．北京：世界图书出版公司，2011.
[8] 谢弗，等．发展心理学——儿童与青少年[M]．8版．邹泓，等，译．北京：中国轻工业出版社，2009.
[9] 夏翠翠．大学生心理健康教育：慕课版[M]．北京：人民邮电出版社，2017.
[10] 崔艳．大学生心理健康教育[M]．大连：东北财经大学出版社，2019.
[11] 樊富珉，王建中．当代大学生心理健康教程[M]．武汉：武汉大学出版社，2006.
[12] 陈英红．大学生心理健康教程[M]．武汉：武汉大学出版社，2008.
[13] 杜文东．大学生心理健康导论[M]．南京：江苏人民出版社，1999.
[14] 段鑫星．大学生心理健康教育[M]．北京：科学出版社，2008.
[15] 王俊生，王冠．大学生人际交往与沟通[M]．北京：北京邮电大学出版社，2012.
[16] 张建华，邵政．大学生心理健康教育[M]．北京：科学出版社，2011.
[17] 菲利普·津巴多．害羞心理学[M]．段鑫星，译．北京：北京人民大学出版社，2009.
[18] 叶琳琳．大学生心理健康教育与心理素质训练[M]．北京：北京师范大学出版社，2013.
[19] 方晓义．大学生心理健康教育[M]．北京：人民邮电出版社，2022.
[20] 彭聃龄．普通心理学[M]．5版．北京：北京师范大学出版社，2019.

[21] 理查德·格里格，菲利普·津巴多．心理学与生活[M]．北京：人民邮电出版社，2016．
[22] 戴维·迈尔斯．社会心理学[M]．北京：人民邮电出版社，2016．
[23] 莎伦·布雷姆，罗兰·米勒，丹尼尔·珀尔曼，苏珊·坎贝尔．亲密关系[M]．郭辉，肖斌，译，北京：人民邮电出版社，2011．
[24] 弗罗姆．爱的艺术[M]．李健鸣，译，上海：上海译文出版社，2008．
[25] 戈特曼，西尔瓦．幸福婚姻七法则[M]．刘艳，译，成都：四川人民出版社，2003．
[26] 查普曼．爱的五种语言[M]．王云良，陈曦，译，南昌：江西人民出版社，2010．
[27] 教育部思想政治工作司．大学生心理健康教育读本[M]．北京：高等教育出版社，2007．
[28] 陈红，邵景进．大学生心理健康教育[M]．北京：人民邮电出版社，2021．
[29] 罗伯特·里尔登，珍妮特·伦兹，加里·彼得森，等．职业生涯发展与规划[M]．4版．侯志瑾，等，译，北京：中国人民大学出版社，2016．
[30] 苏文平．大学生职业生涯与就业创业指导[M]．北京：中国人民大学出版社，2018．
[31] 卡罗尔·德韦克．终身成长[M]．楚祎楠，译，南昌：江西人民出版社，2017．
[32] 布赖恩·费瑟斯通豪．远见：如何规划职业生涯3大阶段[M]．北京：北京联合出版公司，2016．
[33] 杰弗里·蒂蒙斯，小斯蒂芬·斯皮内利．创业学[M]．周伟民，吕长春，译，北京：人民邮电出版社，2005．
[34] 杰弗里·蒂蒙斯，小斯蒂芬·斯皮内利.创业学案例[M].周伟民，吕长春，译，北京：人民邮电出版社，2005．
[35] 林崇德．发展心理学[M]．北京：人民教育出版社，1998．
[36] 韦洪涛．学习心理学[M]．北京：化学工业出版社，2018．
[37] 葛玲，张军翎．高职高专学生心理健康教育[M]．北京：高等教育出版社，2022．
[38] 俞国良．心理健康自测与指导[M]．北京：高等教育出版社，2009．
[39] 张仲兵，丁志强，李慧萍．大学生心理健康教育与素质训练[M]．北京：高等教育出版社，2014．

[40] 成光琳，李玲玲．大学生心理健康教育[M]．2版．北京：高等教育出版社，2020．

[41] 莎伦·布雷姆．亲密关系[M]．3版．郭辉，肖斌，译，人民邮电出版社，2005．

[42] 李菁华．大学生心理健康教育[M]．天津：天津科学技术出版社，2019.

[43] 王芳，尹瑜新．当代大学生恋爱观与性心理调查[J]．学习月刊，2012（02）．

[44] 吴立云．大学生的恋爱心理及性观念分析[J]．中外企业家，2011（14）．